Klaus Haacker
Stephanus

Biblische Gestalten

Herausgegeben von
Christfried Böttrich und Rüdiger Lux

Band 28

EVANGELISCHE VERLAGSANSTALT
Leipzig

Klaus Haacker

Stephanus

Verleumdet, verehrt, verkannt

EVANGELISCHE VERLAGSANSTALT
Leipzig

Klaus Haacker, Dr. theol., Prof. em., lehrte von 1974 bis 2007 an der Kirchlichen Hochschule Wuppertal. Er war u. a. von 1977 bis 2007 Herausgeber der Theologischen Beiträge und von 1998 bis 2010 Vorsitzender des interkonfessionellen Rhein-Main-Exegetentreffens. Seine Publikationen befassen sich vor allem mit Jesus, Paulus und der Apostelgeschichte sowie dem Verhältnis von Christentum und Judentum. Seit 2011 lebt Haacker in Berlin und nimmt dort u. a. Lehraufträge an der Humboldt-Universität wahr.

Bibliographische Information der Deutschen Nationalbibliothek
Die Deutsche Nationalbibliothek verzeichnet diese
Publikation in der Deutschen Nationalbibliographie;
detaillierte bibliographische Daten sind im Internet über
http://dnb.dnb.de abrufbar.

© 2014 by Evangelische Verlagsanstalt GmbH · Leipzig
Printed in Germany · H 7729

Das Buch wurde auf alterungsbeständigem Papier gedruckt.

Umschlaggestaltung: behnelux gestaltung, Halle/Saale
Satz: Steffi Glauche, Leipzig
Druck und Binden: BELTZ Bad Langensalza GmbH

ISBN 978-3-374-03725-4
www.eva-leipzig.de

INHALT

VORWORT

Das vorliegende Buch hat eine lange Vorgeschichte und ist in einer noch einmal langen »Brutzeit« entstanden. Ab 1976 habe ich wiederholt in Vorlesungen über die Apostelgeschichte auch die Kapitel über Stephanus ausgelegt. Einen Forschungsbeitrag lieferte ich mit einem ausführlichen Artikel über Stephanus für das Mammutwerk *Aufstieg und Niedergang der Römischen Welt*, der 1995 erschien. Diese Vorarbeit war dann mein Grund, für die Reihe *Biblische Gestalten* den Stephanusband zu übernehmen. Durch andere Aufgaben (nicht zuletzt die wiederholte Überarbeitung meines Kommentars zum Römerbrief) verzögerte sich die Abfassung dieses Buches immer wieder.

Der Gewinn dieser langen »Brutzeit« lag nicht nur darin, dass ich die weiter gehende Forschung über Stephanus beobachten und auswerten konnte. Sie erlaubte auch Entdeckungen zur Wirkungsgeschichte, die gezielte Recherchen nicht auf die Schnelle erbracht hätten, und wiederholte Hinweise von freiwilligen Förderern meines Projekts, denen ich an dieser Stelle herzlich danke. Frau Dr. Annette Weidhas von der Evangelischen Verlagsanstalt danke ich für die Mischung von Geduld und Nachdruck, mit der sie den Werdegang dieses Buches begleitet hat. Dank schulde ich auch allen mir nicht persönlich bekannten Mitwirkenden an der Drucklegung, besonders was die graphische Gestaltung und die Abbildungen betrifft.

Die drei Stichworte des Buchtitels stehen für drei Ebenen des Buches:

Für die Nachzeichnung und Erläuterung der biblischen Stephanusgeschichte steht das Stichwort »verleumdet« – als Hinweis auf das die Handlung bestimmende Vorzeichen, unter dem nach Lukas das Schicksal dieses ersten Märtyrers der Kirchengeschichte steht.

»Verehrt« steht für die Wirkungsgeschichte dieses biblischen Textes in Theologie und Frömmigkeit mitsamt ihren Ausläufern in Kunstgeschichte, Musik und nichttheologischer Literatur.

Das Stichwort »verkannt« signalisiert eine paradoxe Wendung der Auslegungsgeschichte, in der die Verehrung in eine Verzerrung umschlug: Aus dem Opfer wurde ein Täter, der Märtyrer zum aggressiven Pionier der Abwendung des Christentums vom Judentum umgedeutet (vgl. Teil C 2). Die Belege für diese Entwicklung stammen nur vereinzelt von Auslegern, deren Distanz zum Judentum bekannt ist, und geben darum umso mehr zu denken. Meine Auslegung des Stephanusberichtes im Teil B (Darstellung) verstärkt gegenläufige Tendenzen der neueren Forschung, die nur zu einem kleinen Teil in Anmerkungen dokumentiert werden können. Mein Literaturverzeichnis am Ende dieses Buches nennt darum zahlreiche weitere Publikationen aus der internationalen Forschung zu diesem Brennpunkt der Geschichte des Urchristentums.

Berlin am Stephanustag 2013   *Klaus Haacker*

A EINFÜHRUNG

Im Frühjahr 1967 hatte ich für mein Heidelberger Fakultätsexamen eine Predigt zum Stephanustag zu schreiben. Damit erfuhr ich überhaupt erst, dass es so einen Tag im Kirchenjahr gibt! In der evangelischen Gottesdienstpraxis versteckt er sich meistens hinter dem zweiten Weihnachtsfeiertag, mit dem er im Kirchenjahr zusammenfällt. Aber in gängigen Pfarrerkalendern werden immerhin passende biblische Texte für die Lesung an diesem Tag vorgeschlagen, wenn Gemeinden dem ersten Märtyrer der Kirchengeschichte einen Gottesdienst widmen wollen

In früheren Zeiten der Kirchengeschichte und in anderen Konfessionen der Christenheit nahm und nimmt die Verehrung des ersten Märtyrers einen wesentlich breiteren Raum ein. Das Evangelische Gottesdienstbuch von 1999 wirbt darum für einen entsprechenden Gottesdienst an diesem Tag unter Hinweis auf das hohe Alter dieser Tradition. Die katholische Deutsche Bischofskonferenz hat vor zehn Jahren vorgeschlagen, den Stephanustag der Fürbitte für verfolgte Christen in aller Welt zu widmen. Die Reaktionen von evangelischer Seite waren gespalten.

Beachtung verdient das Schicksal des Stephanus vor allem als folgenschwere Zäsur der Beziehungen zwischen Christen und Juden – obwohl es sich eigentlich um einen *innerjüdischen* Konflikt zwischen jüdischen Jesusjüngern und anderen Juden handelte. Aber nach der Apostelgeschichte hat dieser Konflikt viel zum Auseinandergehen der Wege beigetragen. Und – paradoxerweise – zur Ausbreitung der Jesusbewegung über Judäa hinaus und damit zur Entstehung eines »Christentums« außerhalb des Judentums. Das

9

hat leider dazu geführt, dass die langfristigen Ergebnisse dieser Entfremdung zwischen Juden und Christen von vielen Auslegern in den Konflikt um Stephanus hineingelesen werden. Sein Schicksal wird dabei damit erklärt, dass er aus christlicher Sicht ein mutiger und hellsichtiger Pionier, aus jüdischer Sicht aber ein unerträglicher Provokateur war. Bei genauerem Hinschauen erweist sich der Bericht des Lukas jedoch als lehrreiches Beispiel für die Mischung von tiefen theologischen Gegensätzen und menschlich-allzumenschlichen Faktoren, die bis heute bei gewaltsamen Religionskonflikten mitspielt. Die Opfer sind nicht immer die reinen Helden, und die Täter können sich zuerst als bedroht und unterlegen empfinden und ihr Vorgehen als »Gegenoffensive« stilisieren.

Im Vergleich mit anderen Gestalten der Urchristenheit nimmt Stephanus in der Apostelgeschichte nach Petrus und Paulus den breitesten Raum ein, obwohl sein Wirken wohl nur einige Jahre umfasste und auf Jerusalem beschränkt blieb. Er wird als Charismatiker der Tat und des Wortes gezeichnet, und die ihm zugeschriebene Rede hat ein ganz eigenes Profil, deutlich unterschieden von den Reden des Petrus und des Paulus. Er hätte wahrscheinlich in der Urkirche eine führende Rolle spielen können, hat aber fast nur durch sein Schicksal Geschichte gemacht. (Ein Vergleich mit Dietrich Bonhoeffer legt sich nahe; aber der hat reichlich Texte hinterlassen, die nach seinem Tode veröffentlicht werden konnten und bis heute Beachtung finden.)

Die Verehrung des Märtyrers schlug später bisweilen um in judenfeindliche Handlungen und antijüdische Urteile – bis in die wissenschaftliche Bibelauslegung hinein. Die christliche Kunstgeschichte ist reich an Darstellungen der Steinigung des Stephanus, die den Hass seiner Mörder auf ihn drastisch ausmalen. Dass seine Hinrichtung nach Lukas ein Unrecht war, wird ausgerechnet von christlichen Auslegern oft bestritten, von manchen jüdischen Autoren aber bestätigt.

Viele Bezugnahmen auf Stephanus stehen in engem Zusammenhang mit der Biographie des Paulus. Musikalisch kommt das im Paulus-Oratorium von Felix Mendelssohn Bartholdy mit jeder Darbietung zum Ausdruck. Lukas lässt den späteren Apostel unter seinem jüdischen Namen Saul(us) bei der Steinigung des Stephanus am Rande mitwirken und mit dem Geschehen einverstanden sein. Dass Paulus unter dem Eindruck der Haltung des Märtyrers schon einen Anstoß zum Umdenken bekam, geht aus dem biblischen Bericht nicht hervor, wird aber in Predigten und Nachdichtungen gern vermutet und ausgemalt. Paulus hat sich ja selber mehrfach zu seinem Vorleben als Verfolger der Urgemeinde bekannt, so dass die Stephanusgeschichte zum dunklen Hintergrund gehört, von der sich sein späteres Leben und Denken leuchtend abhebt: ein Grund, weshalb Paulus das Evangelium so entschieden als Botschaft von der unverdienten Gnade Gottes verkündet und begründet. Diese »Verquickung« mit dem Lebensweg des Paulus gibt auch einen Denkanstoß für den Umgang mit den Verfolgern: In den Tagen, in denen ich an dieser Einführung schreibe, habe ich gelesen, dass Christen, die in Nordkorea hart verfolgt werden, für den Diktator Kim Jong Un beten und auch zum Gebet für ihn aufrufen! Das Gebet des sterbenden Stephanus für seine Mörder ruft zur Nachahmung auf – ein Impuls, den besonders Augustinus in Predigten über Stephanus unterstrichen hat.

Es gibt also viele Gründe, sich mit Stephanus, dieser kometenhaften Gestalt des Urchristentums, zu befassen. Ich habe bei den Vorarbeiten für dieses Buch so manche Überraschung erlebt und hoffe, dass auch die Lektüre dieses Buches zu Entdeckungen beiträgt oder jedenfalls Einiges neu sehen lässt.

B DARSTELLUNG:
DER BERICHT DES LUKAS
(APOSTELGESCHICHTE 6,1–8,3)

1. EIN KRISENMANAGEMENT DER URGEMEINDE (APG 6,1–7)

Stephanus muss eine eindrucksvolle Persönlichkeit gewesen sein. Ein begnadeter Charismatiker und zugleich ein wortgewandter Intellektueller, zuletzt ein furchtloser Bekenner, denkwürdig als der erste Märtyrer der Kirchengeschichte. Sein erstes Auftreten auf der Bühne des Neuen Testaments lässt davon noch wenig ahnen. Sein Name erscheint zuächst in der Aufzählung von Mitgliedern einer Kommission, die zur besseren Organisation der gemeindlichen Sozialhilfe eingesetzt wird (Apg 6,5) – immerhin an erster Stelle der Liste. Vielleicht ist das schon eine Andeutung seiner herausragenden Begabung. Aber auch die anderen Mitglieder der Kommission sollten »voll Geist und Weisheit« sein (V. 3). Warum müssen die Kandidaten für diesen Ausschuss so hoch qualifiziert sein? Antwort: Weil es um den ersten nennenswerten Konflikt zwischen zwei Gruppen innerhalb der Kirche geht. Zu Unrecht wird dem Erzähler Lukas manchmal vorgeworfen, er habe ein zu harmonisches Bild der Urkirche entworfen! (Vgl. Apg 11,3; 15,1.5.37–39; 21,20–24)

Was war geschehen? Wir wissen es nicht genau! Wir erfahren nur, welcher Vorwurf – berechtigt oder unberechtigt – im Raum stand: Bei der Unterstützung bedürftiger Witwen soll eine bestimmte Gruppe bevorzugt und eine andere benachteiligt worden sein (V. 1). Nach den meisten Bibelübersetzungen war dieser Vor-

wurf zutreffend (Lutherbibel und Einheitsübersetzung: »weil ihre Witwen übersehen wurden«). Die
Neue Genfer Übersetzung lässt Lukas jedoch nur den
Inhalt von Beschwerden referieren, die von der be-
nachteiligten Gruppe vorgetragen wurden. Die Kon-
junktion am Beginn des Nebensatzes, der den Kla-
gegrund angibt, kann mit »weil« oder mit »dass«
übersetzt werden. Für Letzteres spricht, dass das griechische Wort für »Murren«, das Lukas hier gebraucht,
im Neuen Testament nie für einen berechtigten Protest
gebraucht wird. Im Alten Testament ist wiederholt
von einem »Murren« der Israeliten auf der Wande-
rung durch die Wüste die Rede, das als Verlust des
Gottvertrauens kritisiert wird (vgl. v. a. Num 14). Egal,
ob es in Apg 6 um einen wirklichen Missstand oder
nur um ein gefährliches Misstrauen geht: es menschelt
offenbar in der Jesusbewegung, und das gefährdet
nicht zuletzt das bislang so positive Erscheinungsbild
der Urgemeinde. In den Kapiteln 2–5 war ja mehrfach
davon die Rede gewesen, wie einträchtig die Gläubigen der ersten Stunde zusammen lebten, in geist-
licher und in materieller Hinsicht, und welchen Eindruck das auf die übrige Bevölkerung machte (vgl.
Apg 2,42–47; 4,32–37; 5,12 f.). Das scheint nun nicht-
mehr reibungslos zu funktionieren, ob real oder nur
emotional, sei dahingestellt.

Von einem bedenklichen Einzelfall versuchter Täu-
schung hat Lukas jedoch schon in Kap. 5,1–11 berichtet: Ein Ehepaar hatte so getan, als hätten sie ihr Kapi-
tal der Gemeinde gespendet (und damit wohl einen
Anspruch auf Armenversorgung erworben), während
sie in Wirklichkeit heimlich einen Teil ihres Vermö-
gens behalten hatten. Dieser scheinfromme »Renten-
betrug« wird von Petrus durchschaut und als Affront
gegen den Heiligen Geist gewertet: Ein Urteil, das die

beiden tot zusammenbrechen lässt.[1] Ein abschreckendes Schicksal, aber nur ein kleiner dunkler Fleck auf der weißen Weste der Gemeinde. Das war nur ein Unfall; doch jetzt steht der Vorwurf struktureller Ungerechtigkeit im Raum. Die erste große innerkirchliche Krise der Geschichte! Das zu klären und wenn nötig zu beheben war eine Aufgabe, die nach den besten Kräften rief.

Wer aber waren die beiden Konfliktparteien? Lukas bezeichnet sie als »Hebräer« und »Hellenisten«. Man könnte das so missverstehen, als seien die einen jüdische Jesusjünger und die anderen neu bekehrte Nichtjuden. (Im Neuen Testament steht der Ausdruck »Griechen« oft für Nichtjuden beliebiger Nationalität.) Aber Vorsicht: Griechen heißen »Hellenen«. Der Ausdruck »Hellenisten« steht gerade für *Nicht*griechen, die sich in irgendeiner Hinsicht den Griechen angeschlossen haben – politisch oder kulturell oder gar religiös. Auch Juden konnten also »Hellenisten« sein, vor allem, wenn sie aus Judäa in die Mittelmeerwelt ausgewandert waren und früher oder später im Alltag Griechisch sprachen.[2] Man konnte sie auch in Jerusalem antreffen, vor allem als Pilger an den großen Festen. In Apg 6,9 erfahren wir, dass diese Diasporajuden in Jerusalem so zahlreich vertreten waren, dass sie eigene Synagogen besaßen, in denen sie zweifellos auf Griechisch Gottesdienst hielten. Eine dieser Synagogen ist auch archäologisch durch die sog. Theodotos-Inschrift nachgewiesen.

---

1   Wohlgemerkt: Petrus verhängt hier keine Todesstrafe, sondern sieht und sagt die Strafe Gottes nur voraus!

2   Vgl. M. HENGEL, Zwischen Jesus und Paulus, Die ›Hellenisten‹, die ›Sieben‹ und Stephanus (Apg 6,1–15; 7,54–8,3), ZThK 72 (1975) 151–206, hier 157–172.

Um solche Diaspora-Juden aus der Mittelmeerwelt scheint es sich bei den »Hellenisten« von Apg 6,1 zu handeln. Von einzelnen zum Glauben gekommenen Nichtjuden berichtet Lukas erst in Kap. 10 (eine Episode in der Hafenstadt Caesarea am Meer), von gezielter Mission unter Nichtjuden erst in Apg 11,29 (im syrischen Antiochia, heute Antaqya, ca. 500 km Luftlinie nördlich von Jerusalem).

In der Gegenüberstellung zu solchen »Hellenisten« dürfte der Begriff »Hebräer« hier ebenfalls kulturell gefärbt sein und Juden bezeichnen, die im Mutterland beheimatet und ihrer jüdischen Muttersprache noch nicht entfremdet waren. Die Landessprache Judäas, in der Paulus nach Apg 22,2 einmal in Jerusalem eine öffentliche Rede hielt, wird dort als »Hebräisch« bezeichnet. Nach der Mehrheit der modernen Forscher wurde im Alltag allerdings anstelle von Hebräisch eher das im damaligen Nahen Osten weit verbreitete Aramäisch gesprochen. In dieser Frage mehren sich jedoch in den letzten Jahren die Stimmen, die für ein Weiterleben des Hebräischen neben dem Aramäischen sprechen.

Dass diese beiden Gruppen der Urgemeinde einander als klar umrissene Kollektive gegenüberstanden, dürfte in dieser sprachlichen Verschiedenheit begründet sein. Gemeinsames Gebet und Zusammenkünfte in einem Lehrhaus (vgl. Apg 2,42) sind auf sprachliche Verständigung angewiesen. Sogar am Pfingstfest soll nach Apg 2,11 (wie später in Caesarea nach Apg 10,46) nur beim Loben Gottes ein Sprachenwunder geschehen sein, nicht aber bei der anschließenden Predigt des Petrus. Die aus Galiläa stammenden Apostel dürften normalerweise mit den einheimischen Jerusalemer »Hebräern« zusammengekommen sein (obwohl passive Griechischkenntnisse bei manchen von ihnen vorausgesetzt werden können; vgl. Joh 12,20 f.). Wenn aber großzügige Spenden »den Aposteln zu Füßen gelegt« wurden (vgl. Apg 5,2), dann lag die Weitergabe an bedürftige Gemeindeglieder auch primär in ihren Händen. Eben für diese Aufgabe wollten sie nach Apg 6,2 nicht länger verantwortlich sein, nachdem Zweifel an der gerechten Verteilung aufgekommen waren. Schon in Apg 3,6 lässt Lukas anklingen, dass die Apostel jedenfalls im Alltag kein Geld bei sich haben, womit sie sich an ein Jesuswort halten, das Lukas in Lk 9,3 überliefert (vgl. Mt 10,9). Die Zuständigkeit für das Sozialwesen würde auf Kosten der Verkündigung des Wortes Gottes gehen, und das wäre doch wohl »unbefriedigend« (Apg 6,2, vielleicht sogar im Sinne von »nicht Gott wohlgefällig«). Mit dieser Begründung schlagen die Apostel die Bildung einer Kommission vor. Ihre Mitglieder werden daraufhin von der Gemeindeversammlung gewählt und anschließend von den Aposteln unter Gebet und Handauflegung in ihr Amt eingesetzt (V. 3–6).

Die Unterstützung von Witwen durch die Gemeinde war wohl keine Erfindung der Jesusbewegung, sondern hat Wurzeln im Alten Testament, wo die »Witwen und Waisen« häufig als schutzwürdige Glieder der israelischen Gesellschaft erwähnt werden. Genaue Ausführungsbestimmungen für die Witwenversorgung finden sich in rabbinischen Schriften.[3] Auch die Einsetzung spezieller Armenfürsorger, wie sie in Apg 6 geschildert wird, hat dort ihre Entsprechung. Es gab eine »Wochenkasse«, für die Spenden gesammelt wurden. Die Unterstützung der Armen

---

3   Vgl. A. STROBEL, Armenpfleger ›um des Friedens willen‹ (Zum Verständnis von Act 6 1–6), ZNW 63 (1972) 271–276.

Abb. 1: Frau Angelico, Die Weihe des Stephanus, Fresco in der
Nikolaus-Kapelle des Vatikan 1447–1449

wurde in Geld oder in Naturalien ausgegeben. Wenn
der lukanische Bericht auf eine tatsächliche Benachtei-
ligung des hellenistischen Gemeindeteils zurückgeht,
könnte das mit einer Praxis verglichen werden, die in
rabbinischen Regelungen für die Armenfürsorge vorgesehen war: Danach erhielten die *ortsansässigen* Armen eine Unterstützung ausgezahlt, mit der sie sieben

Tage lang je zwei Mahlzeiten bestreiten konnten. Dagegen erhielten Bedürftige, die nur auf der *Durchreise* zu Gast waren, eine Verpflegungshilfe in Form von Naturalien (möglicherweise in Tagesrationen). Es könnte demnach sein, dass die »Hellenisten« als Diasporajuden zunächst als solche »Reisende« angesehen und aus diesem Grunde tatsächlich benachteiligt wurden.[4] Wir wissen allerdings nicht, ob eine solche Praxis auch schon in der Zeit der Apostel üblich war. Die rabbinischen Schriften sind ja viel später als das Neue Testament entstanden, und es ist schwer, von Fall zu Fall festzustellen, ob sie alte Traditionen enthalten. Solange der Jerusalemer Tempel bestand, waren jüdische Besucher der Stadt nicht einfach »Reisende«, sondern Pilger, die eine religiöse Pflicht erfüllten. Ihre Versorgung war wohl besser geregelt als die Gastfreundschaft gegenüber Reisenden an einem beliebigen Ort mit jüdischer Gemeinde.

Auffällig ist, dass alle sieben Mitglieder der neu gebildeten Kommission griechische Namen tragen. Das sieht so aus, als sei zum Ausgleich für den galiläischen Apostelkreis bewusst ein Gremium aus Diasporajuden gebildet worden, die über das aktuell zu lösende Problem hinaus die Interessen des »hellenistischen« Gemeindeteils vertreten sollten. Was Lukas später von zwei Mitgliedern dieses Kreises (Stephanus und Philippus) zu erzählen hat, liegt überhaupt nicht auf der Linie der Diakonie, sondern der Verkündigung. Nach Apg 8 war Philippus der Pionier der Mission in Samarien, und in Apg 21,8 wird er als »der Evangelist« bezeichnet. Stephanus aber wird uns als

---

4   Der Begriff »Reisende« wäre dann wie das lateinische *peregrini* der Gegenbegriff zu Einwohner mit Bürgerrecht und kein Hinweis auf einen nur ganz kurzen Aufenthalt.

wortgewaltiger Zeuge Jesu in Jerusalemer Synagogen begegnen.

Für die Aufgabe, die die Zwölf an andere abgeben wollen, wird in V. 2 der Ausdruck »den Tischen dienen« gebraucht. Das wird traditionell auf die Organisation von Mahlzeiten bezogen und als »Küchendienst« oder eine Art Kellnerfunktion ausgemalt.[5] Das reimt sich aber schlecht auf die Qualifikation, die für das neue Amt der Sieben in V. 3 gefordert wird: ein guter Leumund und Begabung mit viel Geist und Weisheit (vgl. über Stephanus in V. 5). Auch ihre Wahl durch die Gemeinde (V. 5) und Einsetzung durch die Apostel unter Gebet und Handauflegung (V. 6) lässt auf eine wichtigere Funktion schließen. Die Betonung der *intellektuellen* Fähigkeiten der Sieben in V. 3 könnte damit zusammenhängen, dass die Rede vom »Tischdienst« in V. 2 womöglich etwas anderes meint als das Austeilen von Mahlzeiten. Wir haben im Deutschen auch ein Wort, das einerseits ein Möbelstück bezeichnet, aber auch etwas ganz Anderes, nämlich ein Geldinstitut: Bank. Im antiken wie im modernen Griechischen entspricht dem die Doppelbedeutung der Vokabel für Tisch (*trápeza*). Lukas kennt diese zweite Bedeutung; vgl. Lk 19,23, wo im Gleichnis von den anvertrauten Geldern *trápeza* mit Recht nicht mit »Tisch« übersetzt wird, sondern mit Bank: »Warum, hast du mein Geld nicht auf die Bank gebracht«.[6] Es liegt nahe, den Siebenerkreis als den »Finanzausschuss« der Urgemeinde zu verstehen, der die eingehenden Spenden zu verwalten und ihre Verteilung an Bedürftige zu or-

---

5   Das erinnert an die Rollenverteilung zwischen Maria und Martha in Lk 10,38–42.

6   Vgl. auch *trapezítes* = Geldwechsler in Mt 25,27 und die Tische der Wechsler in Mt 21,12; Mk 11,15; Joh 2,15.

ganisieren und zu beaufsichtigen hatte. Das war eine verantwortungsvolle Tätigkeit. Geeignete Personen für eine solche Aufgabe waren in den Reihen der galiläischen Jünger Jesu vielleicht schwerer zu finden als unter den welterfahrenen Stadtmenschen aus der jüdischen Diaspora, die sich in Jerusalem der Jesusbewegung angeschlossen hatten.

Lukas schließt den Bericht über diese Konfliktlösung mit der Notiz, dass die Zahl der »Jünger« in Jerusalem gewaltig anwuchs, wobei er besonders erwähnenswert findet, dass auch viele Priester zum Glauben kamen. Das deutet darauf hin, dass (wenigstens aus der Sicht des Lukas) der Friede in der Jerusalemer Gemeinde wiederhergestellt war, so dass ihr Erscheinungsbild weiterhin die Mitmenschen beeindruckte. Das hätte Lukas allerdings auch allgemeiner formulieren können! Die Erwähnung der Priester ist vielleicht ein vorsorgliches Mittel der Leserlenkung, um uns

Abb. 2: Vittore Carpaccio (1450-1525), Petrus weiht den Stephanus und seine sechs Begleiter zu Diakonen, Scuola di San Stefano (Venedig) 1511

darauf vorzubereiten, den in der Fortsetzung referierten brisanten Vorwurf der Tempelfeindschaft als abwegig zu erkennen.

2. Streitgespräche mit fatalen Folgen (Apg 6,8–15)

Die nächste Nachricht über Stephanus, die Lukas uns liefert, liegt auf einer ganz anderen Ebene: »Stephanus aber, voll Gnade und Kraft, vollbrachte große Wunder und Zeichen in der Bevölkerung« (V. 8). Das stellt ihn auf eine Stufe mit den Aposteln, von denen es in Apg 5,12 heißt: »Durch die Apostel geschahen in der Bevölkerung viele Zeichen und Wunder.« Hier wird deutlicher, warum vorher in der »Kandidatenliste« über ihn nicht nur gesagt wird, dass er »voll heiligen Geistes« gewesen sei (was von allen Kandidaten erwartet wurde), sondern auch »voll Glaubens« (V. 5). Eine solche Reflexion über ein Mehr oder Weniger an Glauben bezieht sich im Neuen Testament nicht auf den Glauben ans Evangelium, sondern auf die innere Voraussetzung zu wunderhaften Taten oder Erlebnissen (vgl. Mt 8,10 par. Lk 7,9; 15,28; Mt 17,20 par. Lk 17,6; 1Kor 13,2). Das erste Persönlichkeitsmerkmal, das Lukas dem Stephanus zuschreibt, ist also: Er war ein großer Charismatiker. Ähnliches ist dann in Kapitel 8 auch über ein zweites Mitglied des Siebenerkreises – Philippus – zu lesen (vgl. 8,6–8.13). Über solche Notizen, die der modernen Skepsis in Wunderfragen im Wege stehen, wird oft schnell »hinweggelesen«. Aber damit wird man dem historischen Charakter der Urkirche nicht gerecht. Wir sprechen heute von »charismatischen Bewegungen« innerhalb der Christenheit und vergessen darüber leicht, dass die nachösterliche

Jesusbewegung ebenso wie das Wirken Jesu in diesem Sinne »charismatisch« war. (Das gilt übrigens auch für Paulus; vgl. Röm 15,19; 2 Kor 12,12!) Dass es sich dabei nicht um innergemeindliche Mysterienerlebnisse handelt, sondern um das öffentliche Erscheinungsbild der Jesusbewegung, zeigt die wiederholte Erwähnung des Volkes in diesem Zusammenhang. Bezeichnenderweise werden die Gegner der Gemeinde gerade von solchen Vorkommnissen alarmiert, weil sie zum Anwachsen der Bewegung beitrugen (vgl. Apg 4,7.16f.; 5,12–18). Dass an ihrer Faktizität nicht zu rütteln war, müssen wir stehen lassen, auch wenn damit zu rechnen ist, dass die Häufigkeit in einschlägigen Berichten vom »Volksmund« gern übertrieben wird.

Das ist der Hintergrund der nächsten Nachricht über Stephanus in V. 9: Andere Jerusalemer Diasporajuden verwickeln Stephanus in Streitgespräche. Vorausgesetzt sind Begegnungen, vermutlich in den Synagogen der Diasporajuden, wo Stephanus wahrscheinlich aus und ein ging, so wie die Apostel auch weiterhin an Gebetszeiten im Tempel teilnahmen (vgl. Apg 3,1). Ähnlich wird später Saulus (Paulus) – vom Verfolger zum Verkündiger verwandelt – in den gleichen Kreisen verkehren und ebenfalls auf Widerstand stoßen (Apg 9,29). Wir können uns vorstellen, dass solche Diasporajuden, die mit mindestens einem Fuß in Jerusalem lebten, nicht zu denen gehörten, die dem Druck der nichtjüdischen Umwelt allmählich nachgegeben hatten. Wallfahrten zum Tempel oder gar längere Aufenthalte in der religiösen »Mutterstadt« waren ein Ausdruck des entschlossenen Festhaltens an der Tradition. Es verwundert nicht, dass sie für neue religiöse Aufbrüche im Mutterland ebenso wenig übrig hatten wie für die Anpassung an die fremdreligiöse Umwelt. Vielleicht suchten sie gerade in Jerusalem eine Festigung ihrer religiösen Identität!

Über die Inhalte der Streitgespräche mit Stephanus macht Lukas keine Angaben. Er kann aus der Lektüre der Kapitel 4–5 als bekannt voraussetzen, was als anstößig betrachtet wurde: das Zeugnis von der Auferstehung des gekreuzigten Jesus und die damit verbundenen Anklagen gegen die höchsten Repräsentanten des Judentums.

Hinzu kamen die Heilungen im Namen Jesu (vgl. Apg 3,16), die zu dem höchstrichterlichen Verbot geführt hatten, den Jesusnamen auch nur auszusprechen (4,18). Dahinter stand vermutlich der Verdacht, dass es sich bei den Wundern im Jüngerkreis um eine Art von schwarzer Magie handeln könnte. Wenn Jesus aus der Sicht der Gegner der Apostel keineswegs aufer-

Abb. 3: Fra Angelico, Die Predigt des Stephanus.
Fresco in der Nikolaus-Kapelle des Vatikan 1447–1449

standen war (zumal die sadduzäischen Oberpriester überhaupt keine Auferweckung der Toten erwarteten), dann war die Anrufung des Namens Jesu so etwas wie eine Totenbeschwörung, die in Israel als schweres Religionsvergehen galt (vgl. Lev 19,31; Jes 8,19). An so etwas ist zu denken, wenn Paulus – der einstige Verfolger – darauf hinweist, dass die christliche Botschaft (das »Wort vom Kreuz«) in den Augen der Juden ein *skandalon,* d. h. eine Verführung zur Sünde oder gar zum Abfall von Gott sei (vgl. 1Kor 1,23; Gal 5,11).[7] Der bloße Dissens über die Frage, ob Jesus auferstanden ist oder nicht, hätte keinen Juden zum Verfolger der Jesusjünger werden lassen. Aber dass man die Christen zusammenfassend als die bezeichnen konnte, die »überall den Namen unsres Herrn Jesus Christus anrufen« (vgl. 1Kor 1,2), das belegt eine religiöse Praxis, die Anstoß erregen musste – wenn Jesus nicht auferstanden war! Ebendeshalb brach die Feindschaft des Saulus gegen die Jesusbewegung in einer Sekunde zusammen, als er *vom Himmel her* die Worte hörte: »Ich bin Jesus, den du verfolgst.« (Apg 9,5 Parr.). Das war keine Stimme aus der Unterwelt der Toten wie bei der Totenbeschwörung auf Bitten des verzweifelten Königs Saul vor seinem eigenen Tod (vgl. 1Sam 28, 13 ff.).

In den Auseinandersetzungen zwischen Stephanus und anderen Diasporajuden bewährt sich die Begabung mit »Geist und Weisheit«, nach der die Nominierung für die Siebenerkommission erfolgt war (vgl. V. 10 mit V. 3): Die Gegner können mit seinem geistlichen Engagement und seiner Bildung nicht mithalten.

---

7   Unser Fremdwort »Skandal« ist keine Übersetzung dieser griechischen Vokabel, die ursprünglich eine Falle und als Metapher etwas *Lebensgefährliches* bezeichnete.

Abb. 4: Vittore Carpaccio (1450-1525),
Die Disputation des hl. Stephanus, Scuola di San Stefano 1514

Wir wüssten gern, mit welchen Argumenten dieser
Streit ausgefochten wurde! Das Neue Testament lässt
jedoch die Gegner der Urkirche selten zu Wort kommen und wenn doch, dann nicht mit ihren besten Argumenten. Aber vielleicht erlaubt die Rede des Stephanus, die Lukas in Kap. 7 folgen lässt, Rückschlüsse
auf die Art seiner Bildung (und Rhetorik).

Die ständigen Niederlagen im Streitgespräch müssen für die Gegner ungemein beschämend gewesen
sein. Das lehrt ihre Reaktion, die einem viel disku-
tierten Schema der modernen psychologischen Kon-
fliktforschung entspricht. Nach der »Frustrations-Ag-
gressions-Hypothese« steigt (nicht notwendig, aber
häufig) die Bereitschaft zu aggressiven Handlungen,
wenn hoch motivierte zielgerichtete Anstrengungen

26

mit Misserfolgen enden.[8] So auch hier: Die unterlegenen Disputanten greifen zum Mittel der Verleumdung, um ihren Gegner doch noch zu besiegen. Man beachte das »Da« (oder »Daraufhin«) am Beginn von V. 11! Die Register, die sie dabei ziehen, sind brisant: Verunglimpfung des »Religionsstifters« Mose und sogar Gotteslästerung. Da wird schwerstes Geschütz gegen Stephanus aufgefahren:

Die Wortwahl »Blasphemie« findet sich häufig für die radikale Distanzierung von einer Religionsgemeinschaft, entweder im Sprachverhalten Außenstehender (vgl. Apg 19,37; 1 Tim 1,13) Offb 2,9) oder im Sinne der Lossagung vom bisherigen Glauben (vgl. Apg 26,11).[9] In Streitigkeiten innerhalb einer religiösen Gemeinschaft wie hier dient die Vokabel dem Vorwurf, dass eine bestimmte Äußerung ein Religionsverbrechen darstellt, mit dem sich der Beschuldigte am Heiligen versündigt und aus der Gemeinde ausgeschlossen hat, so dass er bestraft und/oder ausgeschlossen werden muss (vgl. Mt 9,3 Parr.; 26,65 Par.; Joh 10,33).

Die Präzisierung »Lästerungen gegen Mose und gegen Gott« verdient Beachtung, weil gerade das Judentum der hellenistischen Diaspora ein besonderes Interesse an der Gestalt Moses entwickelt hatte, so dass

---

8 N. E. MILLER with the collaboration of R.R.SEARS, O. H. MOWRER, L. W. DOOB, H. DOLLARD, The frustration-aggression-hypothesis: Psychol. Review 48 (1941) 337–342, deutsch in: KORNADT, H.-J. (Hrsg.), Aggression und Frustration als psychologisches Problem. Zwei Bde. (WdF 274) Erster Band, Darmstadt 1981, 63–69. Diese Logik der Stephanusgeschichte wird häufig übersehen; s. u. 128 ff.

9 Nach Plinius (Ep. X 96,5) wurden Leute, die des Christentums verdächtigt wurden, dazu aufgefordert, Christus zu verfluchen (*maledicere Christo*).

die Achtung vor dem Gesetz mit der Verehrung des Gesetzgebers Mose einherging.[10] Aber auch im Mutterland ist eine Konzentration auf Mose erkennbar, z. B. mit der Begrenzung des Kanons auf den Pentateuch bei den Sadduzäern und den Samaritanern, in Kreisen, die ansonsten für hellenistische Einflüsse besonders aufgeschlossen waren. Als nächste Vergleichsstelle zu Apg 6,11 ist eine Stelle bei Josephus (Bell 2,145) anzusehen, wo es über die Essener heißt: »Höchste Verehrung aber zollen sie nächst Gott dem Namen des Gesetzgebers, und wenn jemand diesen lästert, wird er mit dem Tode bestraft.« Das Gewicht des Vorwurfs wird auch durch einen Vorfall unter dem Statthalter Cumanus beleuchtet, als ein Soldat eine Torahrolle zerrissen und ins Feuer geworfen hatte; um die landesweite Erregung der Juden über diesen Vorfall zu besänftigen, musste Cumanus diesen Soldaten, »der so gegen Gott und das Gesetz gefrevelt hatte«, zum Tode verurteilen (vgl. Josephus, Bell 2,230f.).

Die Verleumdungen des Stephanus bewirken nach V. 12 einen folgenschweren Stimmungsumschlag in der Bevölkerung. Bis dahin waren die Apostel nur vom Hohen Rat, insbesondere seiner sadduzäischen Priesterfraktion, bekämpft worden, während das einfache Volk auf Seiten der Jesusbewegung stand (vgl. Apg 4,21; 5,26) und der pharisäische Schriftgelehrte Gamaliel für ein gewaltfreies Abwarten plädierte (vgl. Apg 5,34–39). Die bösen Gerüchte, die über Stephanus

---

10 Vgl. G. Vermes, Die Gestalt des Moses an der Wende der beiden Testamente: Moses in Schrift und Überlieferung (Düsseldorf 1963; Original: Moïse, l'Homme de l'Alliance, Tournai 1955), 61–93; B. Botte, Das Leben Moses bei Philo: Ebd. 173–181.

jetzt verbreitet wurden, alarmieren jedoch die Bevölkerung und die nichtpriesterliche Führungsschicht (Älteste und Torahlehrer). Mit dieser breiten Abwehrfront im Rücken erheben die Todfeinde des Stephanus nun formell Anklage gegen ihn beim Hohen Rat, dem obersten Gericht der jüdischen Selbstverwaltung in der römischen Provinz Judäa.

Die jetzt eingereichte Klage ist etwas anders formuliert als die vorausgegangene Verleumdungskampagne. Sie lautet (V. 13 f.):

»Dieser Mensch macht unaufhörlich Aussagen gegen d(ies)en[11] heiligen Ort und gegen das Gesetz; wir haben ihn nämlich sagen hören: Jesus, der Nazoräer, der wird diesen Ort zerstören[12] und die Sitten ändern, die uns Mose anbefohlen hat.«

Die Rede von »feindlichen Aussagen« kann hier als Abwandlung des Blasphemievorwurfs seitens der Verleumder verstanden werden. Ähnliche Wendungen finden sich nämlich bei Josephus, wo er von der Standhaftigkeit der Juden spricht, sich nicht einmal unter der Folter zu gesetzesfeindlichen Äußerungen zwingen zu lassen. Abfälliges Reden über Mose und das Gesetz hieße für einen Juden, in die Polemik des

---

11   Die Zugehörigkeit der Vokabel »diese« zum ursprünglichen Text ist nicht gesichert.

12   Das hier gebrauchte Verbum kann auch »entweihen« bedeuten; vgl. Josephus, Ant 12,322. Damit wäre Jesus mit Antiochus Epiphanes auf eine Stufe gestellt, der im 2. Jh. v. Chr. den Jerusalemer Tempel entweihen ließ – eine Assoziation, die den Anklägern willkommen sein konnte. Auch die Fortsetzung in Apg 6,14 erlaubt eine Deutung auf der Linie der aggressiven Religionspolitik des Seleukiden, zu deren Unterstützung sich damals hellenisierte Kreise in Jerusalem bereitfanden.

antiken Antijudaismus einzustimmen. Stephanus wird also schon durch diese Form der Anklage bezichtigt, dem Kampf des Diasporajudentums gegen die Assimilation in den Rücken zu fallen und selbst ein Apostat zu sein. Hier schimmert eine mögliche Motivation der hellenistisch-jüdischen Feinde des Stephanus durch den Wortlaut der Anklagen durch: Sie legen ihm die Versuchung in den Mund, in der sie selber mehr oder weniger standen.

Der auffälligste Unterschied zwischen den anfänglichen Verleumdungen (V. 11) und den Anklagen vor dem Hohen Rat (V. 13 f.) ist das neue Thema des (heiligen) Ortes, während das Thema Mose sich durchhält. Da Letzteres in V. 14 gegenüber V. 11 deutlich präzisiert wird, liegt es nahe, auch die Aussage über eine Bedrohung des heiligen Ortes durch Jesus in V. 14 als Präzisierung des Vorwurfs der Gotteslästerung aus V. 11 zu verstehen. Diskutabel ist aber auch der Gedanke an eine Erweiterung der Anklagen mit der Absicht, einen möglichst gravierenden justitiablen Tatbestand zu benennen.[13] Es ist wohl kein Zufall, dass das Tempelthema erst in der vom Hohenpriester geleiteten Sitzung des Synhedriums, dem viele Oberpriester angehörten, zur Sprache kommt, und das gleich zweimal.

---

13 Ein ähnliches Ziel verfolgt in Apg 21,28 f. die Krönung der Beschuldigungen gegen Paulus durch die Behauptung, er habe einen Griechen in den für Nichtjuden verbotenen Tempelbereich eingeschleust (was in Kap. 24,6 von den Anklägern selbst zum bloßen Versuch heruntergespielt wird).

EXKURS: ZUR BEDEUTUNG DES TEMPELS FÜR DAS ANTIKE JUDENTUM

Christliche Bibelleser und -leserinnen haben es schwer, die Bedeutung des heiligen Ortes und des Tempels für das antike Judentum nachzuempfinden. Sie können das »Gott ist gegenwärtig« in jeder beliebigen Kirche singen und sind für ihre Gottesdienste nicht einmal auf ein geweihtes Gebäude angewiesen: »Wo zwei oder drei in meinem Namen versammelt sind, da bin ich mitten unter ihnen« (Mt 18,20). Im alten Israel dagegen war die Konzentration auf einen einzigen zentralen Kultort das Ergebnis langer Kämpfe. Zwar war das Heiligtum der Mosezeit ein Zelt gewesen, das die Israeliten auf ihrem Wüstenzug mit sich führten. Aber nachdem das Volk im »Gelobten Land« sesshaft geworden war, stellte sich die Frage nach einem dauerhaften Standort der »Bundeslade«, dem Kasten, in dem der Archetyp der Torah aufbewahrt wurde. Der Tempelbau in Jerusalem ging nach 2Sam 7 auf eine Idee Davids zurück, die sein Sohn und Nachfolger Salomo in die Tat umsetzte (1Kön 5–8). Dessen Gebet zur Einweihung des Tempels in 1Kön 8 ist lesenswert als ein Spiegel der Frömmigkeit, die sich mit diesem Gotteshaus verband: Gott wohnt zwar im Himmel, aber wenn Israeliten in diesem Hause (oder anderswo in der Himmelsrichtung auf dieses Haus) Gott anrufen, dann erwarten sie die Erhörung ihrer Gebete. Vor allem aber setzte sich in einem längeren Prozess der Religionsgeschichte Israels die Überzeugung durch, dass die in der Torah festgelegten Opferhandlungen nur an dem einen zentralen Kultort von den dort amtierenden Priestern zu vollziehen seien.

Dass dieser Kultort mit der Residenz der davidischen Dynastie zusammenfiel, ist nicht überraschend, blieb aber nicht unbestritten. Nach der Teilung des davidisch-salomonischen Reiches in das Nordreich der zehn Stämme und das Südreich aus den Gebieten Juda, Benjamin und dem Stadtgebiet Jerusalems bekam Jerusalem Konkurrenz. Aber für die Kreise, auf die der Kanon der Hebräischen Bibel zurückgeht, war die Ortsfrage entschieden und blieb es auch, als der Jerusalemer Tempel im Jahr 587 v. Chr. von den Babyloniern zerstört wurde. Darum schließt das letzte Buch des hebräischen Kanons mit dem Beschluss des Perserkönigs Kyros, den Jerusalemer Tempel wieder aufzubauen (vgl. 2Chron 36,22–23).

Von dem Hergang der Erbauung des »Zweiten Tempels« berichtet das Buch Esra. Die Anlage fiel naturgemäß bescheidener aus als der Tempel Salomos. Darum unternahm Herodes d. Gr. im 1. Jahrhundert v. Chr. eine »Renovierung«, die auf einen sukzessiven Neubau hinauslief, mit dem der König mit den repräsentativen Monumentalbauten der damaligen Mittelmeerwelt wetteiferte. Das noch heute vorhandene Plateau des Tempelberges ist in diesem Ausmaß erst ein Werk des Herodes! Im jüdischen Aufstand der Jahre 66–74 n. Chr. tobte hier im Sommer des Jahres 70 der erbitterte Endkampf um die Eroberung Jerusalems durch die Römer, in dessen Verlauf der Tempel in Flammen aufging.

Die Bedeutung des Tempels für das jüdische Selbstverständnis ist daran erkennbar, dass die Zeit von 587 v. Chr. bis 70 n. Chr. als die »Zeit des zweiten Tempels« bezeichnet wird. Das Judentum verkraftete den Verlust des Tempels theologisch durch die Arbeit der Rabbinen, die die Torah, ihre Verehrung und ihre sorgfältige Befolgung in den Mittelpunkt der Frömmigkeit stellten. Diese Neukonstitution des Judentums in den folgenden Jahrhunderten muss bei der Interpretation der Stephanusgeschichte »außen vor« bleiben, wenn wir deren Dramatik verstehen wollen. Meinungsverschiedenheiten über die Auslegung der Torah waren damals kein Sakrileg, während eine Verletzung der Heiligkeit des Tempels mit dem Tode bestraft werden konnte.

In historischer Hinsicht ist zu beachten, dass sich auf dem Gebiet des untergegangenen Nordreiches eine Tradition erhalten hat, nach der ursprünglich der Berg Garizim bei Sichem der zentrale Kultort Israels sein sollte. Hier kam es schon in der Perserzeit zu einem Tempelbau, der mit dem Jerusalemer Tempel konkurrierte, später aber von den Judäern zerstört wurde. Der Berg Garizim ist bis heute der Ort, an dem die Gemeinde der Samaritaner jährlich ihr Passahfest feiert (seit einigen Jahren im Beisein zahlreicher Israel-Touristen). Zur Zeit Jesu und der Apostel war diese innerisraelitische Konfession in der Landschaft Samarien und in Diasporagemeinden zahlenmäßig stark und politisch ebenso organisiert wie die Juden. Der Konflikt zwischen Juden und Samaritanern um den wahren Kultort spiegelt sich in Joh 4,19–24 wider. Manche Forscher haben in der Rede des Stephanus in Apg 7 Berührungen mit samaritanischen Lesarten des Pentateuchs gefunden; für das Verständnis der Stephanusgeschichte ist das ohne Bedeutung. Neuere Forschungen zur Textgeschichte des Alten Testaments haben ans Licht gebracht, dass der Wortlaut des Alten Testaments um diese Zeit noch an vielen Stellen im Fluss war. Heutige »Sonderlesarten« des samaritanischen Pentateuchs können damals auch in jüdischen Handschriften verbreitet gewesen sein.

*

Die Anklage in V. 13 f. besteht aus einem Pauschalvorwurf gegenüber dem Verhalten des Stephanus in Diskussionen (V. 13) und einer Zeugenaussage mit dem angeblich wörtlichen Zitat einer Doppelaussage des Stephanus über Jesus (V. 14). Solche Aussagen von Augen- bzw. Ohrenzeugen waren damals wie heute ein entscheidendes Mittel der Urteilsfindung in einem Prozess. Bleiben wir zunächst bei der Thematik des heiligen Ortes:

Zitiert wird eine Ankündigung der Tempelzerstörung, die an eine entsprechende Weissagung Jesu erinnert, sie aber dahingehend zuspitzt, dass *Jesus selbst* der sein soll, der das Heiligtum zerstören wird. Das ist eine besonders aggressive Variante eines umstrittenen Jesuswortes, das unter anderem im Verhör Jesu durch den Hohenpriester eine Rolle spielte. Dessen Wortlaut wird im Neuen Testament und darüber hinaus jedoch sehr uneinheitlich überliefert. Die in Apg 6,14 dem Stephanus in den Mund gelegte These, *Jesus* werde selbst den Tempel zerstören, wird nur noch überboten durch die angebliche Selbstaussage Jesu im apokryphen Thomasevangelium (Logion 71): »Ich werde (dieses) Haus zerstören, und *niemand wird es wieder aufbauen.*«

Die einschlägigen Worte lassen sich nach zwei Gesichtspunkten gruppieren:
1. nach dem Kriterium der Beteiligung Jesu
2. nach dem Kriterium, ob auch von einem Wiederaufbau des Tempels die Rede ist oder nicht.

Dann ergibt sich folgendes Gesamtbild:

1. Die »lockerste« Verbindung zwischen Jesus und der Tempelzerstörung liegt dort vor, wo Jesus nur der Sprecher ist, der die Zerstörung des Tempels ankün-

digt, wobei nichts darüber gesagt wird, wer den Tempel zerstören wird (Mk 13,1 f. Parr.). Eine Aussage über den eventuellen Wiederaufbau des Tempels fehlt hier.

2. In der Matthäusfassung der Zeugenaussagen gegen Jesus vor dem Hohenpriester heißt es, Jesus habe gesagt: »*Ich kann* den Tempel Gottes zerstören *und* innerhalb von drei Tagen *(wieder) aufbauen*.« (Mt 26,61)

3. Die Markusparalle (Mk 14,58) lautet stattdessen: »*Ich werde* diesen handgemachten Tempel zerstören und innerhalb von drei Tagen *einen anderen*, nicht handgemachten *aufbauen*.«

4. Ein vereinfachtes oder vergröbertes Echo dieser Zeugenaussagen ist das Spottwort über den Gekreuzigten in Mt 27,40 par. Mk 15,29: »(Das ist also) der, der den Tempel *zerstört und in drei Tagen (wieder) aufbaut*.«[14]

5. Eine weitere Verschärfung liegt in Apg 6,14 vor, weil *von einem Wiederaufbau nicht die Rede* ist.[15]

6. Dies ist in EvThom 71 dadurch gesteigert, dass ein *Wiederaufbau ausdrücklich verneint* wird.

7. Eine nur ganz lockere Verbindung zwischen Jesus und einer Tempelzerstörung bietet das Johannesevangelium in einen Ausspruch, in dem sich Jesus nur *anbietet*, den eventuell zerstörten Tempel gegebenenfalls in drei Tagen *aufzurichten* (Joh 2,19). Hier ist Jesus Subjekt der Handlung, aber nur des Wiederaufbaus. Der Spruch ist Teil eines Dialogs, in dem »die Juden« nach einem »Zeichen« fragen, mit dem sich Jesus legitimie-

---

14 Die Partizipialform geht über das »ich kann« von Mt 26,61 hinaus; aus Mk 14,58 entfällt die Unterscheidung zwischen dem handgemachten und dem nicht handgemachten Tempel.

15 Das Thema des Wiederaufbaus fehlt auch im apokryphen Petrusevangelium, wo *den Jüngern* vorgeworfen wird, sie wollten den Tempel in Brand stecken (EvPetr 7,26).

ren könnte (V. 18). Die Antwort lautet: »Zerstört[16] diesen Tempel, und in drei Tagen werde ich ihn aufrichten[17].«

Dieses johanneische Jesuswort zum Thema »Tempelzerstörung« könnte, wenn man die Deutung durch den Evangelisten in V.21 (»Er aber redete vom Tempel seines Leibes.«) ignoriert, einen historischen Kern haben, der neben Mk 13,1f. Parr. am Anfang der Überlieferungsgeschichte zu diesem Thema steht.[18] Jedenfalls hat der Dialog in Joh 2,18f. eine gewisse rhetorische Plausibilität, wenn man sich die Bedeutung des Begriffs *semeion* (»Zeichen«) in diesem Zusammenhang klarmacht. Die johanneischen »Zeichen« Jesu sind vor dem Hintergrund der »Zeichen« zu verstehen, mit denen sich Mose in Ägypten vor den Israeliten als der von Gott gesandte Führer legitimierte.[19] Es handelt sich dabei um relativ bedeutungslose Wunder, die mit dem Inhalt der Sendung Moses wenig zu tun haben. Entscheidend ist: Sie beglaubigen den Mose als Gesandten Gottes (vgl. 1Kön 13,3.5; Joh 3,2). Solche Zeichen begründen einen echten, wenn auch manchmal nur vorläufigen, späteren Anfechtungen noch nicht

---

16   Anstelle des in dieser Tradition sonst üblichen Kompositums *katalýein* ist hier das Simplex *lýein* gebraucht.

17   Anstelle des *oikodomeín* der Parallelstellen ist hier *egeírein* gebraucht.

18   Vgl. J. Becker, Das Evangelium des Johannes Kap. 1–10 (Gütersloh 1979) 125: »Dieses ehemalige Einzelwort ist in seiner joh. Form gegenüber seinen o. g. Parallelen wohl das älteste Stadium.«

19   Vgl. Ex 4. Zur Bedeutung dieses Hintergrundes für das Johannesevangelium vgl. O. Betz, Das Problem des Wunders bei Flavius Josephus im Vergleich zum Wunderproblem bei den Rabbinen und im Johannesevangelium: Josephus-Studien. Festschrift für Otto Michel zum 70. Geburtstag, Göttingen 1974, 23–44.

gewachsenen Glauben (vgl. Joh 2,11 u. ö.). Die Forderung eines solchen Legitimationswunders wird jedoch von Jesus in der sonstigen Überlieferung immer abgelehnt (vgl. Mt 12,38f.; 16,1f.; Mk 8,11f.; Lk 11,16.29). Nur hier in Joh 2,19 geht Jesus scheinbar auf die Forderung ein und stellt ein Zeichen in Aussicht – aber unter einer Bedingung, die den Glauben bei den Gesprächspartnern schon voraussetzen würde! Denn den Tempel abreißen, damit Jesus ihn wunderbar wieder aufrichten kann, das wäre ja schon ein Akt grenzenlosen Vertrauens in seine Wundermacht. Eine derartige Antwort (die auf eine Ablehnung der Zeichenforderung hinausläuft) ist Jesus angesichts anderer Gesprächsverläufe durchaus zuzutrauen, so dass Joh 2,19 ohne die anschließende christologische Deutung sehr wohl auf ihn zurückgehen könnte.[20]

Die verschiedenen Ausformungen der Tradition über Jesus und die Tempelzerstörung könnten demnach als verschiedene Mischungen der Weissagung der Zerstörung des Tempels (Mk 13,1f. Parr.) und des Angebots des wunderbaren Wiederaufbaus des Tempels (Joh 2,19) verstanden werden. Es ist mühelos vorstellbar, dass ein Wort von der Art von Joh 2,19 den Gegnern bereits blasphemisch erschien und in vergröberter Form weitererzählt und zu Anklagen gegen Jesus und/oder seine Jünger verwendet wurde. Die *Ankündigung* der Tempelzerstörung gehört ja zum nicht umstrittenen Bestand von Jesusworten, die die Urgemeinde als Teil seiner Verkündigung verbreitete. Diese Ankündigung – und sonst nichts – dürfte das Wahrheitsmoment in der einen Hälfte der Anklagen gegen Stephanus sein.

---

20 Vgl. etwa Mk 12,13–17 Parr.

Dass schon eine solche »bloße Ankündigung« durch einen Propheten im Altertum als todeswürdiges Sakrileg gewertet werden konnte, lehrt die Erzählung von der Tempelrede Jeremias in Jer 26: Schon die bloße *Androhung* der Tempelzerstörung für den Fall, dass die Judäer die prophetische Predigt weiter missachten, bringt ihn in Lebensgefahr. Er findet aber Fürsprecher, die darauf verweisen, dass auch der Prophet Micha eine Zerstörung Jerusalems und des Tempels angekündigt hatte und nicht bestraft wurde. Das Kapitel schließt jedoch mit dem Bericht von einem Gerichtspropheten, den der König Jojakim tatsächlich wegen seiner Verkündigung hinrichten ließ.

Hinter solchen Vorfällen steht die Überzeugung, dass Prophetie nicht nur eine »Mitteilung über die Zukunft«, sondern ein wirksamer Beitrag zum weiteren Verlauf der Geschichte ist (vgl. Jer 1,10). Darum galten die Astrologie und andere Formen der Mantik dem römischen Recht als staatsfeindlich und waren – in wechselnder Intensität – der Strafverfolgung ausgesetzt.[21] Die bloße Weissagung der Tempelzerstörung konnte deshalb bereits als ein Angriff auf den Tempel gewertet werden. Das lehrt das Auftreten eines Unheilspropheten namens Jesus ben Chananja in Jerusalem in den Jahren 62–70 n. Chr. Nach Josephus (Bell 6,300–309) erregte er mit seinem Wehgeschrei über Jerusalem und den Tempel nicht nur den Unwillen seiner Mitbürger, sondern wurde sogar beim römischen

---

21   Vgl. Ulpian, *De officiis proconsulis* VII (107), vgl. *Exempla Iuris Romani*. Römische Rechtstexte lateinisch-deutsch, herausgegeben, übersetzt und erläutert von M. Fuhrmann und D. Liebs, München 1988, 174/75–176/177. Zum Beispiel wurden astrologische Gutachten über das Ergehen des Kaisers mit dem Tode bestraft.

Statthalter Albinus angeklagt, weil (!) man sein Reden auf übernatürliche Mächte zurückführte (§ 303). D. h. gerade die als solche ernst genommene Prophetie konnte als staatsfeindlich betrachtet und bekämpft werden.

Was den zweiten Anklagepunkt, die »Worte gegen das Gesetz« (Apg 6,13), betrifft, so ist die Wortwahl der Erläuterung in V. 14 lehrreich: »Jesus ... wird die Bräuche ändern, die uns Mose als Überlieferung anvertraut hat.« Mit diesen Worten wird die Gefahr an die Wand gemalt, dass von Jesus eine Zerstörung der ganzen Kultur des Judentums ausgeht. Der Begriff der Überlieferung schließt hier wohl die besonders von den Pharisäern gepflegte Auslegungstradition mit ein, die als »mündliche Torah« ebenfalls auf den Offenbarungsempfang Moses auf dem Sinai zurückgeführt wurde.[22] Während die Anklage der Tempelfeindschaft naturgemäß die priesterlichen Mitglieder des Hohen Rates alarmieren musste, soll dieser zweite Anklagepunkt wohl vor allem die Schriftgelehrten und Ältesten (Vertreter der »Laien«) beindrucken. Gab es für ihn einen Anhaltspunkt im Wirken oder in der Lehrtätigkeit Jesu?

Das lukanische Werk liefert dafür weniger Anhaltspunkte als die anderen synoptischen Evangelien.[23] Aber Lukas kommt mehrfach auf den Streit um Handlungen am Sabbat zu sprechen, die als Verletzung der

---

22 Vgl. die Mischna in Avot 1,1 u. ä. Die Sadduzäer lehnten diese Ausweitung des Gesetzesbegriffs auf die Auslegungstradition ab; vgl. Josephus, Ant 13,297.

23 Nicht nur fehlt bei Lukas eine Parallele zum Streit um die Reinheitsfrage (Mt 15,1–20 par. Mk 7,1–23); – auch die polemisch klingende Form der Gesetzesauslegung Jesu in den sog. Antithesen der Bergpredigt (Mt 5,21–48) hat, soweit die Stoffe sich im Lukasevangelium finden, bei Lukas keine Parallele.

Arbeitsruhe kritisiert wurden (vgl. Lk 6,1–5 Parr.; 6,6–11 Parr.; 13,10–17; 14,1–6). Die Heiligung des Sabbats gehörte zu den Lebensgewohnheiten des Judentums, die der Umwelt am meisten als spezifisch jüdisch ins Auge stachen. Auch die Hindernisse für eine Tischgemeinschaft wurden als ein Identitätsmerkmal der Juden wahrgenommen. Zwar ist von Jesus noch keine Tischgemeinschaft mit Nichtjuden überliefert, aber sein bedenkenloser Umgang mit (jüdischen) »Zöllnern und Sündern« konnte als Aufweichung der geltenden »Sitten« gedeutet werden (vgl. Lk 5,27–32 Parr.; 7,36–50; 15,1–32; 19,1–10). Aus pharisäischer Sicht konnte der Einfluss Jesu darum sehr wohl als Gefährdung der spezifisch jüdischen Gestaltung des Zusammenlebens und damit der eigentlichen Identität des jüdischen Gemeinwesens verstanden werden. Von den »Sitten« der Juden spricht Lukas wie auch Josephus im Wissen um einen Zusammenhang zwischen *ethos* (Sitte) und *ethnos* (Volk).[24] Römisch gesprochen: An der Treue zu den *mores maiorum* (Sitten der Alten) muss sich die Zugehörigkeit zur *civitas* bewähren.

---

24   Vgl. M. KLINGHARDT, Gesetz und Volk Gottes. Das lukanische Verständnis des Gesetzes nach Herkunft, Funktion und seinem Ort in der Geschichte des Urchristentums, Tübingen 1988, 115–117.

3. Die Rede des Stephanus in literarischer und rhetorischer Hinsicht

Die Rede des Stephanus in Apg 7,2–53 ist die längste Rede, die Lukas einer Person seiner Handlung zuschreibt. Man schätzt den Anteil der Reden am Umfang der Apostelgeschichte auf ein Drittel dieses zweiten Bandes des Lukanischen Werkes, das nach Lk 1,3 und Apg 1,1 einem gewissen Theophilus gewidmet wurde. Ob es sich dabei um eine reale Person oder um eine Personifikation des »geneigten Lesers« handelt ist umstritten (»Theophilus« bedeutet ja »Gottesfreund«). Die Anrede mit »erhabener Theophilus« oder »Exzellenz Theophilus« spricht allerdings mehr für eine uns leider unbekannte Person, die womöglich die Beachtung und Verbreitung des Lukanischen Werkes fördern sollte.[25] Dass Lukas nicht nur für Glaubensgenossen, sondern auch für ein darüber hinausgehendes interessiertes Publikum schreibt, geht auch aus dem Stil des »Prologs« Lk 1,1–4 hervor, der sich eng an Gepflogenheiten antiker Schriftstellerei anlehnt.

Antike Geschichtsschreiber legten großen Wert darauf, das gesprochene Wort als geschichtsträchtiges Ereignis zu würdigen. Politische Reden gaben oft den Ausschlag für Entscheidungen über Krieg und Frieden; Reden vor einer Schlacht erhellten den Charakter oder die politische Ideologie eines Feldherrn. Dabei stellt sich die Frage nach dem Anteil des wirklich Gesagten im Verhältnis zur vorliegenden literarischen Fassung. In den seltensten Fällen wird der Schriftstel-

---

25 Die gleiche Anrede mit dem Prädikat »*krátiste*« verwendet Lukas sonst nur für Statthalter; vgl. Apg 23,26; 24,3; 26,25.

ler stenographische Mitschriften oder erhaltene Konzepte des Redners benutzt haben. Auch bei Reden, die ein Geschichtsschreiber miterlebt hat, konnte er wohl nur den ungefähren Gedankengang und einige markante Sätze zuverlässig wiedergeben. Über dieses Problem äußert sich Thukydides in der Einleitung zu seiner Geschichte des Peloponnesischen Krieges in dem folgenden komplizierten Satz (I,22,1):

»Und was die einzelnen in (mündlicher) Rede sagten, teils im Begriff, Krieg zu führen, teils schon darin befindlich, davon war es kaum möglich, den genauen Wortlaut des Gesprochenen im Gedächtnis zu behalten – für mich, wenn ich es selbst gehört hatte, und für die, die mir anderswoher davon Kunde gaben; wie es mir aber schien, daß die einzelnen über die jeweils vorliegenden (Dinge) das Gehörige am ehesten gesagt haben könnten – wobei ich mich so eng wie möglich an den Gesamtsinn des wirklich Gesprochenen hielt –, so ist (bei mir im Geschichtswerk) geredet.«[26]

Mit diesem Satz macht Thukydides eine Einschränkung gegenüber der *Genauigkeit*, mit der er die *Ereignisse* des Kriegsgeschehens erforscht haben will und wiederzugeben verspricht. Der Anteil des eigenen Ermessens, das bei den Reden mitspielt, wird in der Thukydides-Forschung verschieden hoch veranschlagt. Das hat auf die historische Beurteilung der Reden in der Apostelgeschichte ausgestrahlt. Deutschsprachige Ausleger der Apostelgeschichte wie Martin Dibelius[27] ließen sich von deutschsprachigen Abhand-

26 Übersetzung im Wesentlichen nach O. Luschnat, Art. Thukydides der Historiker: PRE Suppl XII (1970) 1085–1354, hier 1181)

27 Vgl. M. Dibelius, Die Reden der Apostelgeschichte und die an-

lungen der dreißiger Jahre beeindrucken, nach denen Thukydides ziemlich frei seine eigene Deutung der treibenden Kräfte den handelnden Personen in den Mund legte.[28] Demgegenüber wurde die angelsächsische Lukas-Forschung stärker vom Urteil des Thukydides-Kommentators A. W. Gomme geprägt, der nur einen graduellen Unterschied zwischen dem historischen Anspruch der Faktendarstellung und der Wiedergabe von Reden annimmt.[29]

Auch Lukas beansprucht in seinem an Theophilus adressierten Vorwort (Lk 1,1–4), den Ereignissen, über die er berichtet, genau nachgegangen zu sein, beruft sich auf Augenzeugen und verspricht einen historisch zuverlässigen Bericht. Lukas äußert sich aber nicht über das besondere Problem der Überlieferung von Reden, obwohl er im ersten Satz der Apostelgeschichte rückblickend feststellt, dass sein erster Band von den Taten Jesu und von seinem Lehren handelt. Die Wortwahl dieses Vorwortes entspricht den Konventionen antiker Buchanfänge und verrät noch kaum etwas vom religiösen Inhalt seines Werkes. Trotzdem sollte man die Reden der Apostelgeschichte stärker von den Reden bei antiken Geschichtsschreibern abheben, und zwar aus folgenden Gründen:

Erstens sind die Reden der Apostelgeschichte wesentlich kürzer als die profanen Vergleichstexte. Sogar die Stephanusrede als längste unter ihnen beansprucht beim mündlichen Vortrag kaum mehr als zehn

---

tike Geschichtsschreibung, SHAW.PH 1949 (vorgelegt 1944), auch in DERS., Aufsätze zur Apostelgeschichte, hrsg v. H. GREEVEN, Göttingen [4]1961, 120–162.

28   Dazu äußert sich LUSCHNAT (s. o. Anm. 26), 1177 kritisch.

29   Vgl. A. W. GOMME, A Historical Commentary on Thucydides I, Oxford 1945, repr. 1950, 140–148.

Minuten! Anderseits rekapituliert diese Rede so viele Episoden der Frühgeschichte Israels, dass man sich ihren Stoff als Inhalt einer ziemlich langen Rede vorstellen kann. Ähnliches ließe sich von der Predigt des Paulus in Apg 13,16–41 sagen. Auch in der Rede des Paulus auf dem Areshügel in Athen (Apg 17,22–31) folgt ein Thema so dicht auf das andere, dass man den Text nur als Inhaltsangabe und nicht als Wortlaut der Rede verstehen kann. Wir sollten also von den Reden der Apostelgeschichte gar nicht annehmen, dass sie von Lukas als Wortlaut der wirklich gehaltenen Reden gemeint sind. Man könnte sie als »Redesummarien« oder mit dem neudeutschen Wissenschaftsbegriff »Abstracts« bezeichnen. Lukas könnte beabsichtigt haben, überhaupt nur den »Gesamtsinn des wirklich Gesprochenen« mitzuteilen, ohne das nach eigenem Ermessen zu einer wirklichen Rede auszuformulieren, wie es Thukydides zweifellos getan hat.

Zweitens sind die Reden der Apostelgeschichte bis auf wenige Ausnahmen (Apg 5,35–39; 15,7–11 und 14–21) keine Plädoyers für eine bestimmte Beschlussfassung (wie viele politische Reden in antiken Geschichtswerken), sondern Aufrufe zur Anerkennung Jesu auf der Linie des Jesuswortes aus Apg 1,8: »Ihr werdet meine Zeugen sein.« Das gilt auch von Reden, die ihrem Anlass nach als Apologien (Verteidigungsreden) zu bezeichnen sind. Sie bieten sich darum nicht an als Gelegenheiten, den »Richtungssinn« oder die treibenden Kräfte eines Geschichtsabschnittes den handelnden Personen in den Mund zu legen, wie das dem Thukydides zu Recht oder Unrecht unterstellt wird.

Eine andere Infragestellung des Quellenwertes der lukanischen Reden ergab sich aus dem Interesse an der Theologie neutestamentlicher Erzählwerke. Die in den 50er Jahren des 20. Jahrhunderts aufbrechende redaktionsgeschichtliche Forschung führte die Unterschiede zwischen den Evangelien auf eine je eigene theologisch motivierte Komposition und Redaktion vorgegebener Quellen oder mündlicher Traditionen zurück.[30] Diese Fragestellung wurde von *Ulrich Wilckens* in einer stark beachteten Monographie auf die Reden der Apostelgeschichte ausgedehnt.[31] Während *Martin Dibelius* die Predigten der Apostelgeschichte nicht für freie Schöpfungen des Lukas hielt, sondern mit der Verwendung vorlukanischer Traditionen rechnete, gab *Wilckens* diese Annahme bis auf einen kleinen Rest (im Blick auf Apg 14,15–17 und 17,22–31) auf. Die Predigten der Kapitel 2–13 wurden von ihm nicht nur im sprachlichen Detail, sondern auch in ihrem Grundgehalt auf die »heilsgeschichtliche« Theologie des Lukas zurückgeführt.[32] Dieses Ergebnis ist jedoch die Folge einer Ausblendung der individuellen und situationsbezogenen Züge der einzelnen Reden zugunsten eines wiederkehrenden Schemas.[33] Die Gliede-

---

30 Vgl. J. Rohde, Die redaktionsgeschichtliche Methode. Einführung und Sichtung des Forschungsstandes, Hamburg 1966.

31 U. Wilckens, Die Missionsreden der Apostelgeschichte. Form- und traditionsgeschichtliche Untersuchungen (WMANT 5), Neukirchen-Vluyn 1961, ²1963, ³1974.

32 Vgl. das Fazit (188 f.) der ersten Auflage.

33 Vgl. a. a. O. (s. o. Anm. 31), 54: »Ein Vergleich der Reden zeigt deutlich, daß ihnen allen in Struktur und Intention […] ein überall gleiches Schema zugrunde liegt: Alle beginnen 1) mit einer an die jeweilige Situation des Erzählungsrahmens anknüpfenden Einleitung; es folgt 2) das Jesuskerygma, und zwar durchgehend zweigeteilt: a) schuldhaftes Handeln der Juden an Jesus, b) errettendes Handeln Gottes an Jesus […] Daran schließt sich 3) die Heilsverkündigung mit dem Ruf zu Umkehr und Heilsempfang, der wiederum manchmal noch einmal ausdrücklich heilsgeschichtlich begründet wird.«

rungen, die Wilckens selbst den einzelnen Reden entnimmt, bestätigen zudem keineswegs die These einer stereotypen Struktur, sondern weichen sogar strukturell voneinander ab.[34]

Gerade die Erforschung der Stephanusrede leistet einen Beitrag zur Überwindung dieser Nivellierungstendenz, weil sie sich von den übrigen Reden der Apostelgeschichte so sehr abhebt, dass es unmöglich ist, alle Reden als bloßen Ausdruck lukanischer Theologie zu erklären. Mit dieser Einsicht rückte auch *Wilckens* in der dritten Auflage seines Buches über die Missionsreden der Apostelgeschichte (1974) von seinem früheren Urteil ab.[35]

Auch die häufig pauschal behauptete »Situationsunabhängigkeit« der Acta-Reden weicht allmählich einer Anerkennung der engen Verzahnung der Reden mit ihrem jeweiligen Kontext,[36] womit noch kein bestimmtes historisches Urteil vorweggenommen, aber ein Hindernis historischer Plausibilität beseitigt wird. Der einzige Fall, bei dem eine Überprüfung der Acta-Reden mit externen Quellen möglich ist, – die lukanische Paulustradition – liefert eine erstaunliche, oft unterschätzte Fülle von charakteristisch paulinischen Begriffen oder Gedanken, die Lukas nur *diesem* Apostel in den Mund legt.[37] Das ermutigt dazu, auch bei an-

---

34 Vgl. 37 zu Apg 2, 44 zu Apg 3, 54 zu Apg 13.

35 Vgl. a. a. O. Vorwort (3 f.) und 208–224.

36 Vgl. besonders G. STANTON, Stephen in Lucan Perspective, in: Studia Biblica 1978 III. Papers on Paul and Other N. T. Authors, Sixth International Congress on Biblical Studies Oxford 3–7 April 1978, Sheffield 1980, 345–360; H. KIM, Kerygma und Situation. Eine rhetorische Untersuchung der Reden in der Apostelgeschichte, Diss. Wuppertal 2004.

37 Das Thema »Rechtfertigung« in Apg 13,38 f. ist keineswegs das einzige Beispiel dafür!

deren Reden der Apostelgeschichte mit individuellen Zügen zu rechnen, die nicht von Lukas erfunden sind. Mit dieser Arbeitshypothese werde ich im Folgenden die Stephanusrede in Apg 7 betrachten.

Dass heutige Leser sich fragen, ob Stephanus sich wirklich mit dieser Rede verteidigt haben könnte, ist allerdings kein Wunder. Wir erwarten, dass ein Angeklagter sich gezielt zu den Punkten der Anklage äußert. In diesem Sinne hätte Stephanus sich dagegen verwahren können, dass ihm Dinge in den Mund gelegt wurden, die er nie gesagt hatte. Womöglich hatte man Äußerungen von ihm vergröbert wiedergegeben oder in irreführender Weise aus dem Zusammenhang gerissen. Dem wäre mit Richtigstellungen zu begegnen gewesen. Nichts davon ist in dieser Rede zu finden. Stattdessen besteht der weitaus größte Teil der Rede aus einem Rückblick auf die Ursprünge und die Frühgeschichte Israels, der mit Notizen über Josua, David und Salomo endet (V. 2–47). Man kann sich vorstellen, dass ein heutiger Richter den Angeklagten mit einem unwirschen »Zur Sache!« aufgefordert hätte, endlich zu den Anklagepunkten Stellung zu nehmen.

Nun behaupteten die Verleumder und Ankläger jedoch, dass Stephanus sich *sprachlich* gegen Gott und Mose, das Heiligtum und das Gesetz versündige, und das auch noch hartnäckig oder »pausenlos«. Mit einem Rückblick auf die Geschichte Israels konnte Stephanus darum Proben seines *Redens* von Gott, von Mose, vom Gesetz und vom Tempel liefern. Einem notorischen Verächter heiliger Werte dürfte es schwer fallen, Worte zu finden, die seine wahren Gefühle völlig verdecken könnten. Auf dieser Linie ist es denkbar, dass Stephanus mit der Auswahl und Gestaltung seines Rückblicks auf Israels Urzeit seine eigene Frömmigkeit und Traditionstreue unter Beweis stellen wollte. In diesem Sinne stellt ja auch Paulus in Apg 22,3–5 in einer Verteidigungsrede seine pharisäische Herkunft und gesetzestreue Erziehung in den Vordergrund, um Vorwürfe zu entkräften, die an die Verleumdungen gegen Stephanus erinnern (vgl. Apg 21,28).[38] Lukas hat dem Stephanus zweimal »Geist« und »Weisheit« bescheinigt; dazu würde es schlecht passen, wenn die Rede, die er ihm zuschreibt, überhaupt nichts mit der Handlung der Erzählung zu tun hätte.

Unbestreitbar ist jedoch, dass Stephanus am Ende der Rede (V. 51–53) »aus der Rolle fällt«, indem er, der Angeklagte, das Hohe Gericht mit Anklagen überschüttet. Im Altertum erwartete man von Angeklagten, dass sie (bis in die Kleidung hinein) demütig auftraten, dem Gericht Respekt bewiesen und bei den Richtern um Sympathien warben. Nicht weniger provozierend ist es, dass sich Stephanus schließlich (V. 56) zu einer Christusvision bekennt, die er in diesem Moment erlebt, wobei er den Gekreuzigten zur Rechten Gottes stehen sieht. Das zuletzt offenbar nicht mehr abwendbare Martyrium ist kein Ort für Argumentation und kluge Rhetorik.

---

38 Antike Verteidigungsreden bemühten sich nach Möglichkeit, den Charakter eines Angeklagten so positiv hinzustellen, dass die ihm zur Last gelegte Tat einfach nicht zu ihm passen würde.

4. Gott und die Geographie (Apg 7,2–8)

Stephanus beginnt seinen Rückblick auf die Anfänge Israels ganz traditionell mit Abraham, dem ersten Vorfahren des Volkes, mit dem Gott eine besondere Beziehung knüpfte. Dabei schöpft er aus verschiedenen Kapiteln der Mosebücher und zitiert einzelne Gottesworte an die Adresse Abrahams. Das weist ihn als einen versierten Kenner der Heiligen Schriften aus, was den Schriftgelehrten unter den Mitgliedern des Synhedriums imponieren konnte. Allerdings setzt er durch die Auswahl der Texte und Themen bestimmte Akzente und stellt narrativ die Weichen für eine ihm vorschwebende Argumentation.

Wenn wir darauf achten, welche Vokabeln hier als Leitmotive wiederholt vorkommen,[39] dann fällt auf, dass in sieben Versen fünfmal von einem *Land* und ebenfalls fünfmal vom »*wohnen*« oder »*Wohnung nehmen*« die Rede ist. Vier verschiedene Schauplätze der Handlung werden auch geographisch lokalisiert: Zunächst wird mit »Mesopotamien« (»Zwischenstromland«) eine sehr weit gefasste Angabe gemacht, die sich auf das ganze Gebiet zwischen Euphrat und Tigris bezieht, das heute größtenteils zum Staatsgebiet des Irak gehört. In V. 4 erfolgt jedoch eine Präzisierung durch den Ausdruck »Land der Chaldäer«, was eine Nähe zum Zusammenfluss von Euphrat und Tigris im Süden anzeigt. Aus Gen 11,28.31 und 15,7 geht hervor, dass damit auf die Stadt Ur in Chaldäa angespielt wird, die dort als ursprünglicher Wohnsitz der Familie Abrahams genannt wird. (Auch in Neh 9,7 beginnt ein

---

39 Vgl. F. Rosenzweig, Das Formgeheimnis der biblischen Erzählungen, in: Ders., Die Schrift. Aufsätze, Übertragungen und Briefe, hrsg. v. Karl Thieme, Frankfurt o. J., 13–27.

Rückblick auf die Geschichte Israels mit der Erwähnung dieses geographischen Ausgangspunktes.)

Zweimal, in V. 2 und 4, wird als nächster Ort die Stadt Haran genannt, die in Gen 11,31f.; 12,4f. als späterer Wohnsitz der Herkunftsfamilie Abrahams angegeben ist, von dem aus er dann in Richtung Kanaan aufbrach. Die Stadt lag ganz im Nordwesten Mesopotamiens auf heute türkischem Gebiet, in alttestamentlicher Zeit zu Assyrien gehörig. An dritter Stelle wird in V. 4 »das Land, in dem ihr[40] jetzt wohnt« erwähnt, aber gleich hinzugefügt, dass Abraham dort noch nicht sesshaft wurde (V. 5). Das setzt sich in V. 6f. fort mit dem Zitat eines Gotteswortes an Abraham, in dem der lange und leidvolle Aufenthalt seiner Nachkommen in Ägypten geweissagt wird (vgl. Gen 15,13f.). Es schließt aber mit der Ankündigung des Auszugs aus Ägypten, und als dessen letzter Zielpunkt wird (über die alttestamentliche Vorlage hinausgehend) der Gottesdienst »an diesem Ort« genannt – womit die Rede schon am Ort dieser Gerichtsverhandlung angelangt ist und zugleich ein Thema der Anklagen gegen Stephanus in Apg 6,13f. aufgegriffen wird. Eine kräftigere Bejahung des jüdischen Zentralheiligtums in Jerusalem lässt sich kaum vorstellen als die, dass der dortige Gottesdienst zum Ziel der Befreiung aus der ägyptischen Knechtschaft erklärt wird. Stephanus überspringt hier zunächst einmal die Zeit des mobilen Zeltheiligtums, das erst von David nach dessen Eroberung Jerusalems in diese jebusitische Stadt überführt wurde (vgl. 2Sam 6). Spricht so ein Mann, der ständig gegen »diesen heiligen Ort« polemisiert?

---

40   Mit »ihr« spricht Stephanus die Mitglieder des Hohen Rates als »Einheimische« an, während er selbst als Diasporajude nicht in Judäa ansässig ist.

Auch andere Elemente dieses Auftakts der Rede ergeben sich nicht zwangsläufig aus den biblischen Vorlagen, sondern beruhen auf einer bewussten Auswahl und Interpretation bestimmter Daten. Schon der erste erzählende Satz der Rede in V. 2 enthält eine bestimmte, keineswegs selbstverständliche Auslegung der alttestamentlichen Vorgaben. Dass Gott dem Abraham erschienen sei, bevor er aus dem Land der Chaldäer (Ur) nach Haran übersiedelte, ist für uns heute nicht ohne Weiteres nachvollziehbar. Denn von einer *Erscheinung* Gottes ist erst in Gen 15,1 die Rede; der Umzug von Ur nach Haran wird aber schon in Gen 11,31 erwähnt. Vom Befehl Gottes, Vaterland und Verwandtschaft zu verlassen, ist dann in Gen 12,1 die Rede, und anschließend wird in V. 4 vom Aufbruch aus Haran berichtet. Beginnt die Stephanusrede etwa mit einem bibelkundlichen Fehler? Ist dieser Fehler womöglich auf mangelnde Bibelkenntnis auf Seiten des Erzählers Lukas zurückzuführen?

Weit gefehlt! Die Stephanusrede vertritt hier wahrscheinlich eine bestimmte Lösung eines Problems der biblischen Chronologie, das im frühen Judentum schon vorchristlich diskutiert wurde.[41] Es beruht auf der Spannung zwischen zwei Zahlenangaben in Gen 15,13 und Ex 12,40. In Gen 15,13 wird die Zeit der Ausbeutung der Israeliten in Ägypten mit 400 Jahren angegeben; in Ex 12,40 wird die Dauer des Aufenthalts in Ägypten mit 430 Jahren angegeben. Man könnte dieses Problem vielleicht damit lösen, dass man für die Anfangszeit in Ägypten ohne Unterdrückung (bis

---

41 Zum Folgenden vgl. S. Kreuzer, »Der den Gottlosen rechtfertigt« (Röm 4,5). Die frühjüdische Einordnung von Gen 15 als Hintergrund für das Abrahambild und die Rechtfertigungslehre des Paulus, ThBeitr 33 (2002) 208–219.

ein neuer Pharao an die Macht kam) 30 Jahre ansetzt. Im antiken Judentum wurde jedoch eine andere Erklärung entwickelt, die durch mehrere Quellen belegt ist.[42] Zu dieser Lösung des Problems gehörte die Auffassung, dass die »Vision« von Gen 15 gegen die Reihenfolge in der Genesis zur ersten Gotteserfahrung Abrahams gehörte und dabei noch in Mesopotamien stattfand.[43] Auch unabhängig von dieser (im Einzelnen recht komplizierten) Theorie konnte man aus Gen 11,31 (»Sie zogen [...] aus Ur in Chaldäa, um ins Land Kanaan zu ziehen«) und Gen 15,7 (»Ich bin der HERR, der dich aus Ur in Chaldäa herausgeführt hat, um dir dieses Land [sc. Kanaan] zum Besitz zu geben.«) darauf schließen, dass Abraham den in Gen 12 zitierten »Marschbefehl« in einer dortigen Vision erhalten hatte.[44]

Doch warum entscheidet sich Stephanus für diese Lösung? Sein Anliegen kündigt sich damit an, dass dieser erste Satz mit den Worten »Der Gott der Herrlichkeit« beginnt. Der im Deutschen traditionell mit »Herrlichkeit« übersetzte hebräische Begriff *kabod* steht im Alten Testament für die geheimnisvolle und zugleich eindrucksvolle Manifestation der Gegenwart Gottes in herausragenden Ereignissen – besonders aber im Gottesdienst Israels, zuerst im Zeltheiligtum und dann im Tempel. Zu diesen spirituellen Erfahrungen Israels bekennt sich Stephanus hier, legt aber Wert

---

42 Vgl. Jub 11; 4Q252 (=4QcommGen A) II,8–10; Mekh Ex 12,40 (19a); GenRabba 39,7–8.

43 Das verlangt freilich, dass man mit Gen 15,7 eine neue Episode beginnen lässt.

44 In Gen 12 ist zwar nicht von einer Vision die Rede, dafür aber in Gen 15,1, während die Fortsetzung auch nur von einem Wortgeschehen erzählt, das wir als »Audition« bezeichnen würden.

darauf, dass sie nicht an heilige Orte gebunden sind! Er steht damit in der Tradition der Prophetie des Ezechiel, der seine Berufung durch eine Vision der Herrlichkeit Gottes in *Mesopotamien* erlebte, wohin er mit der Oberschicht Jerusalems im Jahr 597 v. Chr. deportiert worden war (vgl. Ez 1,3.28).

Auf diese narrative Einführung in die »Topographie Gottes« folgt in V. 8 eine kurze Notiz über das Bundeszeichen der Beschneidung. Dieser Ritus wird ausdrücklich als von Gott gestiftet bezeichnet, was jede Infragestellung ausschließt. Diese Feststellung ist ein eindeutiges Bekenntnis zu den »Sitten« des Judentums, die nach der Anklage gegen Stephanus angeblich durch Jesus bedroht sind.[45] Neben der Heiligung des Sabbats und den Speisegeboten war die Beschneidung das greifbarste (wenn auch nicht öffentlich sichtbare) Merkmal des Judentums, das von der griechisch-römischen Umwelt mit Befremden oder gar Verachtung zur Kenntnis genommen wurde. In der Zeit der akuten Hellenisierung Judäas im 2. Jh. v. Chr. haben fromme Juden ihre Treue zum Ritus der Beschneidung mit dem Leben bezahlt (vgl. 1Makk 1,51.63; 2Makk 6,10).[46]

---

45 Vgl. das Nebeneinander von Beschneidung und »Sitten« in Apg 21,21.

46 Deutsche Juristen, die den Ritus der Beschneidung als Körperverletzung kriminalisieren, sind sich dieser Vorgeschichte vermutlich nicht bewusst.

5. Wechselvolle Schicksale der Nachkommen Abrahams (Apg 7,9–19)

In äußerster Kürze referiert die Rede nun den Inhalt der Kapitel 37 und 39–50 der Genesis: Auf die drei vorbildlichen Erzväter folgt der Konflikt innerhalb der Generation der zwölf Söhne Jakobs. Deren Eifersucht auf Josef, den vom Vater bevorzugten Sohn der Lieblingsfrau Rahel, lässt die anderen Söhne an ihm schuldig werden. Gott aber hat dabei seine Hand im Spiel und bringt Josef in eine Position, die ihn zum Retter seiner vom Hungertod bedrohten Familie werden lässt. So wird die von Gott erwählte Sippe, aus der das Volk Israel hervorging, im kornreichen Ägypten sesshaft. Aber zur Heimat wird Ägypten nicht: Das zeigt die Notiz über die Grabstätte im Lande Kanaan, zu der die Leichname der Erzväter später überführt wurden (V. 15 f.). Für das Land, das Gott dem Abraham »gezeigt« und seinen Nachkommen versprochen (»gelobt«) hat, gibt es keinen Ersatz. Das hat bis heute viele Diasporajuden dazu veranlasst, wenigstens ihren Lebensabend im Land Israel zu verbringen, und möglicherweise war Stephanus einer von ihnen.

Nach einigen Generationen verwandelt sich das rettende Gastland in ein Gefängnis, weil ein neuer König die immer noch als Fremde betrachtete Volksgruppe zur Zwangsarbeit verurteilt. Der Gipfel dieser Fremdenfeindschaft ist der Plan, die Israeliten allmählich aussterben zu lassen, indem man die Neugeborenen tötete. Mit dieser Angabe verschärft Stephanus die Darstellung des Buches Exodus, wonach die neugeborenen Mädchen der Israeliten am Leben gelassen wurden. Aber in einer Kultur, wo die Familie durch ihren jeweiligen Vater definiert wird, wurde der Sippenverband der Nachkommen Abrahams, Isaaks und Jakobs auch damit zum gesellschaftlichen Aussterben verurteilt.

Diese Endphase des Ägyptenaufenthalts wird in ihrer Bedeutung unterstrichen durch den Rückverweis (V. 17) auf die vorher in V. 6f. zitierte Weissagung aus Gen 15,13f. Die Geschichte Israels wird so – einschließlich ihrer Krisen und ungeachtet menschlicher Verfehlungen – als ein Werk der Geschichtslenkung Gottes gedeutet – einer Geschichtslenkung, die von den Beteiligten und Betroffenen oft noch nicht in ihrer Zielstrebigkeit durchschaut werden kann. Für die erzählte Gegenwart des Konflikts um Stephanus (und indirekt um Jesus von Nazareth) liegt darin ein Deutungspotential, das für überraschende Wendungen aufgeschlossen macht und in ihnen die Hand Gottes vermuten lässt.

6. Das Wichtigste aus der Biographie des Mose (V. 20–43)

Den breitesten Raum im Geschichtsrückblick des Stephanus nimmt die Gestalt des Mose ein. Sein Leben wird in drei Phasen von je vierzig Jahren eingeteilt (vgl. V. 23/30/36):

1. Geburt und Jugend (V. 20–22),
2. Fehlstart in Ägypten und Exil in Midian (V. 23–29),
3. Berufung in der Wüste und Herausführung des Volkes aus Ägypten in die Wüste (V. 30–43).

Wieder lohnt es sich, auf die Auswahl der Episoden und die Hervorhebung bestimmter Aspekte zu achten:

6.1. Geburt und Jugend (V. 20–22)

Vor dem Hintergrund der staatlichen Strategie zur all-
mählichen Ausrottung der Israeliten hebt Stephanus
hervor, dass Mose zu eben dieser Zeit geboren wurde
– gewissermaßen als todgeweihtes Kind. Dafür, dass
er am Leben blieb, gibt er einen Grund an, der in der
Bibel etwas anders lautet. Nach dem Bericht in Ex 2
wird der Neugeborene Mose von drei Frauen gerettet:
von seiner Mutter, seiner Schwester und einer ägyptischen Prinzessin. Dabei ist von menschlichen Ge-
fühlen die Rede: Die Mutter fand ihr Baby einfach
schön[47], und die Prinzessin hatte mit dem weinenden
Säugling Mitleid. Stephanus dagegen bringt hier
schon Gott ins Spiel und wagt die Behauptung, dass
sogar Gott von der Schönheit des Kindes beeindruckt
war!

Auch die glänzende Bildung, die dem Heranwach-
senden in Ägypten zuteil wurde (V. 22) ist ein Motiv
nachbiblischer Ausschmückung der Mosegeschichte.
Solche Ausmalungen der Mosegestalt mit Idealvor-
stellungen der kulturellen Umwelt finden sich auch in
anderen Schriften des hellenistischen Judentums, in
dem der »Hellenist« Stephanus beheimatet war. Philon
von Alexandrien lässt den jungen Mose sogar bald
über seine Lehrer hinauswachsen, was an die Erzählung vom zwölfjährigen Jesus in Lk 2,41–52 erinnert.[48]
Zu diesen Ausschmückungen gehört auch die von Stephanus geteilte Meinung, dass Mose »wortgewaltig«
gewesen sei: Bei dem Stellenwert, den die Griechen
der Rhetorik beimaßen, war eine glänzende Schulbin-

---

47   Septuaginta und Hebr 11,23 sprechen hier nicht von der Mut-
      ter, sondern von den Eltern.
48   Vgl. Philon, Leben Moses I,20–22.

dung ohne diese Fähigkeit nicht vorstellbar. In Ex 4,10 dagegen sträubt sich Mose gegen seine Berufung mit den Worten: »Ich bin kein Mann von Worten ...; schwerfällig sind mein Mund und meine Zunge.«

Zum Idealbild eines antiken Mannes, der zu Höherem berufen ist, gehört schließlich auch die Tatkraft, die Stephanus dem Mose zuschreibt. Sogar militärische Heldentaten wurden ihm in manchen romanhaften Schriften des frühen Judentums angedichtet.[49] In Lk 24,19.21 wird das Prädikat »mächtig in Worten und Taten« auf Jesus bezogen und als Grund genannt, weshalb man in Jesus den Propheten sah, der das Volk Israel in die Freiheit führen würde. Fazit: Schon vor seiner Berufung durch Gott zeichnete sich Mose nach Stephanus durch überragende menschliche Qualitäten aus. Redet so ein Mann, der »Lästerworte« gegen Mose auf dem Kerbholz hat (vgl. 6,11)?

6.2. Fehlstart in Ägypten und Exil in Midian (V. 23–29)

Als Mose eines Tages einen gewalttätigen Ägypter erschlug, um den Tod eines Israeliten zu rächen (vgl. Ex 2,11f.), ist er nach Stephanus schon von der Überzeugung beseelt, dass Gott ihn zum Retter Israels berufen habe – lange vor dem Berufungserlebnis in der Wüste (V. 25). Das ist wieder eine Aufwertung des Menschen Mose gegenüber der biblischen Vorgabe. Wörtlich heißt es in V. 23: »Es stieg in sein Herz hinauf, sich um seine Brüder, die Söhne Israels zu kümmern.« Die Erziehung am Hofe des Pharao hat ihn nicht oder jedenfalls nicht auf Dauer seiner Herkunftsfamilie entfrem-

---

49   Vgl. u. a. Josephus, Ant 2,238–253.

det – ein leuchtendes Vorbild für alle Diasporajuden, egal welcher gesellschaftlichen Stellung!

Die spontane Tat der Selbstjustiz an einem Ägypter bringt dem Mose aber keine Sympathien bei seinen Volksgenossen ein: Als er am nächsten Tag einen Streit zwischen zwei Israeliten zu schlichten versucht, holt er sich eine Abfuhr und erfährt, dass seine Tat vom Vortag nicht unbemerkt geblieben ist. Einer drohenden Strafverfolgung (hier nicht eigens erwähnt, aber vgl. Ex 2,15) entzieht er sich durch die Flucht ins Land Midian (östlich von Ägypten auf der arabischen Halbinsel gelegen). Ganze vierzig Jahre soll Mose nun das entbehrungsreiche Leben eines Nomadenstammes geteilt haben, bis er von Gott den Auftrag erhielt, den er intuitiv erahnt, aber dilettantisch vorweggenommen hatte.

Das Gewicht, das Stephanus dieser Episode beimisst, zeigt sich daran, dass er nach dem Bericht über Moses Berufung noch einmal darauf zurückkommt: »Diesen Mose, von dem sie nichts wissen wollten, indem sie sagten: ›Wer hat dich zum Anführer und Richter eingesetzt?‹ den hat Gott als Anführer und Befreier beauftragt […]!« (V. 35). Wir ahnen die Absicht des Redners: Der erste Retter seines Volkes (aus der Hungersnot) war Josephus, den seine Brüder in die Sklaverei verkauft hatten, und der zweite, der die Israeliten aus der Zwangsarbeit in Ägypten herausführen sollte, wurde keineswegs auf Anhieb anerkannt. Und das, obwohl er als Friedensstifter auftrat! Die Menschen, die Gott als seine Werkzeuge erwählt hat, stoßen auf Widerstände und müssen Durststrecken durchmachen. Sie müssen auf die Stunde ihrer Beglaubigung durch Gott und auf ihre Anerkennung durch Menschen warten. Spielt Stephanus hier nicht schon auf das Schicksal Jesu an?

6.3. Berufungsvision in der Wüste am Berg Sinai (Apg 7,30–34)

Vergleichsweise knapp wird die Berufungsvision am brennenden Dornbusch zusammengefasst. Zitiert wird nur, was Gott zu Mose spricht, nicht die Bedenken des Mose gegen den schweren Auftrag (vgl. Ex 3, 11.13; 4,1.10.13) – wohl ein Zeichen des Respekts, nicht Folge von Unkenntnis. Beachtung verdient die Wiederkehr des Motivs des *Landes* in V. 33 (Zitat aus Ex 3,5): Gott ist nicht an ein bestimmtes Land gebunden, sondern begegnet Menschen, wo er will, dem Abraham in Mesopotamien und dem Mose im Lande Midian (wofür Paulus in Gal 4,25 »Arabien« einsetzt). Das war für Diasporajuden ein Trost, wenn sie vielleicht nur einmal im Leben zu einem der großen Wallfahrtsfeste nach Jerusalem reisen konnten.

6.4. »Dieser Mose« und »unsere Väter« (Apg 7,35–43)

Auf die Ankündigung der Rettung der Israeliten aus Ägypten folgt keine Nacherzählung der Exodusgeschichte, sondern eine Reflexion über »diesen Mose« im Verhältnis zu »unseren Vätern« unter Hervorhebung einiger brisanter Punkte:

Der im Alten Testament detailliert geschilderte Exodus aus Ägypten gegen den immer neuen Widerstand des Pharao mit seinem Gipfelpunkt beim Durchzug durch das Rote Meer und die ganze wechselvolle Geschichte der Wanderungen in der Wüste stehen für Stephanus unter der Überschrift: »Mose tat Wunder und Zeichen« (V. 36). Diese Ergänzung des üblichen Wunderbegriffs durch den Ausdruck »Zeichen« (gr. *semeion*) ist im Alten Testament ein besonderes Merkmal der Mosetradition. Sie zeigt an, dass die betreffenden Wunder die Funktion der *Beglaubigung* des von Gott Gesandten haben (vgl. Ex 4,8f.; Num 14,11 u. ö.). Dass das Johannesevangelium diesen Zeichenbegriff betont auf die Wunder Jesu anwendet, ist ein wichtiger Zug seiner Rezeption der Moseüberlieferung im Dienste der Christusbotschaft.[50] Auch die Pfingstpredigt des Petrus deutet die Wunder Jesu mit diesem Begriff programmatisch als göttliche Legitimationszeichen, deren Missachtung in der Kreuzigung Jesu gipfelte (vgl. Apg 2,22f.). Aber auch die Wunder, die nachösterlich zum öffentlichen Erscheinungsbild der Jesusbewegung gehörten, werden als solche »Zeichen« hingestellt, die eigentlich Glauben wecken sollten (vgl. Apg. 2,43; 5,12; 4,16.22.30). Dass auch und gerade Stephanus durch (sogar »große«) Zeichen Aufsehen erregte, gab Anlass zu den Streitgesprächen, mit denen das Drama seines Martyriums begann (vgl. Apg 6,8). Wenn Stephanus nun das ganze Wirken des Mose unter den Doppelausdruck »Wunder und Zeichen« stellt, dann konfrontiert er das Hohe Gericht mit dem Konfliktstoff, der zwar nicht Gegenstand der Anklage ist, aber der erste Auslöser der Feindschaft gegen ihn war.

Dass die Jesusbewegung sich bei diesem Thema nicht nur auf das Alte Testament berufen konnte, sondern auch auf Stimmen des zeitgenössischen Judentums, lehrt die Äußerung des Nikodemus in Joh 3,2: »Rabbi, wir wissen, dass du ein von Gott gekommener Lehrer bist; denn niemand kann diese Zeichen vollbringen, die du vollbringst, wenn nicht Gott auf seiner Seite ist.« In der späteren rabbinischen Literatur wird diese Auffassung kontrovers diskutiert und der Über-

---

50   Vgl. O. Betz, s. o. 36 Anm. 19.

lieferung nach von einer Mehrheit abgelehnt.[51] Aber dabei geht es um ein einziges Wunder als Legitimation einer bestimmten Lehrmeinung und nicht um ein Gesamturteil über eine charismatische Persönlichkeit wie Jesus. Die Minderheitsmeinung wird R. Eliezer ben Hyrkanos zugeschrieben, der vor und nach der Tempelzerstörung des Jahres 70 n. Chr. lehrte. (Unter seinen jungen Hörern gab es einen Naqdimon ben Gorion, der mit dem johanneischen Nikodemus identisch sein könnte.) Mit der Hervorhebung des Themas »Wunder und Zeichen« kann Stephanus nach alledem durchaus das Ziel verfolgt haben, Teile des Synhedriums (zu dem nach Joh 3,1 auch Nikodemus gehörte) nachdenklich zu stimmen.

Nicht zufällig geht die Rede von diesem Merkmal der Gesandten Gottes über zur Ankündigung eines ebenbürtigen Nachfolgers durch Mose selbst aus Dtn 18,15: »Einen Propheten wie mich wird euch Gott erwecken aus euren Brüdern.« Wer die Apostelgeschichte fortlaufend liest, weiß schon aus einer Petrusrede, dass die Urchristenheit diese Weissagung auf Jesus bezogen hat (vgl. Apg 3,22 f.).

Wie hoch der Anspruch war, den die Urkirche mit ihrer christologischen Interpretation von Deut 18,15 erhob, lässt sich den letzten Worten der Torah in Dtn 34,10–12 entnehmen, wo es heißt:

»In Israel ist nie mehr ein Prophet aufgetreten wie Mose, den der HERR kannte von Angesicht zu Angesicht mit all den Zeichen und Wundern, die er im Land Ägypten am Pharao, an allen seinen Dienern und an seinem ganzen Land voll-

---

51   Vgl. I. BRAND, Can Wondrous Signs Determine Law? A Comparison of the Talmudic Traditions, REJ 172 (2013) 1–22.

brachte, wozu der HERR ihn gesandt hatte, und mit all den großen und furchtbaren Taten, die Mose vor den Augen ganz Israels vollbracht hat.« (NZÜ)

Der Begriff des »Propheten« ist hier nicht auf die Rolle eines Verkündigers begrenzt (erst recht nicht noch enger auf Weissagungen), sondern bezeichnet den in jeder Hinsicht von Gott mit einer geschichtlichen Mission Beauftragten. Die Erwartung eines neuen, eschatologischen »Mose« steht für den Mittler eines Heilsereignisses, das dem Stellenwert der Herausführung aus Ägypten gleichkommt.[52] Dieses christologische Denkmodell der Urkirche ist spezifisch judenchristlich und wurde in der mehrheitlich heidenchristlichen Großkirche vom Christustitel verdrängt, der vor allem auf den alttestamentlichen Ritus der Salbung von Königen zurückgeht. Das Königtum gehörte aber nicht zu den Gründungsinstitutionen Israels, sondern begann erst mit Saul und David; darum ist die »mosaische« Christologie der Urgemeinde eigentlich die »steilere« Konzeption.[53]

Von der Erinnerung an die großen Taten des Mose geht die Rede über zu Moses Rolle als Mittler des Wortes beim Empfang des Gesetzes am Sinai (V. 38). Dass das Reden Gottes hier wie vorher bei der Berufungsvision (und dann noch einmal in V. 53) zunächst durch einen Engel vermittelt wird, um danach durch Mose dem Volk weitergesagt zu werden, ist nicht als Wertminderung zu verstehen. Dagegen spricht die Be-

---

52 Vgl. u. a. H. TEEPLE, The Mosaic Eschatological Prophet, Philadelphia 1957.

53 Zu ihrem Nachleben vgl. H.-J. SCHOEPS, Das Judenchristentum. Untersuchungen über Gruppenbildungen und Parteikämpfe in der frühen Christenheit, Bern/München 1964, 56 ff.

zeichnung der dort offenbarten Gebote als »Worte des Lebens«. Letzteres ist wohl ein Echo der Schlussworte der »erneuten« Verkündigung des Gesetzes (»Deuteronomium«!) durch Mose in Deut 32,46 f.:

>»Nehmt euch alle Worte zu Herzen, mit denen ich euch heute feierlich ermahne, und gebietet sie euren Kindern, damit sie alle Worte dieser Weisung halten und danach handeln. Denn dies ist kein leeres Wort für euch, sondern es ist euer Leben, und durch dieses Wort werdet ihr lange leben auf dem Boden, auf den ihr über den Jordan zieht, um ihn in Besitz zu nehmen.« (NZÜ)

Ähnlich heißt es in Lev 18,5:

>»Meine Satzungen und Vorschriften sollt ihr halten. Denn der Mensch, der sie befolgt, wird durch sie leben.« (NZÜ)

Diesen Satz relativiert Paulus in Röm 10,5 ff. und Gal 3,10 ff., weil es im dortigen Kontext um das *ewige* Leben geht und nicht um das *lange* Leben unter dem Segen Gottes im Gelobten Land. In Röm 7,11 und 2 Kor 3,6 kann Paulus das Gesetz sogar als lebensgefährlich hinstellen (weil unsere menschliche Natur an ihm scheitert). Von solchen Abstrichen am traditionellen Lob der Torah[54] ist hier bei Stephanus nichts zu spüren! Der Vorwurf des Antinomismus (vgl. Apg 6,13) erweist sich als Fehlanzeige.[55]

Auf diese Aussage über das Wirken des Mose folgt ein drittes Mal (nach V. 27 und 35) eine Erinnerung an negative Reaktionen der Israeliten auf sein Tun, diesmal ausführlicher und vorwurfsvoller (V. 39–42).

---

54 Vgl. auch Ps 119!
55 Dazu mehr in Kap. C 2, 128 ff.

Während der »junge« Mose in Ägypten als selbsternannter Volksfreund nicht auf Anhieb begrüßt wurde, geht es jetzt um die Widerstände und Enttäuschungen, die Mose auch nach dem erfolgreichen Exodus während der Wüstenwanderung Israels erlebte. Von einem solchen Aufbegehren gegen Mose (und Aaron) angesichts der Existenznöte in der Wüste und einem nostalgischen Liebäugeln mit einer Rückkehr nach Ägypten ist im Alten Testament oft die Rede (vgl. Ex 16,2f.; 17,3; Num 14,1–4; Ps 78,17–22.32–37.40f.). Die direkte Verbindung zwischen den Zweifeln am Sinn des Exodus und der kultischen Verwendung eines goldenen Jungstieres (vgl. Ex 32) ist noch nicht im Pentateuch, aber in einem Bußgebet in Neh 9,17–18 vorgegeben, wo es heißt:

»(Unsere Vorfahren) waren halsstarrig und haben sich in den Kopf gesetzt, zu ihrem Sklavendienst in Ägypten zurückzukehren. Du aber bist ein Gott der Vergebung, gnädig und barmherzig, langmütig und reich an Güte, und du hast sie nicht verlassen, obwohl sie sich ein gegossenes Kalb gemacht und gesagt hatten: Das ist dein Gott, der dich heraufgeführt hat aus Ägypten.«

Mit einem Zitat aus dem Buch Amos (5,25–27) dehnt Stephanus anschließend in V. 42f. den Vorwurf der Missachtung des Bilderverbots aus dem Dekalog auf die gesamte Wüstenzeit Israels aus. Und während Neh 9,18 noch einräumt, dass das gebotswidrige Kultbild durchaus noch den Gott repräsentierte, der Israel aus Ägypten herausgeführt hatte, spricht das Amoszitat von der Verehrung heidnischer Gottheiten. Diese Sätze sind der Abschluss einer Gerichtsrede des Propheten in Form einer Totenklage über »das Haus Israel«. Für den sadduzäischen (hochpriesterlichen) Teil

der Mitglieder des Hohen Rates ist das kein »Schrift-
beweis«, weil die Sadduzäer nur die Mosebücher als
»kanonische« Heilige Schrift ansahen. Auch weicht
das Zitat in Einzelheiten sowohl von der hebräischen
Vorlage als auch von der Septuagintafassung ab. Die
Rede begibt sich hier auf ein Terrain, das eher irritie-
ren konnte als die vorangegangenen Reminiszenzen
an die Ursprünge Israels. Schriftkundige Mitglieder
des Hohen Rates kannten womöglich die vorangehenden Sätze Am 5,21–23, in denen der Opferkult Israels
(vor dem Hintergrund schreiender Ungerechtigkeiten
im Zusammenleben) als wertlos hingestellt wird.

7. Ort und Verständnis der »Wohnung Gottes« (Apg 7,44–50)

Nach diesem problematischen Schluss der Mosegeschichte kommt die Rede anschließend in V. 44 f. ohne
jede Kritik auf das heilige Zelt zu sprechen, in dem Israels Gottesdienst in der Wüstenzeit und nach der Eroberung Kanaans stattfand. Auf einen Konsens jüdischer Traditionen stützt sich die Aussage, dass dieses
mobile Heiligtum einem Urbild entspricht, das dem
Mose in einer Vision vor Augen gestellt worden war
(vgl. Ex 25,9.40; 26,30; 27,8). Der Hebräerbrief versteht
dieses Urbild als ein reales im Himmel vorhandenes
Heiligtum, das auf Erden nur schattenhaft nachgebil-
det werden konnte (vgl. Hebr 8,2.5). Nach Offb 21,3
wird dieses himmlische »Zelt« Gottes am Ende der
Zeiten auf die Erde herabkommen, so dass Gott bei
den Menschen wohnen wird. Die Stephanusrede ist
hier frei von visionären Ausmalungen, wie sie in apo-
kalyptischen und mystischen Schriften entwickelt
werden und enthält auch keinen solchen eschatologi-

schen Ausblick. Entscheidend ist, dass das Heiligtum Israels auf Gottes Anordnungen zurückgeht.

In V. 46 f. kommt Stephanus endlich auf den Anklagepunkt »heiliger Ort« (vgl. 6,13) zurück, von dem schon in V. 7 die Rede war. Bibelkundlich und historisch zutreffend unterscheidet er zwischen einem Wunsch Davids und der Ausführung des Tempelbaus unter seinem Thronfolger Salomo (vgl. 2Sam 6 und 7,1–17; 24,18–25; 1Kön 6–8). Während der Satz über Salomo Letzteres lapidar feststellt, mutet die Wortwahl zu David seltsam an – jedenfalls für uns. Das liegt vor allem daran, dass die Rede Formulierungen aus dem Psalm 132 (LXX 131) aufgreift, der von dem Entschluss Davids handelt, für die heilige Bundeslade (V. 8) einen *bleibenden Standort* zu finden. Wo sonst, wenn ich nicht in Jerusalem, der »Stadt Davids«, die zur Residenz seiner Nachfolger werden sollte (vgl. V. 11)?![56]

Die Ausführung von Davids Wunsch blieb jedoch seinem Sohn und Nachfolger Salomo überlassen.[57] Dass diese Unterscheidung zwischen den Anteilen der beiden Könige durch ein »Aber« (gr. *de*) am Satzbeginn angezeigt wird, hat manche Ausleger dazu verleitet, Salomos Tempelbau von den Absichten Davids

---

56 In V. 46 ist in den Handschriften entweder vom »Haus Jakob« oder vom »Gott Jakobs« die Rede. Nur Letzteres entspricht der Sache nach der alttestamentlichen Vorlage. Mit »Haus Jakob« wäre verdeutlicht, dass es um das Zentralheiligtum aller zwölf Stämme Israels geht. Für die Lesart »Gott Jakobs« spricht, dass das »für ihn« in V. 47 besser auf Gott passt als auf das ganze Volk.

57 Erst in 1Chron 22–29 werden dem David detaillierte Vorbereitungen für den Tempelbau und die Gottesdienstordnung zugeschrieben; das passt nicht zum Bild des alten David im viel früheren 2. Samuelbuch.

scharf abzuheben, als ob die solide Bauform des Tempels aus der Sicht des Stephanus ein Sündenfall wäre. Dann hätte er in diesem Punkt seinen Anklägern Recht gegeben oder wenigstens Munition geliefert. Dann müsste aber schon V. 47 mit dem schrofferen *allá* (»jedoch«) beginnen, das erst zu Beginn von V. 48 eine starke Zäsur anzeigt. »Von Menschenhand gemacht« (*cheiropoietos*) war außerdem nicht erst der solide Tempelbau Salomos, sondern auch das mobile Zeltheiligtum der Zeit davor! Das große ABER von V. 48 richtet sich nicht gegen das zuvor Erzählte, sondern – wie die Fortsetzung zeigt – gegen ein im Raum stehendes *Missverständnis* des Tempels, das durch das folgende Schriftzitat korrigiert wird.

Die Sätze aus Jes 66,1–2 sind (nach Am 5,25–27 in V. 42 f.) das zweite ausdrücklich als Zitat angeführte Prophetenwort der ganzen Rede. Inhaltlich wird die Sache nun brisant; denn Jesaja stellt zweifellos den Sinn eines Tempelbaus in Frage:[58]

»Der Himmel ist mein Thron, die Erde der Schemel meiner
    Füße.
Was für ein Haus werdet ihr mir bauen (können)? spricht
    der Herr,
oder was ist der Ort, an dem ich mich niederlasse?
Hat nicht meine Hand das alles gemacht?«

Hat Stephanus nun die Katze aus dem Sack gelassen? Dagegen spricht, dass nach 1 Kön 8,27 schon Salomo

---

58   Nach C. WESTERMANN, Das Buch Jesaja Kapitel 40–66, übersetzt und erklärt, Göttingen 1966, 328 stammen diese Verse aus der Zeit des Wiederaufbaus des von den Babyloniern zerstörten Tempels und wenden sich gegen eine *Überschätzung* dieses Bauwerkes.

sich bei der Einweihung des ersten Tempels als Vorbeter der versammelten Gemeinde ganz ähnlich geäußert hat:

»Aber sollte Gott wirklich auf der Erde wohnen? Sieh, der Himmel, der höchste Himmel kann dich nicht fassen, wie viel weniger dann dieses Haus, das ich gebaut habe.« (NZÜ)

In der Fortsetzung führt Salomo dann wortreich und anschaulich aus, dass Gott im Himmel wohnt, aber die Gebete, die in diesem Haus (oder in Richtung auf dieses Haus) gesprochen werden, erhören werde. Der Tempel ist die visualisierte Verheißung der Gebetserhörung (und Vergebungsbereitschaft) Gottes. Die von Stephanus mit den Worten des Jesaja betonte Transzendenz Gottes stellt also die Heiligkeit dieses Sakralbaus als solche nicht in Frage.

Das Jesajawort enthält allerdings einen Überschuss gegenüber dem Tempelweihgebet Salomos, nämlich die Infragestellung einer »Niederlassung« Gottes. Im Hebräischen steht hier die Vokabel, *menuchah*, im Griechischen *katápausis*. Das ist in 1Kön 8,56 u. ö. und auch im Hebräerbrief das Fachwort für die von Gott versprochene und dann verliehene Sesshaftigkeit Israels im »Gelobten Land« (im Hebräerbrief dann eine Metapher für das ewige Heil). Sesshaftigkeit ist das Gegenteil zur nomadischen Existenz, die Israel nach dem Exodus zunächst auferlegt wurde. Wenn Jesaja die Vorstellung einer »Sesshaftigkeit« Gottes bestreitet, dann heißt das im Klartext, dass er nicht an den heiligen Ort gebunden ist. Dieser Sinn des Jesajawortes wird von Stephanus in V. 48a zutreffend dem Zitat vorangestellt:

»Aber der Höchste wohnt nicht in handwerklichen Gebilden.«

An dieser Stelle wird explizit, was implizit in den Hinweisen auf Gottesbegegnungen in Mesopotamien (V. 2) und in der midianitischen Wüste (V. 30) enthalten war. Wo immer Gott sich manifestiert, ist »heiliges Land« (V. 33). Die Israeliten »wohnen« seit der Landnahme in Kanaan (V. 4), aber Gott *wohnt nicht* in Jerusalem![59]

Auf Ezechiels Visionen in Mesopotamien hatte ich schon zu V. 2 hingewiesen. Derselbe Prophet empfängt in einer weiteren Vision eine noch weiter gehende Lektion über »Gottes Geographie«: Nach Ez 10,18–22 und 11,22 f. wird ihm gezeigt, wie die »Herrlichkeit Gottes« (seine geheimnisvolle, manchmal visuell erfahrbare Gegenwart im Heiligtum) den Tempel und die Stadt verlässt. Das ist ein Vorzeichen der Zerstörung der Stadt und des Tempels.

An diesem Höhepunkt der Rede bekennt sich Stephanus indirekt zu Jesu Ankündigung der Zerstörung des Tempels (freilich nicht zu der Unterstellung, dass *Jesus selbst* den Tempel zerstören werde, wie er in 6,14 falsch zitiert wurde). Aber er weist den Vorwurf zurück, dass diese Erwartung ein Sakrileg sei! Gott ist nicht auf den Tempel angewiesen – wie sich schon einmal in der Geschichte Israels gezeigt hat. Eine Tempelzerstörung kann vielmehr von Gott sogar ausgehen – als ein Gericht. Was von vielen Auslegern als ein Geständnis des Angeklagten verstanden wurde, ist in Wahrheit eine Apologie.

Ein Blick auf das tatsächliche Ende des zweiten Tempels (Zerstörung durch die Römer im Jahr 70 n. Chr.) lässt erkennen, dass es im damaligen Juden-

---

59 Die Gegner des Stephanus hätten sich u. a. auf Ps 132, 13 f. berufen können, wo der Zion als Gottes »Wohnsitz« und »Ruhestatt für immer« bezeichnet wird (NZÜ).

tum Kreise gab, für die eine Zerstörung des Tempels *undenkbar* war. Josephus berichtet in Bell 5,459, dass die Aufständischen noch in der Endphase der Belagerung Jerusalems überzeugt waren, dass der Tempel »gerettet werde von dem, *der in ihm wohnt*«.[60] Und im resignierenden Rückblick des Kommandanten der letzten von den Aufständischen gehaltenen Festung Masada vor dem gemeinsamen Selbstmord heißt es in Bell 7,376: »Wo ist sie (die Stadt) geblieben, von der man glaubte, dass sie *Gott zum Einwohner* hatte?«

Das alttestamentliche Vorbild für die Rettung von Stadt und Tempel durch Gott in »letzter Minute« war die Geschichte von der übernatürlichen Befreiung Jerusalems aus der Belagerung durch die Truppen des assyrischen Königs Sanherib, die in 2Kön 18,13 – 19,37 und Jes 36–37 ausführlich erzählt wird. An diese Überlieferung erinnerten sich im 2. Jh. v. Chr. die Makkabäer bei ihrer Verteidigung von Stadt und Tempel gegen heidnische Überfremdung und Zerstörung (vgl. 2Makk 15,17–24). Der damalige Erfolg der Makkabäer nährte später im Aufstand gegen die Römer die Siegeshoffnungen und verdrängte die Erinnerung daran, dass Gott schon einmal sein Heiligtum und die Stadt der Zerstörung durch heidnische Truppen preisgegeben hatte.

Josephus selbst scheint dagegen die von Stephanus vertretene Position zu teilen, dass Gott sich von seinem Tempel zurückziehen und diesen so der Zerstörung preisgeben kann. In Bell 6,299 berichtet er über eines von mehreren Vorzeichen der Zerstörung wie folgt:

---

60 Josephus gebraucht hier dieselbe Vokabel *katoikein* wie Stephanus in V. 48.

»Als an dem Fest, das Pfingsten genannt wird, die Priester nachts in den inneren Tempelbezirk kamen, um nach ihrer Gewohnheit den heiligen Dienst zu verrichten, hätten sie, wie sie sagen, zuerst eine Bewegung und ein Getöse wahrgenommen, danach aber einen vielfältigen Ruf: Lasst uns von hier fortziehen!«[61]

Tacitus, der diesen Bericht des Josephus höchstwahrscheinlich kannte, deutet das wohl richtig, wenn auch in polytheistischer Formulierung (Tac Hist V 13,1)[62]:

»Plötzlich sprang das Tor des Heiligtums auf, und man hörte eine übermenschliche Stimme: ›Die Götter ziehen aus‹ – und zugleich ein gewaltiges Getöse des Auszuges.«

Wahrscheinlich steht dieselbe Auffassung vom Entzug der Gottesgegenwart auch hinter dem Gerichtswort Jesu an die Adresse Jerusalems in Mt 23,38 par. Lk 13,35: »Euer Haus soll verlassen werden.«[63] Stephanus könnte diese oder eine ähnliche Version von Jesu Ankündigung der Tempelzerstörung gekannt und bejaht haben. Die Rede beschränkt sich aber darauf, den Gedanken einer Tempelzerstörung als theologisch legitim zu verteidigen.

---

61   Übersetzung von Michel/Bauernfeind.
62   Übersetzung von H. Vretska, Stuttgart 1984.
63   Matthäus präzisiert das durch ein *eremos* (unbewohnt).

8. Provozierendes Finale (Apg 7, 51–53)

In den letzten Sätzen der Rede lässt Stephanus alle Versuche hinter sich, seine Integrität als »bibeltreuer« Jude zu verteidigen. Das liest sich so, als hätte er an den Gesichtern der Anwesenden abgelesen, dass seine spezielle Position in der Tempelfrage mit Empörung aufgenommen wurde. Der Angeklagte wird zum Ankläger. Lässt er damit eine fromme Maske fallen? Erhebt er nicht Vorwürfe gegen alle früheren Generationen Israels, die sich bibelkundlich nicht halten lassen? Aus unserer Sicht ja! Aber es gab im frühen Judentum eine Tradition der Selbstanklage, die weit über den Befund alttestamentlicher Berichte hinausging. In dieser Tradition stehen diese Schlussworte der Stephanusrede.

Der Hauptvorwurf dieses Gegenangriffs betrifft die ablehnende Haltung gegenüber dem Wort Gottes, wie es in Israel durch Propheten verkündigt worden war. Das ist nicht erst in V. 52 angesprochen, wo ausdrücklich von Propheten die Rede ist, sondern schon in V. 51 mit dem Thema »Widerstand gegen den heiligen Geist«. In den prophetischen Büchern des Alten Testaments wird der Dienst der Propheten zwar selten mit dem Heiligen Geist in Verbindung gebracht; sie berufen sich in der Regel nicht auf Inspiration, sondern auf Auditionen, deren Wortlaut sie wiedergeben (»So hat der HERR gesprochen« oder ähnlich). Aber das nachbiblische Judentum hat den heiligen Geist zunehmend als den »Geist der Prophetie« verstanden.[64] Daraus entstand die Auffassung, dass mit dem Tode der letzten kanonischen Propheten (Haggai, Sacharja und Ma-

---

64   Vgl. P. Schäfer, Die Vorstellung vom heiligen Geist in der rabbinischen Literatur, München 1972, 62–69.

leachi) das Wirken des Geistes erloschen sei.[65] Das
wurde von manchen Stimmen auf die Sünden Israels
zurückgeführt – und mit der Zerstörung des Salomonischen Tempels in Verbindung gebracht.[66] Sowohl
das Zeltheiligtum der Frühzeit als auch der Jerusalemer Tempel wurden nämlich als Orte der Offen-
barung durch den Heiligen Geist angesehen.[67] Wir
wissen zwar nicht, wann diese rabbinischen Lehrmei-
nungen entstanden sind; denn die literarischen Belege
dafür sind viel später als das Neue Testament verfasst.
Aber Josephus (Ant 8,114f.) lässt Salomo darum bitten, Gott möge eine »Portion« seines Geistes im Tempel wohnen lassen, »um für uns scheinbar auf der
Erde zu weilen«. Paulus setzt in 1Kor 6,19 geradezu
voraus, dass die Präsenz des Heiligen Geistes etwas
zum Tempel macht, in diesem Fall den Körper der
Glaubenden. Der Gedankensprung vom Thema Tempel zum Thema Geist bzw. Prophetie lag offenbar im
antiken Judentum nahe. Der Schluss der Stephanusrede ist darum durchaus als eine innerjüdische Stimme vorstellbar.

Ein Fazit der Geschichte Israels, auf das sich das
Pauschalurteil von V. 51 stützen konnte, ist im letzten
Kapitel der Chronikbücher vorgegeben, einer Spät-
schrift, mit der der heutige Kanon der Hebräischen
Bibel schließt (2Chron 36,15–16, NZÜ):

»Und der HERR, der Gott ihrer Vorfahren, sandte durch
seine Boten zu ihnen, sandte immer wieder eifrig, denn er
hatte Mitleid mit seinem Volk und seiner Wohnung (!). Aber
sie verhöhnten die Boten Gottes und verachteten seine

---

65 Vgl. ebd. 94–98.
66 Vgl. ebd. 89–111 und 143–146.
67 Vgl. ebd. 73–88.

Worte und verspotteten seine Propheten, bis der Zorn des HERRN gegen sein Volk aufstieg, so dass es keine Heilung mehr gab.«

Ähnlich lautet die Selbstanklage im Bußgebet Neh 9:

»Viele Jahre lang hattest du Geduld mit ihnen, und du hast sie ermahnt durch deinen Geist, durch deine Propheten, doch sie haben nicht darauf gehört.« (V.30 NZÜ)

In V.52 geht Stephanus noch einen Schritt weiter und stellt als Normalfall hin, dass die Propheten Israels vom eigenen Volk verfolgt und zum Teil sogar getötet wurden. Historisch gesehen ist das zweifellos eine Übertreibung. Aber es war ein verbreitetes Motiv jüdischer Selbstkritik nach der Katastrophe Jerusalems und des ersten Tempels.[68] Es ist unter anderem in Neh 9,26 belegt:

»Sie sind widerspenstig geworden und haben sich gegen dich aufgelehnt und sich von deiner Weisung abgekehrt, und deine Propheten haben sie umgebracht, die sie ermahnten [...]« (NZÜ)

Nach Mt 23,29–33 par. Lk 11,47f. und Mt 23,37 par. Lk 13,34 hat Jesus diese Tradition aufgenommen und als Begründung für eine Gerichtsankündigung benutzt. Wenn Stephanus zum Ärger seiner Gegner Jesu Ankündigung der Zerstörung des Tempels weiter ver-

---

68 Vgl. H. J. SCHOEPS, Die jüdischen Prophetenmorde, Uppsala 1943, nachgedruckt in: DERS., Aus frühchristlicher Zeit. Religionsgeschichtliche Untersuchungen, Tübingen 1950, 126–143; O. H. STECK, Israel und das gewaltsame Geschick der Propheten, Neukirchen-Vluyn 1967.

breitet hatte, kann er auch den Pauschalvorwurf der Prophetenverfolgung aus der Jesusüberlieferung übernommen haben. (Nach Mt 23,32/Lk 11,48 sprach Jesus dabei von *euren* Vätern – wie Stephanus hier in V. 52 im Unterschied zum »unsere Väter« in V. 11.12.15.19.)

Zu den Propheten, die nicht nach dem Alten Testament, sondern nur nach späteren Legenden wegen ihrer Verkündigung ermordet wurden, gehört auch der von Stephanus zitierte Jesaja.[69] Im Targum Jonatan wird dieses Schicksal des Propheten mit der von Stephanus zitierten Stelle Jes 66,1 in Verbindung gebracht, die dort als Ankündigung der Tempelzerstörung gedeutet und zum Anlass für seine Tötung genommen wird. Die Darstellung des Lukas, wonach dieser Höhepunkt der Rede die Feindschaft gegen Stephanus auf die Spitze trieb, ist demnach innerjüdisch nachvollziehbar, auch wenn die literarische Parallele späteren Ursprungs sein sollte.[70]

Stephanus aktualisiert nun diese Tradition, indem er als Fortsetzung und (aus seiner Sicht) letzte Steigerung der Prophetenmorde das Schicksal Jesu anführt,

»des Gerechten, dessen Verräter und Mörder ihr nun geworden seid.«

Mit dieser Anklage wiederholt Stephanus nur, was die Apostel nach Lukas in der frühen nachösterlichen Zeit wiederholt den Einwohnern Jerusalems und beson-

---

69 Vgl. die apokryphe Schrift über das Martyrium Jesajas.
70 Vgl. T. C. G. Thornton, Stephen's Use of Isaiah LXI.1 in: JThSt 25 (1974) 432–434, hier 434 unter Hinweis auf Ep Barn 16,2: »It is possible to assume that the kind of story found in this midrash could have been current in the first century A. D.«

ders dem Hohen Rat vorgeworfen haben (vgl. Apg 2,22 f.; 3,13–15; 4,10; 5,30). Dieses Thema spielte mit Sicherheit auch in den Diskussionen mit Stephanus eine Rolle, die seine Gegner nicht verkraftet hatten, weil er ihnen argumentativ überlegen war. Die Ebene, auf der diese Streitgespräche sich abspielten, schimmert wohl durch, wenn Stephanus darauf verweist, dass die verfolgten Propheten »das Kommen des Gerechten im Voraus verkündigt« hatten. Die überlegene »Weisheit« des Stephanus bestand offenbar in seiner Begabung zur Deutung von Schriftworten auf die Person und Geschichte Jesu hin. Die Auswahl und sprachliche Formulierung der Szenen aus Israels Geschichte liefert ja, wie wir sehen konnten, Beispiele dieser suggestiven Lektüre, die in Diskussionen die explizite Christologie der urchristlichen Botschaft nahelegen oder rechtfertigen konnte. Das gilt besonders von den Rettergestalten Joseph und Mose, die zunächst angefeindet waren, aber von Gott ins Recht gesetzt worden waren.

Es fällt auf, dass Stephanus an dieser Stelle nicht den Namen Jesus gebraucht, sondern ihn als den »Gerechten« umschreibt, dessen »Kommen« prophetisch angekündigt war. Dahinter dürfte das (mit Recht!) messianisch verstandene Prophetenwort Sach 9,9 stehen:

»Freue dich sehr, Tochter Zion, und jauchze, Tochter
    Jerusalem!
Siehe, dein König *kommt* zu dir, ein *Gerechter* und Retter …«

Das absolute »der Gerechte« als Titel Jesu findet sich im Neuen Testament nur im Munde des Petrus (Apg 3,14), des Stephanus und des Jüngers Hananias, der in Damaskus Paulus in die Gemeinde aufnahm (Apg 22,14). Es handelt sich anscheinend um einen frühnachösterlichen Christustitel, der in der weiteren Entwicklung der Urkirche an Bedeutung verlor.

Beachtung verdient auch die äußerst scharfe Wortwahl »Verräter und Mörder«, mit denen Stephanus den Mitgliedern des Hohen Rates ihre Schuld am Tode Jesu vorhält. An den Parallelstellen, wo Petrus die Jerusalemer und besonders den Hohen Rat für den Tod Jesu verantwortlich macht, fehlen diese Vokabeln. Hier aber wagt es einer, der auf Leben und Tod angeklagt ist, seinen Richtern ins Gesicht zu sagen: Die Verbrecher seid ihr! Der Ausdruck »Verräter« zieht auch keineswegs eine Parallele zu Judas, der in unserer Sprachtradition so bezeichnet wird, im Griechischen aber nur der »Auslieferer« genannt wird (weil er die Verhaftung Jesu fern der Öffentlichkeit ermöglichte). Die Wortwahl »Verräter« dürfte darauf anspielen, dass es für ein jüdisches Gericht eigentlich sittenwidrig war, einen Volksgenossen an die Behörde der heidnischen Weltmacht auszuliefern.

Der Vorwurf »Mörder« wiederum war insofern vertretbar, als in der römischen Justiz kein Staatsanwalt, sondern selbsternannte Ankläger einen Strafprozess in Gang brachten, wobei nicht wie für uns heute die Unschuldsvermutung den Vorrang hatte (die Beweislast also nicht bei der Anklage lag). Die Anklage des Hochverrats, die nach Lk 23,2 vor Pilatus gegen Jesus vorgebracht wurde, musste zu einem Todesurteil führen, wenn Jesus sich nicht wirksam verteidigte (was er dann auch nicht tat!). Eine böswillig falsche Anklage war also tatsächlich so etwas wie ein Mordanschlag (und wurde auch wie Mord bestraft, wenn die Intrige aufgedeckt wurde)[71]. Stephanus nennt hier etwas

---

71 Das ist der Hintergrund des viel zitierten, meistens falsch übersetzten Rufs »Sein Blut über uns und unsere Kinder« in Mt

beim Namen, was in den früheren Konfrontationen zwischen dem Hohen Rat und den Apostel durchaus in der Luft lag. Nicht ganz zu Unrecht äußert der Hohepriester in Apg 5,28 die Befürchtung: »Ihr wollt das Blut dieses Menschen über uns bringen« (d. h.: uns dessen Tod büßen lassen).

Vor diesem Hintergrund dürfte der Schlusssatz in V. 53 (»Ihr habt das Gesetz durch Weisung von Engeln empfangen, es aber nicht eingehalten.«) nicht beliebige Gebotsübertretungen im Auge haben, sondern die Prinzipien einer torahtreuen Rechtsprechung.[72] So spricht ein zu Unrecht Angeklagter, der erkannt hat, dass sein Schicksal besiegelt ist, und in dieser Lage keine Hemmungen mehr hat, seinerseits seinen Richtern das Urteil zu sprechen. Ein Beispiel dafür liefert Josephus im Zusammenhang mit den innerjüdischen Gewalttaten während des Aufstandes gegen die Römer (Bell 4,339–340):

»Zacharias war sich wohl dessen bewusst, dass es für ihn keine Hoffnung auf Rettung mehr gab, sondern dass er nicht vor einen Gerichtshof, sondern auf hinterlistige Weise in ein Gefängnis geladen worden sei; dennoch glaubte er, die Aussichtslosigkeit, lebend davon zu kommen, dürfe ihm nicht

---

27,25, mit dem die Partei der Ankläger Jesu die Verantwortung für einen eventuellen Justizirrtum auf sich nahm. Es handelt sich also nicht um ein Schuldeingeständnis oder gar eine Selbstverfluchung, sondern um eine Bekräftigung der Anklage. Vgl. meine Studie »Sein Blut über uns«. Erwägungen zu Matthäus 27,35: Kirche und Israel 1 (1986) 47–50.

72 Vgl. Ex 23,7: »Wer unschuldig und im Recht ist, den töte nicht.« Lev 19,15: »Ihr sollt kein Unrecht tun im Gericht.« Jes 5,23: »(Weh denen), die aus einem Schuldigen einen Gerechten machen gegen Bestechung und Gerechten ihre Gerechtigkeit absprechen!« (NZÜ)

den Mund verschließen. So stand er auf und verspottete die Glaubwürdigkeit der Anschuldigungen und zerstreute mit kurzen Worten die gegen ihn erhobenen Bezichtigungen. Darauf richtete er das Wort unmittelbar an seine Ankläger, zählte der Reihe nach alle ihre Verstöße gegen das Gesetz einzeln auf und beklagte in ausführlicher Rede die Zerrüttung der staatlichen Ordnung.«[73]

9. MARTYRIUM: STERBEN ALS »ZEUGNIS« (APG 7,54–60)

Stephanus ist in die Geschichte eingegangen als »der erste Märtyrer«. In unserer Allgemeinsprache ist ein Märtyrer jeder, der für eine Sache stirbt, besonders wenn er dieses Schicksal bewusst riskiert und bejaht hat. Das ist jedoch eine Verallgemeinerung gegenüber dem Ursprung dieses Begriffs in der Sprache der Urkirche. Das Fremdwort »Märtyrer« geht auf die Vokabel *mártys* zurück, die zur Zeit des Neuen Testaments noch weitgehend auf den Bereich der Rechtsfindung und Rechtsprechung beschränkt war. Das ist auch der Hintergrund des Auftrags, den die Jünger Jesu nach Lk 24,48 und Apg 1,8 in der letzten Begegnung mit dem Auferstandenen empfangen haben: seine Zeugen (*mártyres*) zu sein, also für seine Unschuld, die Ehre seines Namens und die Bedeutung seiner Person einzutreten. Unter diesem personalen Vorzeichen steht auch das Schicksal des Stephanus: Die Anklagen gegen ihn gipfelten in einer verzerrten Wiedergabe der

---

73 Übersetzung nach MICHEL/BAUERNFEIND. Nach der Fortsetzung bei Josephus wurde dieser Zacharias anschließend zwar einstimmig freigesprochen, aber dann sogleich von Zeloten ermordet.

von ihm weitergegebenen Botschaft Jesu (vgl. Apg 6,14), die letzten Worte vor seinem Tod handeln von Jesus (V. 56) und sind an Jesus adressiert (V. 59 und 60). Darum (und noch nicht im Sinne des späteren Fachwortes »Märtyrer«) wird Stephanus auch in Apg 22,20 bei einem Rückverweis auf seinen Tod als »Zeuge« Jesu bezeichnet.[74]

Die Reaktion der Zuhörer erinnert an die Notiz über den regelmäßigen Ausgang von Diskussionen mit Stephanus: Mit den letzten Worten seiner Rede hat der Angeklagte ihr Vorgehen gegen ihn als mörderische Kampagne entlarvt. Sie sehen sich durchschaut und ertappt, und da sie ihm keine Worte mehr entgegenzusetzen haben, können sie ihn – wie geplant – nur noch mit der gewaltsamen Tat »kleinkriegen«. Dem Vorwurf des Stephanus, dass ihre Herzen und Ohren für das Wort Gottes verschlossen seien (V. 51)[75], geben sie durch ihr Verhalten recht, indem sie seine letzten Worte mit Gebrüll übertönen wollen oder sich die Ohren zuhalten (V. 57). Die Ereignisse überschlagen sich so schnell, dass unklar bleibt, ob der Hohepriester als Vorsitzender des höchsten jüdischen Gerichts überhaupt einen Schuldspruch verkündet hat. Die Szene erinnert viel mehr an den *furor populi*, den (manchmal organisierten) »Volkszorn«, der nach römischem Recht eine ordentliche Beweisaufnahme und Verurteilung ersetzen konnte. Dass nicht alle Regeln eines geordneten Verfahrens missachtet wurden, geht jedoch aus der

---

74 Manche Handschriften tragen den späteren Märtyrerbegriff in diesen Vers ein, indem sie Stephanus hier als den *ersten* Zeugen (*prótomartys*) bezeichnen.

75 Wörtlich übersetzt nennt Stephanus sie »unbeschnitten an Herz und Ohren«; d. h. ihre ganze Einstellung verleugnet den Bund Gottes mit Israel, dessen Zeichen der Ritus der Beschneidung ist.

Erwähnung der Zeugen hervor, die vor der Hinrichtung ihre Gewänder ablegten. Dahinter steht die Vorschrift, dass die Zeugen der Anklage zu ihrer Verantwortung für diese Tötung stehen mussten, indem sie selbst bei der Hinrichtung an vorderster Stelle Hand anzulegen hatten. Das war in Dtn 17,7 so vorgeschrieben und steht hinter der bekannten Aussage Jesu in Joh 8,7: »Wer unter euch ohne Sünde ist, werfe den ersten Stein auf sie!« Nach den Ausführungsbestimmungen im rabbinischen Recht sollten bereits die ersten Steine – von erhöhter Stelle auf den Verurteilten heruntergeworfen – den Tod herbeiführen.[76]

Abb. 5: Rembrandt (1606–1669), Die Steinigung des heiligen Stephanus (1635), Staatliche Museen zu Berlin – Kupferstichkabinett

---

76   So die Mischna im Traktat Sanhedrin 6,4.

Abb. 6: Josef de Ponte, in: Die Heilsbotschaft in Wort und Bild (1968?)

Auch die Wahl des Ortes der Steinigung außerhalb der Stadt folgt einem biblischen Präzedenzfall (vgl. Lev 24,14).

Lukas hat wohl kein Interesse daran, diese formale »Torahtreue« hervorzuheben, die den Anschein eines gerechten Verfahrens wahren sollte. Vielmehr lenkt er die ganze Aufmerksamkeit der Lesenden auf die innere Haltung und die letzten Worte des Märtyrers.

Was dem Erzähler am wichtigsten ist, erkennt man an der Wiederholung. Nach dem ersten der drei letzten Worte des Märtyrers wird ihm kurz vor seinem Ende eine Vision zuteil:

»Siehe, ich sehe die Himmel geöffnet und den Sohn des Menschen zur Rechten Gottes stehen.« (V. 56)

Der Erzähler nimmt das in narrativer Form in V. 55 mit deutenden Zusätzen vorweg:

»Von heiligem Geist erfüllt schaute er zum Himmel und sah Gottes Herrlichkeit und Jesus zur Rechten Gottes stehen.«

Damit liefert er den Lesenden vorsorglich eine Erklärung des für sich genommen rätselhaften Ausdrucks »der Menschensohn«, den wir aus zahlreichen Worten Jesu in den Evangelien kennen. An sich bedeutet »Sohn von Mensch« im Hebräischen und im Aramäischen (das auch in Judäa und Galiläa gesprochen wurde) nur so viel wie »Einzelmensch«. Aber im Munde Jesu war das immer wieder eine verschlüsselte Form von Selbstaussagen. Darum wäre es theoretisch möglich, den Ausspruch des Stephanus ebenfalls als eine Selbstaussage zu verstehen, nach der er seine eigene künftige Erhöhung nach seinem Leiden vorausgesehen hätte (vgl. Offb 11,12). Der Erzähler schließt dieses Verständnis der Vision aus, indem er die Vision eindeutig als Jesus-Vision einführt.

Inhaltlich ist diese Vision in mehrfacher Hinsicht einmalig:

1. Sie unterscheidet sich klar von den Erscheinungen des Auferstandenen vor seinen Jüngern in der früh-

Abb. 7: Mattheus Merian, Kupferstich,
1627 von ihm publiziert mit dem Begleittext:
»Stephanus vor Gericht wird fälschlich angegeben /
Ihm wird gesprochen ab / doch auß unschuldt / das Leben /
Darauff gesteinigt wird der fromb und heylig Mann /
Der erste Märtyrer ist er durch sein Blut worden /
Viel tausend folgen jhm in diesem Ritter Orden /
Die Cron ist beygelegt dem der solchs leyden kann.«

nachösterlichen Zeit, die nach Apg 1,1–11 vierzig Tage umfasste und mit der Entrückung (»Himmelfahrt«) Jesu zu Ende ging. Die Berichte darüber lassen Jesus sozusagen »auf Augenhöhe« erscheinen, und zwar in einer Gestalt, die ihn mindestens zunächst mit beliebigen Mitmenschen verwechselbar macht.

2. Anderseits unterscheidet sie sich von der Vision des Paulus vor Damaskus (vgl. Apg 9; 22; 26), bei der nur von einem himmlischen Licht und der Stimme Jesu die Rede ist, ohne dass – wie bei Stephanus – die Gestalt Jesu sichtbar wird.

3. Im Unterschied zu allen Christusvisionen des Neuen Testaments (und zum Normalfall der Gattung »Vision«) ist hier von *keiner Audition* gesprochener Worte die Rede; es handelt sich nicht um eine »Begegnung« mit dem Himmlischen, sondern im strengen Sinne um eine bloße »Vision« – sozusagen von Weitem.

4. Singulär ist hier auch, dass ein Jünger in der dritten Person von Jesus als dem Menschensohn redet, während dieser Ausdruck in den Evangelien nur im Munde Jesu selbst vorkommt.

5. Ebenso singulär ist das Reden von Jesu »*Stehen* zur Rechten Gottes«. Nach Mt 22,41–46; Mk 12, 35–37; Lk 20,41–44 hat Jesus einmal auf Ps 110,1 hingewiesen, wo der davidische Messias von Gott mit den Worten angeredet wird: »Setze dich zu meiner Rechten, und ich lasse deine Feinde dir zu Füßen legen.« Dieses Psalmwort hat Jesus im Verhör durch den Hohenpriester erneut aufgegriffen und dabei höchstwahrscheinlich auf sich selbst bezogen (vgl. Mt 26,64; Mk 14,62; Lk 22,69). Nach Apg 2,34–36 hat Petrus es in seiner Predigt an Pfingsten erneut zitiert und damit die Messianität des Gekreuzigten und Auferstandenen proklamiert.[77] Lukas kennt also die alttestamentliche Vorlage aus Ps 110 und ihre Rezeption durch Jesus und die sonstige Urkirche, weicht aber in der Vision des Stephanus von ihr ab. Die Versuche der Exegeten, sich einen Reim darauf zu machen, kommen über Vermutungen nicht hinaus.

---

77 Auch der Hebräerbrief lässt den Erhöhten zur Rechten Gottes *sitzen*; vgl. Hebr 1,3; 8,1; 10,12; 12,2.

Angesichts dieses mehrfachen Mangels an jeglicher Analogie spricht m. E. alles dafür, dass eine derartige Aussage zu den wirklichen letzten Worten des Stephanus gehörte, für die es Ohrenzeugen gab, die sie im Gedächtnis behielten und später weitergaben.

Im Unterschied dazu haben die beiden anderen letzten Aussprüche des Stephanus Parallelen, die als Vorbilder (für Stephanus oder den Erzähler) gedient haben können: Die Bitte »Herr Jesus, nimm meinen Geist auf« erinnert jedenfalls an das nur in Lk 23,46 überlieferte Sterbegebet Jesu nach Ps 31,6: »Vater, in deine Hände übergebe ich meinen Geist.«[78] Ebenfalls im lukanischen Passionsbericht und nur dort ist möglicherweise die Fürbitte des Sterbenden für seine Mörder vorgegeben (Lk 23,34, in einem Teil der Handschriften). Sie entspricht einer Aufforderung Jesu aus der Bergpredigt (Mt 5,44):

»Liebt eure Feinde und betet für die, die euch verfolgen«.

In der Frage, ob die Jünger Jesu überhaupt etwas von diesen letzten Worten des Stephanus erfahren konnten, sind wir nicht auf vage Vermutungen angewiesen. Lukas erwähnt hier in V. 58 beiläufig einen nur am Rande Beteiligten, der in der weiteren Geschichte der Urkirche eine große Rolle spielen sollte. Im Drama um Stephanus wirkt er aber nur als Statist mit, als Handlanger der Zeugen der Anklage, die die ersten Steine zu werfen hatten. Er passt auf die Kleider auf, die diese Mörder vor ihrem blutigen Geschäft abgelegt hatten. Es handelt sich um einen jungen Juden aus bestem Hause namens Saul (hier mit griechischer En-

---

78 Das hier benutzte Verbum steht für das Anvertrauen einer Wertsache »zu treuen Händen«.

Abb. 8: Julius Schnorr von Carolsfeld, Die Steinigung des
Stephanus (1869)

dung *Saulos*). Unter seinem zweiten Namen *Paulus*
(der zu seinem römischen Bürgerrecht passt) wird er
später das Evangelium über die Grenzen des Judentums hinaustragen und Briefe verfassen, die uns im
Neuen Testament vorliegen. Aber bis dahin war es
noch ein weiter Weg. An diesem Tag gehört er zu den
Feinden des Stephanus; Lukas vermerkt ausdrücklich,
dass er mit der Hinrichtung einverstanden war (Apg
8,1). Möglicherweise war er als Glied der Oberschicht
sogar bei der Sitzung des Hohen Rates anwesend oder
gar stimmberechtigt (vgl. Apg 26,10). Schüler der
Schriftgelehrten konnten als Ersatzleute in Gerichts-
verhandlungen herangezogen werden, wenn die not-
wendige Anzahl von Richtern sonst nicht gegeben
war. Manche Ausleger vermuten sogar, dass er als Ju-

nior-Mitglied des Gremiums beauftragt war, die korrekte Ausführung der Hinrichtung zu überwachen, während die älteren Würdenträger sich den Anblick des blutigen Finales lieber ersparten. Das eigens erwähnte Einverständnis des Saulus mit der Hinrichtung wäre dann nicht nur auf das Dass, sondern auch auf das Wie zu beziehen. Zum Glauben an Jesus gekommen, hat Saulus-Paulus dieses dunkle »Vorleben« nicht verdrängt und verheimlicht, sondern sich klar dazu bekannt, ein leidenschaftlicher Verfolger der Jesusbewegung gewesen zu sein (vgl. 1Kor 15,9; Gal 1,13f.; Phil 3,6). Dabei hat er Gegner im Blick, die noch im Banne derselben religiösen Motive stehen, die ihn als jungen Mann zum Verfolger gemacht hatten (so explizit in Apg 22,3).

Wir wissen nicht, was in dem jungen Saul alias Paulus vorging, als er zum Augenzeugen des Glaubenszeugen Stephanus wurde. Fakt ist jedoch, dass er sich zunächst einmal berufen fühlte, die Bekämpfung der Jesusbewegung zu seiner eigenen Sache zu machen (vgl. Apg 8,3; 9,1ff.; 22,4; 26,9–12). Erst im Zuge dieser Aktionen kam er auf einer Auslandsreise durch eine Vision (sein »Damaskuserlebnis«) zum Glauben an Jesus. Dabei könnte das überlieferte letzte Wort des Sterbenden (seine Fürbitte für die Verfolger) für ihn bedeutsam geworden sein. In dieser Vision hört Paulus die Stimme Jesu vom Himmel herab zu ihm sagen: »Ich bin Jesus, den du verfolgst.« Damit musste ihm schlagartig klar werden, dass der angebliche Pseudomessias Jesus von Nazareth wirklich der Messias, der »Gesalbte Gottes« oder »Sohn Davids« war – zumal die himmlische Stimme einen Anklang an Worte Davids an die Adresse des Königs Saul enthielt (vgl. 1Sam 26,17f.).[79] Saul/Paulus war damit nicht nur irgendwie im Unrecht, sondern ein besiegter Feind des

Abb. 9: Juan de Juraez (1523–1579), Saulus bei der Steinigung
des Stephanus, Madrid (Prado)

von Gott Erwählten, der nur auf Gnade hoffen
konnte.[80] Dass er für seinen Wahnsinn nicht bestraft,
sondern sogar zum Zeugen für diesen Jesus berufen

---

79 Vgl. in meinem Buch *Paulus, der Apostel. Wie er wurde, was er
    war*, Stuttgart 2008, 96 f.

80 Vgl. ebd. 95. Eine erbauliche Gattung jüdischer und altkirch-
    licher Literatur handelt vom verdienten schrecklichen Ende
    von Verfolgern des Gottesvolkes oder der Kirche. Am berühm-
    testen sind Philons Schrift *Gegen Flaccus* und Lactanz, *De morti-
    bus persecutorum*.

wurde, konnte ihm wie eine Erhörung der letzten Bitte des sterbenden Märtyrers vorkommen.

Für die Annahme, dass Paulus der Gewährsmann des Lukas (oder einer von ihm benutzten Quelle) bei der Abfassung der Stephanusgeschichte war, spricht schließlich, dass ein besonders provozierendes Wort des Stephanus am Ende seiner Rede ein Echo im wahrscheinlich ältesten Paulusbrief gefunden hat. Stephanus hatte die frühjüdische Tradition vom gewaltsamen Geschick der Propheten aufgegriffen und die Kreuzigung Jesu als neue und größte Untat auf dieser Linie hingestellt (Apg 7,52). Genau das tut Paulus in 1 Thess 2,15 (und niemand sonst so explizit): »Sie (die Juden) haben den Herrn Jesus getötet und die Propheten.« Dass sie mit der Bekämpfung der urchristlichen Heidenmission im Begriff sind, »das Maß ihrer Sünden voll zu machen« (ebd. V. 16), setzt ein äußerst kritisches Urteil über die Geschichte Israels voraus, wie es auch im Geschichtsrückblick der Stephanusrede zur Sprache gekommen war. In diesem Punkt (wenn nicht auch in anderer Hinsicht) könnte man den Apostel als einen *Stephanus redivivus*, einen auferstandenen Stephanus bezeichnen!

Die Vermutung, dass der Eindruck vom Sterben des Stephanus bei dem jungen Saulus den Keim eines Umdenkens hinterließ, wird von Neutestamentlern kaum geteilt, findet sich aber in freieren Nacherzählungen.[81] Als Anhaltspunkt dafür kommt Apg 26,14 in Frage, wo Lukas die Worte des Auferstandenen in der Damaskusvision des Paulus »Saul, Saul, was verfolgst du mich?« um den Nominalsatz ergänzt: »Schwer für dich, gegen den Stachel auszuschlagen.« Das wird traditionell futurisch übersetzt – als Warnung vor einem

---

81   Besonders eindrucksvoll bei Schalom Asch, s. u. 226 f.

vergeblichen Widerstand gegen die Botschaft dieser Vision – wofür der lukanische Bericht sonst keinerlei Anhalt bietet.[82] Der Althistoriker Ernst Curtius (1814–1896) plädierte für ein anderes Verständnis der Stelle[83]:

»Wenn ich rein philologisch [...] Apost. XXVI, 14 ins Auge fasse, so ist es mir unmöglich darin den Ausdruck für einen jetzt erst eintretenden Ungehorsam zu finden, sondern es ist eine thörichte Widersetzlichkeit von längerer Dauer gemeint. Ich muss also nach diesem Ausdrucke annehmen, dass Paulus die Eindrücke, welche er seit dem Auftreten des Täufers empfangen hat, und die Gewissensbisse, welche er etwa beim Tode des Stephanos empfunden, in fanatischer Verfolgungswuth niederzukämpfen versucht hat.«

Abb. 10: William James Lynton (gest. 1898) in:
La bible populaire (1873)

---

82   Anders die Neue Genfer Übersetzung: »Du schlägst vergeblich gegen den Stock des Treibers aus.«
83   Vgl. E. Curtius, Paulus in Athen, SPAW.PH, Berlin 1893, 14 bzw. 938.

10. Der Stephanus-Konflikt als Zäsur in der Geschichte des Urchristentums (Apg 8–11)

Die öffentliche Meinung über das Schicksal des Stephanus war nach Lukas geteilt. Während der junge Saul(os) das Geschehen bejahte und aktiv unterstützte (8,1a), sollen »fromme Männer« bei der Bestattung mitgeholfen und eine große Totenklage für ihn abgehalten haben (8,2). Das lässt auf ein hohes Ansehen des Märtyrers schließen und ist wohl auch als ein Protest gegen die Kampagne der Gegner des Stephanus und/oder gegen die zweifelhafte Legalität seiner Hinrichtung zu verstehen. Auch heute sind Begräbnisse von Opfern staatlicher Gewalt eine Form des Protestes, die aus Gründen der Pietät häufig geduldet wird. Lukas erwähnt hier mit keinem Wort die Gemeinde der Jesusjünger, die womöglich keinen Zugriff auf den Leichnam des Stephanus hatte. Es scheint sich demnach um Sympathisanten der Jesusbewegung wie Josef von Arimathäa und Nikodemus zu handeln, die nach Joh 19,38–42 den Leichnam Jesu bestattet hatten.

Diese Solidarisierung blieb jedoch offenbar eine punktuelle Ausnahme. Nach Apg 8,1 wurde das Vor-

Abb. 11: Bert Bouman in: Meine Bilderbibel (1976)

gehen gegen Stephanus zum Signal einer generellen Kriminalisierung der Urgemeinde. Die Kreise, die von den Verleumdern des Stephanus mobilisiert worden waren, verstanden die Hinrichtung des Stephanus wohl als Beweis für die Richtigkeit der Anklagen und schlossen von diesem Präzedenzfall auf die Gesinnung und Zielsetzung der ganzen Jesusbewegung. Die Zeiten, in denen der Hohe Rat in seinem Vorgehen gegen die Apostel auf die Stimmung des Volkes Rücksicht nehmen musste (vgl. Apg 4,21; 5,26), waren auf lange Sicht vorbei.

Das zeigte sich wenige Jahre später in der kurzen Regierungszeit des letzten Königs von Judäa, Agrippa I., der – von Kaiser Claudius eingesetzt – in den Jahren 41–44 n. Chr. über das ganze Territorium seines Großvaters Herodes I. regierte. Nach Apg 12,1 ff. ging er gewaltsam gegen die Führung der Jesusbewegung vor und wurde darin durch die Reaktionen der Bevölkerung bestärkt. Damals wurde Jakobus, der Bruder des Johannes hingerichtet[84], während Petrus auf mysteriöse Weise fliehen konnte. Über Umfang und Dauer dieses Unterdrückungsversuches kann man nur spekulieren. Wahrscheinlich wollte dieser in Rom aufgewachsene Prinz aus der Familie Herodes sich bei der

---

84 Die Präzisierung »durch das Schwert« deutet auf einen förmlichen Akt der Staatsgewalt nach weltlichem Recht hin – im Gegensatz zur Steinigung des Stephanus nach alttestamentlichem Recht. Aus der Sicht des romtreuen Königs war die Jesusbewegung wohl immer noch eine politische Gefahr, da ja ihr Gründer als angeblicher messianischer Kronprätendent (»König der Juden«) hingerichtet worden war. Ein Indiz für wirkliche Aufstandstendenzen der nachösterlichen Jesusbewegung sollte darin nicht gesehen werden. Aber der Messiasbegriff (= Christus), der zum Leitbegriff der Urchristenheit wurde und ihr dann auch den Namen gab, war nun einmal für viele Zeitgenossen politisch gefüllt.

Mehrheit seiner Untertanen beliebt machen, indem er sich gegen eine religiöse Minderheit stellte. Erst zu Beginn der 60er Jahre löste die Steinigung des Herrenbruders Jakobus auf Betreiben des damaligen Hohenpriesters eine Protestwelle aus, die wahrscheinlich von den Pharisäern ausging oder mitgetragen wurde, so dass es zur Absetzung des Hohenpriesters kam.[85] Dabei muss man in Rechnung stellen, dass dieser Jakobus längere Zeit die einflussreichste Persönlichkeit der Jerusalemer Gemeinde war und dabei offenbar erfolgreich eine Kirchenpolitik der Konfliktvermeidung propagiert hatte (vgl. Apg 15,13–21 und 21,18–26).

Unter dem Druck angedrohter Repressalien zog sich die Jesusbewegung nach Apg 8,2 aus Jerusalem zurück und verteilte sich auf die Landgebiete Judäas und Samarias (wobei Galiläa wie in Apg 1,8 zu Judäa gerechnet wird). In vielen Fällen dürfte das eine Rückkehr in die Heimat gewesen sein, aus der man in Erwartung der nahe gekommenen Gottesherrschaft aufgebrochen und mit Jesus nach Jerusalem gezogen war. Gerade der engere Kreis um Jesus – die Apostel – soll damals jedoch in Jerusalem geblieben sein. Möglicherweise haben sie die »Verheißung des Vaters«, auf deren Erfüllung sie nach Lk 24,49; Apg 1,4, in Jerusalem warten sollten, nicht nur auf die Gabe des Geistes, sondern auch auf das Reich Gottes bezogen, um dessen Kommen sie beteten – wie wir bis heute im Vaterunser. In Mt 19,28 sagt Jesus zu den Jüngern, die »alles verlassen« haben, um mit ihm zu ziehen: »Ihr, die ihr mir nachgefolgt seid, werdet in der ›Wiedergeburt‹, wenn der Menschensohn auf seinem Ehrenthron Platz nimmt, auf zwölf Thronen sitzen und Richter über die zwölf Stämme Israels sein.« Als Regierungssitz des

---

85   Vgl. Josephus, Ant. 20,199–203.

messianischen Reiches kam für diese Zukunftsvision sicher nur Jerusalem in Frage. Als »Apostel« bezeichnet Lukas vor allem die hier angesprochenen Zwölf; allerdings nicht nur sie.[86] Nach Lk 8,1 f. gehörten wohl auch Frauen zu diesem engeren Kreis derer, die mit Jesus mitgezogen waren und zusammen mit ihm die Botschaft vom kommenden Reich Gottes ausgebreitet hatten.[87]

Als besonders aktiven Gegner der Gemeinde erwähnt Lukas in V. 3 noch einmal den jungen Saul (dessen weitere Geschichte er in Kap. 9 erzählen wird), der vom bloßen Statisten beim Tode des Stephanus zum treibenden Motor der Fahndung nach Jesusjüngern wurde. Die Hinweise auf Hausdurchsuchungen und auf die Verhaftung nicht nur von Männern, sondern auch von Frauen illustrieren eine Feindschaft, die im Gegensatz zu antiken Gepflogenheiten keinen Unterschied zwischen dem öffentlichen und dem familiären Leben machte. Aber die privaten Häuser waren ja die bevorzugten Versammlungsorte der Jesusbewegung für ihre internen Zusammenkünfte (vgl. Apg 2,46; 5,42; 12,12) – und blieben es auch bei der späteren Ausbreitung des Christentums (vgl. Apg 11,14; 16,15.31–34; 17,5; 18,7 f.; 20,20; Röm 16,5.10.11 u. ö.). Als Ziel der Aktionen Sauls gibt Lukas mit einem starken Wort die »Vernichtung« der Gemeinde an, was

---

86 Vgl. Lk 24,9 f.: »die Elf und alle andern« = »die Apostel«; vgl. Apg 1,2 f. mit Lk 24,18; Apg 14,4.14; vgl. meine Studie *Verwendung und Vermeidung des Apostelbegriffs im lukanischen Werk*: NT 30 (1988) 9–38.

87 In unserer Übersetzungstradition fällt unter den Tisch, dass auch die Begleitung Jesu (einschließlich der Frauen) hier Subjekt des Verkündigens ist. Die in V. 3 erwähnte *Johanna* könnte mit der *Junia* identisch sein, die nach Röm 16,7 ein angesehenes Mitglied des Apostelkreises war – und schon vor Paulus Christin.

durch eine ähnlich starke Wortwahl in Gal 1,23 bestätigt wird.

Die weitgehende Auflösung der Jerusalemer Urgemeinde hat jedoch nach Apg 8,4 eine genau entgegengesetzte Wirkung: Die Flüchtlinge werden zu Verkündigern, erzwungene Migration verwandelt sich in Mission. Als eindrucksvolles Beispiel dafür berichtet Lukas vom erfolgreichen Wirken des Philippus in der Provinz Samarien[88]. Philippus war einer der Kollegen des Stephanus in dem Siebenergremium, das für die Organisation der Witwenversorgung eingesetzt worden war. Nach Apg 21,8 ließ er sich später in Caesarea am Meer nieder (wo er den Apostel Paulus auf dessen letzter Jerusalemreise beherbergte). Zur Unterscheidung von dem Philippus des Zwölferkreises wird er dort als »der Evangelist« bezeichnet, was auf eine fortgesetzte Missionstätigkeit schließen lässt.[89] In Apg 8,26–40 wird ihm die wunderhafte Bekehrung und Taufe des ersten Afrikaners zugeschrieben, der als ein hoher Beamter an einem Königshof südlich von Ägypten eingeführt wird.[90] Das Reich der hier erwähnten »Königin Kandake« lag auf dem Gebiet des heutigen Sudan mit der Hauptstadt Meroe. Diese Erzählung, deren Herkunft im Dunkeln liegt (vgl. V. 39!), illus-

---

88 Wörtlich: »in der Stadt Samariens«; eine Stadt namens Samaria gab es damals jedoch nicht mehr, nachdem Herodes dort zu Ehren des Augustus (gr. *Sebastós*) die Stadt Sebaste gegründet hatte. Das griechische *pólis* steht hier vermutlich für hebr. *medina*, das von Hause aus »Bezirk« bedeutet, im Aramäischen aber auch eine (große) Stadt bezeichnen kann.

89 Unsere Verwendung des Wortes »Evangelist« für die Verfasser der Evangelien ist erst viel später entstanden.

90 Die Bezeichnung »Äthiopier« im griechischen Text bezog sich in der Antike nicht auf das heutige Äthiopien, sondern bedeutete nur so etwas wie »braungebrannt«.

triert die Zielangabe christlicher Mission »bis an das Äußerste der Erde« im »Motto« der Apostelgeschichte (Apg 1,8). Die Heimat dieses »Äthiopiers« lag immerhin jenseits der Grenzen des Römischen Reiches.[91]

Über die Fortsetzung dieser »Expansion dank Repression« lesen wir in Apg 11,19:

»Die Leute, die sich wegen der Unterdrückung im Zusammenhang mit Stephanus in alle Winde zerstreut hatten, gelangten bis nach Phönizien und Zypern und nach Antiochia« (der Hauptstadt der römischen Provinz Syrien, heute Antakya im Süden der Türkei).[92]

Antiochia war damals die drittgrößte Stadt im römischen Reich mit einer sechsstelligen Einwohnerzahl. Schon seit ihrer Gründung durch einen General Alexanders d. Gr. um das Jahr 300 v. Chr. waren Juden gleichberechtigte Bürger neben Einwohnern anderer Abstammung; für die Zeit der Apostel wird ihr Anteil mit fünfstelligen Zahlen geschätzt. Hier konnten hellenistische Judenchristen, die aus Jerusalem geflüchtet waren, am ehesten ungehindert als Gruppen zusammenkommen und für den Glauben an Jesus werben. In diesem Milieu kam es zu einer weltgeschichtlich bedeutsamen Innovation:

»Einige aber von ihnen, die aus Zypern und Zyrene stammten, verkündeten, als sie nach Antiochia kamen, auch den Griechen das Evangelium von Jesus, dem Herrn.« (V. 20 EÜ)

---

91 Genauere geographisch-politischen Informationen zu dieser Erzählung bietet E. J. SCHNABEL, Urchristliche Mission, Wuppertal 2001, 666–671.
92 Zum Folgenden und weiteren Informationen vgl. SCHNABEL, ebd. 760–775.

Und sie hatten damit großen Erfolg! Es mag sein, dass sie nicht die ersten waren, die diesen Schritt wagten. Nach der Erzählfolge der Apostelgeschichte hatte Petrus schon früher einmal in Caesarea ein nichtjüdisches Haus betreten und dort eine Gemeinde gründen können (vgl. Apg 10,1–11,18). Auch der von Philippus getaufte Afrikaner war wohl kein Jude, sondern ein heidnischer Sympathisant des Judentums, der den berühmten Tempel von Jerusalem besucht hatte. Aber eine gezielte Mission unter Nichtjuden griechischer Sprache hatte es nach den uns vorliegenden Quellen bis dahin offenbar nicht gegeben. In Antiochia wagte man diesen Schritt zur Bildung einer »Kirche aus Juden und Nichtjuden«, der langfristig zur Folge hatte, dass die weit überwiegende Mehrheit der Christen bis heute nichtjüdischer Herkunft ist. Was als innerjüdische messianische Bewegung begann, entwickelte sich später zu einer Weltreligion, die ihre jüdischen Wurzeln lange Zeit vergaß oder bewusst herunterspielte. Das darf man jedoch nicht in die Anfänge zurückprojizieren. Sonst wäre die dort zunächst praktizierte Tischgemeinschaft zwischen jüdischen und nichtjüdischen Gemeindegliedern nicht unter dem Einfluss konservativer Judenchristen aus Jerusalem wieder abgebrochen worden (vgl. Gal 2,11–14).

Eine Folge der ethnisch gemischten Zusammensetzung der Gemeinde von Antiochia war, dass die Jesusjünger sich gegenüber der Öffentlichkeit und den Behörden nicht mehr als irgendeine jüdische Gemeinde darstellen konnten. Das dürfte der Grund dafür gewesen sein, dass nach Apg 11,26 in Antiochia die »Jünger« erstmals als »Christianer« bezeichnet wurden. Diese lateinische Wortbildung war für die politischen oder geistigen Anhänger einer Person üblich (vgl. »Caesarianer« kontra »Pompeianer« im römischen Bürgerkrieg). Sie besagt also nicht mehr und nicht weniger als »Jünger des Christus« und setzt voraus (oder nimmt in Kauf), dass der Christustitel von den Außenstehenden nicht mehr als Titel (nämlich griechische Übersetzung des hebräischen Messiastitels) verstanden wurde, sondern als zweiter Name Jesu (bzw. als dritter Teil eines römischen Namens unter Weglassung des Vornamens; vgl. »Pontius Pilatus«). Diese neue Gruppenbezeichnung signalisiert keine Abgrenzung gegenüber dem Judentum (wie oft vermutet wurde), sondern trägt nur der Einbeziehung von Nichtjuden Rechnung. Sie ist auch kein Indiz für eine synkretistische Überhöhung des Christus zu einer »Kultgottheit«, wie in religionsgeschichtlicher Forschung früher behauptet wurde. Für Verehrer einer Gottheit prägte man nicht Wörter mit der Endung »-ianós«, sondern mit »-iastós« (z. B. *Apolloniastés*).

Die paradoxe missionsgeschichtliche Fernwirkung des Stephanus-Konflikts hat Paulus im Römerbrief auf eine Geschichtslenkung Gottes zurückgeführt. Die mehrheitliche Verschlossenheit des jüdischen Volkes für das Evangelium bekümmerte ihn sehr (vgl. Röm 9,1–3) und trieb ihn ins Gebet für seine Volksgenossen (Röm 10,1). Als Motiv für ihren Widerstand erkennt er den »Eifer für Gott«, der ihn selbst als jungen Mann zum Verfolger der Jesusbewegung werden ließ (vgl. Röm 10,2 mit Gal 1,13f.; Phil 3,6; Apg 22,3f.). Schließlich kam er zu der Überzeugung, dass Gott selbst den Lauf der Geschichte so gelenkt hat, dass das Evangelium wegen des jüdischen Widerstandes in die Welt hinaus getragen werden sollte (Röm 11,1–11). Was die Apostelgeschichte als zunächst leidvolle Fakten erzählt, deutet Paulus als Gottes Fügung. Das aber führt zu der weiteren Erkenntnis, dass Israel nicht für immer vom Segen der Sendung Jesu ausgeschlossen bleiben wird: Gott nimmt seine Erwählung und Berufung dieses Volkes nicht zurück, sondern steht zu seinen Verheißungen (vgl. Röm 11,1f.12–15.25–29). Vor dem Hintergrund dieser Geschichtsdeutung kann man sagen, dass Stephanus für die nichtjüdische Christenheit gestorben ist, weil sein Schicksal die Jesusbewegung auseinandersprengte und in die weite Welt hinaus trieb. Die paradoxe Logik der Josephsgeschichte, an die Stephanus in seiner Rede erinnert hatte (Apg 7,9–16), lässt sich auch auf die geschichtliche Bedeutung des Stephanus übertragen: Menschen hatten mit ihm Böses im Sinn, aber Gott hat es zum Guten gewendet (vgl. Gen 50,20).

C WIRKUNGSGESCHICHTE

1. Stephanus in Frömmigkeit und Theologie

1.1. Stephanus-Verehrung im Wandel der Zeit

Im Zuge der Verehrung von Märtyrern durch die Alte Kirche musste Stephanus als der »erste Märtyrer« besondere Beachtung finden. Die Einengung der Vokabel *mártys* (Zeuge), die im Neuen Testament alle Formen des Eintretens für die Sache Jesu umfasst (vgl. Apg 1,8 u. ö.) auf die »Blutzeugen«, die ihr Zeugnis mit einem gewaltsamen Tod besiegelten, fand erst im 3. Jahrhundert n. Chr. statt. Im Neuen Testament hat das in manchen Handschriften auf die letzte Erwähnung des Stephanus (Apg 22,20) zurückgewirkt, indem das ursprüngliche *mártys* durch *protómartys* präzisiert wurde. Dieser Titel bedeutet mehr als eine bloß chronologische Angabe; vielmehr wurde Stephanus für die verfolgten Christen der vorkonstantinischen Zeit zum Vorbild (wobei die besonderen Umstände und Ursachen seiner Hinrichtung in den Hintergrund traten). In diesem Sinne zitiert *Eusebius* in seiner Kirchengeschichte einen Originalbericht der Christen von Lugdunum (Lyon) und Vienna (Vienne) über die sadistische Ermordung vieler Mitchristen im Jahr 177/178, den sie an die Gemeinden in Asien und Phrygien geschickt hatten: »Für die Peiniger beteten sie wie der vollkommene Märtyrer Stephanus: ›Herr, rechne ihnen diese Sünde nicht an!‹« (h. e. V. 2,5). Eusebius selbst schreibt über ihn (h. e. II 1,1)[93]:

---

93 Vgl. Eusebius von Caesarea, Kirchengeschichte, hrsg. und ein-

»Unter Gebet und Handauflegung der Apostel wurden als Diakone für den Dienst der Gemeinde sieben bewährte Männer bestellt, die sich um Stephanus sammelten. Dieser war nach dem Herrn der erste, der getötet wurde; schon gleich nach seiner Wahl[94] wurde er, wie wenn er eben dazu erhoben worden wäre, von den Mördern des Herrn gesteinigt. Er erwarb sich also als erster den von seinem Namen angedeuteten Kranz der Märtyrer Christi, welche des Sieges würdig sind.«

Großen Aufschwung bekam die Verehrung des Stephanus durch den Bericht von der wunderhaften Auffindung seiner sterblichen Überreste im Dezember des Jahres 415: Ein Priester namens Lukian in dem Dorf Kefar Gamala nordwestlich von Jerusalem hatte eine dreimalige Vision, in der Gamaliel (vgl. Apg 5,34; 22,3) ihm ein Grab zeigte, in dem er selbst, sein Sohn, Nikodemus (vgl. Joh 3,1ff.; 7,50; 1939) und Stephanus begraben seien. In der Legenda aurea des Jacobus de Voraigne[95] aus dem späten 13. Jahrhundert heißt es darüber: »Sanct Gamaliel (!) aber und Nicodemus, die da im Rat der Juden immer waren für die Christen, die nahmen seinen Leichnam und begruben ihn in Gamaliels Acker, und erhuben große Klage über ihn.« Was in Apg 8,2 von anonymen »frommen Männern« be-

---

geleitet von HEINRICH KRAFT, Übersetzung von PH. HAEUSER (1932), durchgesehen von H. A. GÄRTNER, Darmstadt 1997, 117.

94   Euseb ignoriert Apg 6,7, wo Lukas im Anschluss an die Einsetzung der Sieben schreibt: »Das Wort Gottes breitete sich aus, und die Zahl der Jünger in Jerusalem wurde immer größer.« Das lässt Raum für ein längeres Wirken (das in V. 8 ja auch im Imperfekt notiert wird, was auf ein Ständiges oder wiederholtes Tun hindeutet).

95   Aus dem Lateinischen übersetzt von R. BENZ, Gerlingen 1955, 58.

richtet wird, wird hier mit Namen verbunden, die nicht ganz aus der Luft gegriffen sind (vgl. Joh 3,1; 7,50f.; 19,39; Apg 5,34–39).

Die Gebeine des Stephanus wurden am 26. Dezember identifiziert und nach Jerusalem überführt, weshalb dies bis heute in der westlichen Christenheit der kirchliche Gedenktag für Stephanus ist.[96] Bis dahin war der 3. August als angenommener Todestag der Gedenktag des Märtyrers. Eudokia, die Gattin des Kaisers Theodosios II., ließ in den folgenden Jahrzehnten an dem Ort, wo Stephanus der Überlieferung nach gestorben war, eine Basilika errichten, die aber 614 n. Chr. von den Persern zerstört wurde.[97] Auf diesem Gelände in der Nähe des Damaskustors steht heute das Gebäude der französischen École Biblique.

Mit der Überführung der Gebeine nach Jerusalem war der Märtyrer allerdings keineswegs zu seiner »letzten Ruhe« gekommen; die Überlieferungen darüber (Konstantinopel und Rom betreffend) gehen auseinander. Es entstanden zahlreiche Stephanus-Kultstätten in vorhandenen Kirchen oder eigens dafür errichteten Kapellen. In Rom befinden sich seit 425 n. Chr. (?) Gebeine des Stephanus in der Krypta der Kirche San Lorenzo Fuori le Mura. Im dortigen Triumphbogenmosaik aus dem späten 6. Jahrhundert mit Christus als Mitte, flankiert von Petrus und Paulus, steht Laurentius neben Petrus und Stephanus

---

96 Die orthodoxe und die koptische Kirche feiern das Andenken des Märtyrers dagegen erst am 27. Dezember .

97 Über Rivalitäten im Blick auf die Verdienste um die Reliquien des Stephanus informiert ELISABETH A. CLARK, Claims on the Bones of Saint Stephen: The Partisans of Melania and Eudocia, ChH 51 (1982) 141–156.

neben Paulus. Stephanus und Laurentius werden gemeinsam als die beiden »Stadtheiligen« Roms verehrt.

Über den aufblühenden Stephanuskult sind wir in *einem* Fall besonders gut unterrichtet, weil auch der Bischofssitz des Augustinus, Hippo in der Provinz Africa, einen Teil der Reliquien abbekommen hatte. Im Zusammenhang mit deren Eintreffen sollen zahlreiche Wunder geschehen sein, die den Heiligen als Spender von Segen auswiesen, was von seinem Vorbildcharakter als Märtyrer ablenken konnte, zumal die Zeiten der Verfolgung ja inzwischen vorbei waren. Ein Kenner dieser Vorgänge schreibt darüber[98]: »Es ist bekannt, daß der greise Bischof den Stephanuskult mit allen ihm zur Verfügung stehenden Mitteln förderte. In Hippo ließ er für eine nur aus wenig Staub bestehende Stephanusreliquie eine Kapelle an die Basilika anbauen [...] Mit Eifer war Augustin darauf bedacht, daß von möglichst allen in den Stephanusmartyrien Nordafrikas geschehenen Heilungen und Wundern Aufzeichnungen, sogenannte *libelli*, angefertigt und dem Volk beim Gottesdienst vorgelesen wurden.«

Die Verbreitung von Reliquien des Stephanus stiftete an manchen Orten jedoch auch Unheil: Im syrischen Edessa wurde durch den Bischof Rabbula (angeblich auf kaiserlichen Befehl) eine Synagoge in eine Kirche verwandelt und dem heiligen Stephanus geweiht – wohl kaum im Einvernehmen mit der jüdi-

---

98 Vgl. C. MAYER, »Attende Stephanum conservum tuum« (Serm. 317, 2, 3). Sinn und Wert der Märtyrerverehrung nach den Stephanuspredigten Augustins, in: *Fructus centesimus* (Festschrift für Gerard J. M. Bartelink) Steenbrugge 1989, 217–237, hier 222.

schen Gemeinde.[99] In den Westen gelangten Reliquien des Stephanus gegen Ende des Jahres 415 n. Chr. durch Orosius bei der Rückkehr von einer Palästinareise im Auftrag des Augustinus.[100] Als er diese auf der Baleareninsel Menorca deponierte, zerbrach dort das bis dahin friedliche Miteinander von Juden und Christen. In einer von den Christen organisierten Konfrontation ging die Synagoge in Flammen auf, und unter massivem Druck von christlicher Seite wurden die 500 Mitglieder der jüdischen Gemeinde zum Christentum »bekehrt«. Über diese Vorgänge berichtet ein Brief des dortigen Bischofs Severus, der bei der Ankunft von Stephanus-Reliquien im nordafrikanischen Uzalis öffentlich verlesen worden war.[101]

Vor diesem zeitgeschichtlichen Hintergrund ist es bemerkenswert, welchen Akzent *Augustinus* (354–430) in zehn Predigten über die biblische Stephanustradition setzt.[102] Unter Hinweis auf die Fürbitte des Stephanus für seine Mörder in Apg 7,60 und auf das entsprechende Wort des Gekreuzigten in Lk 23,34 erhebt er den Stephanus zum Vorbild der Feindesliebe in Nachahmung des Urbildes Christus. Ohne die Ereignisse von Menorca ausdrücklich zu erwähnen, schließt er damit jeden Rachegedanken als Ausdruck der Stephanusverehrung aus.

Als weitere Analogie zwischen Stephanus und Jesus betont Augustinus die Ähnlichkeit der beiden Sterbe-

---

99 Vgl. Chron. Edess. 51 (T.U. 9, 1892) 106.
100 Vgl. Gennadius, De viris illustribus XXXIX.
101 Vgl. Patrologia Latina 20,731–746 und 41,821–832 sowie dazu E. D. HUNT, St. Stephen in Minorca. An Episode in Jewish-Christian Relations in the Early 5th Century A.D.: JThSt N. S. 33 (1982) 106–123.
102 Vgl. C. MAYER, s. o. Anm. 6.

Abb. 12: Schedelsche Weltchronik (1493)

gebete in Lk 23,46 (»Vater, in deine Hände übergebe ich meinen Geist.«) und Apg 7,59 (»Herr Jesus, nimm meinen Geist auf!«). Damit beginnt eine Spur der Stephanusrezeption in der Frömmigkeitsgeschichte als geistliche *Ars moriendi*. Weniger stephanus-spezifisch sind die Metaphern auf der Linie soldatischer

Tapferkeit (*militia Christi*), die schon vor Augustinus in älteren Märtyrerberichten enthalten waren. Umso wichtiger war darum die Klarstellung, dass es nicht um einen aktiven Kampf gegen Feinde, sondern um die Tapferkeit im Leiden und im Durchhalten der Liebe auch zu ihnen geht.

Wie sehr der alte Augustinus persönlich von dem aufblühenden Stephanuskult beeindruckt und an seiner Verbreitung beteiligt war, geht daraus hervor, dass er gegen Ende seines Buches über den Gottesstaat (Civ. Dei 22,8) ausführlich von den Wundern berichtet, die nach der Überbringung von Stephanusreliquien in Nordafrika erlebt wurden. In einem Falle soll ein bis dahin erklärter Christenfeind hohen Standes vor seinem Sterben durch Blumen aus einer Stephanuskapelle über Nacht zum Glauben gekommen sein und bis zuletzt gebetet haben: »Christus, nimm meinen Geist auf!« – ohne zu wissen, dass dies die letzten Worte des Stephanus gewesen waren.[103] Zusammenfassend schreibt Augustinus: »Wenn ich auch nur die Heilungswunder – um von anderen zu schweigen – aufschreiben wollte, die durch diesen Märtyrer, nämlich den glorreichen Stephanus, in Colonia Calama und unserer Stadt (sc. Hippo) geschehen sind, müsste ich eine Menge Bücher füllen und könnte doch nicht alles anführen, sondern nur das, worüber schriftliche Aufzeichnungen vorliegen, die öffentlich verlesen wurden. Denn dies ordneten wir an, als wir sahen, daß Erweise göttlicher Kraft ähnlich wie vormals auch in unseren Zeiten häufig vor-

---

103 Vgl. Aurelius Augustinus, Vom Gottesstaat (De civitate Dei) Buch 11–22, Aus dem Lateinischen übertragen von W. Thimme. Eingel. und kommentiert von C. Andresen, München 1978, 772.

kommen und der Kenntnis der Menge nicht vorenthalten werden dürfen. Aber noch sind es nicht zwei Jahre her, seit sich diese Reliquien in Hippo Regius befinden ...«[104]

Die Verehrung des Stephanus (und legendarische Ausschmückung seines Lebensweges) setzte schon vor der Entdeckung seiner (angeblichen) Gebeine ein und hat reichen literarischen Niederschlag gefunden.[105] Besondere Beachtung verdient die »Lobrede über den heiligen Stephanus, Erzmärtyrer« des *Gregor von Nyssa* (335–394) aus der 2. Hälfte des 4. Jahrhunderts n. Chr.[106] Sie nimmt das im Namen des Stephanus enthaltene Motiv des *Siegeskranzes* zum Anlass, den Märtyrer als geistlichen Athleten im Wettkampf mit seinen Gegnern zu zeichnen (vor allem mit der Metaphorik eines Ringkampfes):

»Wie nämlich die erfahrenen Athleten, wenn sie den Körper ihrer Gegner unterlaufen haben, diesen durch eine kunstgerechte Drehung den Sturz umso übler bereiten, so bewirkt auch der große Stephanus, obwohl er hatte zu Boden gehen müssen, die umso üblere Zerschmetterung seines Widersachers (sc. des Teufels). Von da an nämlich erfolgt bei den Aposteln ihr Lauf in die Welt, das ist der Anfang der Verbreitung der christlichen Predigt an allen Orten.«[107]

---

104 Vgl. ebd. 773 f.
105 Eine umfangreiche Zusammenstellung bietet F. BOVON, The Dossier on Stephen, the First Martyr, in: HThR 96 (2003) 279–315.
106 Vgl. O. LENDLE, Gregorios Nyssenus, Encomium in Sanctum Stephanum Protomartyrem. Griechischer Text, eingeleitet und herausgegeben mit Apparatus Criticus und Übersetzung, Leiden 1968.
107 Vgl. ebd. 15/17.

»Rings umgeben von dem Kranz derer, die ihn steinigten, nahm er, was geschah, so hin wie einen in den Händen der Gegner geflochtenen Siegeskranz.«[108]

»So soll er denn im Wettstreit mit jeder menschlichen Rede den Siegespreis davontragen, mit uns zusammen aber durch den über ihn vorliegenden Bericht für die Rettung der Seelen wettstreiten.«[109]

»Möge es uns beschieden sein, nicht nur als Zuschauer an dem Wettkampf des Stephanus teilzunehmen, sondern auch als Teilhaber der Gnade, erfüllt vom Heiligen Geist, zur Niederwerfung der Gegner, zur Verherrlichung unseres Herrn Jesus Christus, dem die Herrlichkeit und die Herrschaft für ewige Zeiten gehören. Amen.«[110]

Beachtung verdient, dass die psychologische Seite des Konflikts (von der Frustration in Streitgesprächen mit Stephanus zu Verleumdungen mit tödlichem Ausgang) von Gregor nicht den menschlichen Gegnern des Stephanus zugeschrieben wird, sondern dem Teufel, der sich nur dieser Gegner bediente.[111]

Auf europäischem Boden dichtet der Bischof von Pavia *Ennodius* (473/4–521) einen Hymnus auf Stephanus, in dem es in Strophe 4–7 heißt:

»Dieser betrat als erster den Weg,
der durchaus nicht ausgetreten war,
durchmusterte er die Geheimnisse des Himmels
im Kleide seines Leibes noch verborgen, rief er: ›Seht, der
   Sohn,
zur Rechten des Vaters steht er.‹

---

108   Ebd. 31.
109   Ebd. 33.
110   Ebd. 45.
111   Ebd. 13/15.

Indessen die Gottlosen Steine brachten,
während sie tausend Todeswerkzeuge (beschafften),
war er allein bedacht auf Gutes,
betete aus dem Glauben mit Worten,
daß doch die unwissend[112] Schuldigen
nicht himmlischer Zorn verdürbe,
denn schuldlos war ihr Wahn.«[113]

Die Rede von »schuldlosem Wahn« (*insons vesania*) überrascht hier. Sie könnte auf einer Kombination von Apg 9,1 mit Röm 10,2 f. beruhen, wo Paulus den Widerstand gegen das Evangelium auf einen Irrweg religiösen Eifers zurückführt.

Eine Generation später widmete der von Ennodius geförderte Dichter *Arator* ein Epos über ausgewählte Abschnitte der Apostelgeschichte, das er im Frühjahr 544 öffentlich vortrug.[114] Der Abschnitt über Stephanus (CSEL 72, 47–49) konzentriert sich in der prosaischen Einleitung wie in der poetischen Durchführung auf das gewaltsame Ende des Stephanus und seine Haltung im Leiden. Sein Gebet für die Feinde und das jüdische Volk wird besonders hervorgehoben (vgl. Z. 587 f. und 605). In seiner Wortwahl greift Arator u. a. Wendungen aus Vergils Aeneis und Ovids Metamorphosen auf. In Z. 617 f. bringt er den Namen des Saulus (Apg 7.58) mit dem hebräischen Wort für das Totenreich (*infernum / scheol*) in Verbindung.[115]

---

112 Vgl. Lk 23,34: »… denn sie wissen nicht, was sie tun.«
113 Übersetzung von B. HOFFKNECHT in L. und R. LAHRMANN, St. Stephanus. Wissenswertes und Meditiertes über den ersten Märtyrer der Kirche. (Glauben und Leben 8) Münster o. J. 148; lateinischer Text ebd. 6.
114 Vgl. M. WACHT, Art. Arator, in RGG⁴ Bd. I (1998) Sp. 677–678.
115 Vgl. unten 213 f.

Ein eindrucksvolles Zeugnis der Stephanus-Verehrung sind sieben Hymnen im St. Galler Hymnenbuch, das *Notker Balbulus* (= Notker der Stammler, auch als »Notker der Dichter« zitiert, ca. 840–912) im späten 9. Jahrhundert n. Chr. begründete.[116] Eine der von Notker selbst verfassten Hymnen (*De Sancto Stephano concordia*) lautet in der Übersetzung von W. von der Steinen (15) wie folgt:

Einträchtig im Jüngertume
Begehn wir diese Jahresfeier,

1	Wie ihres Begründers Vorbild gütig uns anweist	Da Er noch für der Verfolger Heimtücke betet.	2
3	O Stephanus Fahnenträger des guten Königs, gib Gehör uns,	Da segensreich Dir Gehör für die Widersacher einst geschenkt ward.	4
5	Paulus, auf dein Bitten hin Stefan, der vormalen dich verfolgte, glaubt an Christus,	Und mit dir nun schreitet er den Reigen im Reiche, dem Verfolger niemals nahen.	6
7	Darum auch uns, uns flehende, Die zu dir rufen Und dich mit Bitten bestürmen,	Uns möge deine heiligste Fürsprache immer mit unserm Gott versöhnen.	8
9	Dich setzt Sankt Peter Zu Christi Diener ein:	Dich hat einst Christus Stefan, sich auserwählt,	10

---

116 Vgl. W. VON DEN STEINEN, Notker der Dichter und seine geistige Welt. Editionsband, Notkers Hymnenbuch Erste echte Ausgabe lateinisch und deutsch Nebst den Sequenzen aus Notkers Kreise sowie den sonst erhaltenen Gedichten Notkers, Bern 1948. Zur Überlieferungsgeschichte des Liber Ymnorum vgl. dort S. 192–198, zu den einzelnen Handschriften 198–213.

II	Du prägst Sankt Petern Des Glaubens Urbild ein,	Seine Getreuen durch dich zu kräftigen,	II
III	Da du zur Rechten Des Vaters Den zeigest, Den das tolle Volk ans Kreuz schlug.	Indem er mitten im Sausen der Steine Dir zum Trost sich offenbart hat.	III

Jetzt bei den Märtyrern
Schimmerst im Purpur du,
erkoren für die Krone.

Die Fürbitte des Stephanus für seine Mörder (Apg 7,60) ist hier nicht als Vorbild der Feindesliebe vor Augen gestellt, sondern als Präzedenzfall und Beweis für die Kraft seiner Fürsprache, die nun auch denen zugute kommen möge, die ihn anrufen. So auch in einer St. Galler Hymne aus dem späten 10. Jahrhundert[117]:

»Diese Gebete haben den Verfolger Saulus für uns zu einem Frommen und in aller Welt Berühmten gemacht. So mögest du, Stephanus, mit deinen erhofften Gaben uns helfen zusammen mit dem König, als dessen Fahnenträger du fähig warst, das Werfen der Feinde tapfer zu ertragen.«[118]

Dass der Heilige angerufen wird, »uns mit unserm Gotte (zu) versöhnen«, findet sich ausführlicher am Schluss einer St. Galler Stephanushymne aus der Mitte des 10. Jahrhunderts im Anschluss an die Wiedergabe seines Gebets für die Feinde[119]:

---

117 Lateinischer Text a. a. O. 96.
118 Ähnlich, knapper formuliert, am Schluss eines etwas früheren Hymnus, a. a. O. 97.

»Wir Elenden nun bitten uns aus, du mutiger Athlet des Herr, du mögest beständig Vergebung erbittend alle unsere Vergehen auslöschen und alle unsere Verbrechen abwaschen, dass wir durch deine Gebete von der Strafe befreit werden können.«

Hier zeigt sich eine – aus evangelischer Sicht bedenkliche – soteriologische Helferrolle des Heiligen, die in den Stephanuspredigten des Augustinus noch vermieden oder schon abgewehrt wird.[120] Die Fürsprache des »Christus Jesus, der für uns gestorben ist, mehr noch: der auferweckt wurde, der zu Rechten Gottes ist und für uns eintritt« (Röm 8,32) genügt offenbar nicht mehr als *einziger* Trost im Leben und im Sterben.

Ein Sonderfall ist die erste der vier Stephanushymnen, die Notker im Jahre 883 dem Liutward von Vercelli zu seiner Bischofwahl gewidmet hat: Sie bietet in Strophe 2 und 3 eine Wiedergabe der Vorwürfe, die Stephanus am Ende seiner Rede seinen Gegnern macht und auf die alte Geschichte Israels ausdehnt:

»Indem er in knapper Rede frühere Ereignisse in Erinnerung rief, zeigte er auf, dass die Juden Verfolger der Frommen sind, ohne Rechtschaffenheit und voller Gift, (so dass es) nichts Neues (war), dass sie den Herrn mit gottloser Wut zur Kreuzesstrafe gestoßen haben, wie sie auch Propheten oder Patriarchen (sic!) vorher oft getötet hatten.«

119   A.a.O.95
120   Vgl. C.Mayer (s.o. Anm.98).

Aus den gewiss gravierenden Vorwürfen des Stephanus gegen den Hohen Rat und dessen negative Vorbilder (»Väter«) wird hier mit einem vernichtenden Fazit auf ein (zeitloses!) moralisch negatives »Wesen« der Juden geschlossen.

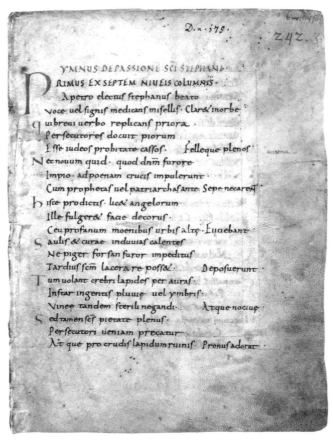

Abb. 13: Stephanus-Hymnus des Notker Balbulus
(»der Stammler«) von 1883 (vermutlich von dessen eigener Hand),
Cod. Sang. 242 S. 3.

Eine rein ethische Stephanus-Rezeption findet sich in der im 13. Jh. entstandenen und bald danach weit verbreiteten Legenda Aurea des *Jakobus de Voragine*:

»Er war eine Krone der Märtyrer im neuen Bund, denn er war ihr Anbeginn, gleichwie Abel der erste war im alten Bund. Er war ein Beispiel oder eine Regel allen, wie man für Christum solle leiden, oder wie man gut handeln soll und leben, oder wie man für seine Feinde bitte.«[121]

Die Intensität und geographische Reichweite der Stephanus-Verehrung fand ihren sinnenfälligen Ausdruck in der Verbreitung von Kirchen, die der Erinnerung an Stephanus und einem (nicht unproblematischen) Kult dieses Heiligen geweiht wurden.[122] Die dichteste Häufung in Deutschland zeigt sich südlich der Donau und westlich des Rheins, also in Gebieten, deren Christianisierung eine Nebenwirkung der Romanisierung war.[123] Bei der Missionierung germanischer Stämme durch iroschottische Mönche traten andere Heilige und Märtyrer in den Vordergrund. Die ältesten Stephanuskirchen im deutschsprachigen Raum finden sich in Konstanz (613 n. Chr.), Passau (7. Jh.), München (815 n. Chr.), Essen (819 n. Chr.), Corvey (848 n. Chr.) und Mainz (975 n. Chr.). Das berühmteste mit dem Namen des Märtyrers verknüpfte Gotteshaus ist wohl der Wiener Stephansdom (1147 geweiht), dessen Vorgängerkirche im 12. Jahrhundert

---

121 Vgl. Die Legenda aurea des Jakobus de Voragine. Aus dem Lateinischen übersetzt von R. BENZ, Gerlingen 1955, 58.
122 Das folgende nach LAHRMANN, L. und R., St. Stephanus. Wissenswertes und Meditiertes über den ersten Märtyrer der Kirche, Münster o. J., 129–131.
123 Vgl. die Karte, ebd. 129.

von Passau aus errichtet wurde. Stephanuskirchen, die nach 1945 gebaut wurden, verdanken ihren Namen vermutlich der Erinnerung an die Opfer des Konflikts zwischen Kirche und Staat in der Zeit des »Dritten Reiches«.

Ohne jeden Anhalt an der biblischen Stephanus-Überlieferung sind *Legenden,* die Stephanus mit Herodes dem Großen und Ereignissen um die Geburt Jesu in Verbindung bringen. Er wird als Diener oder Stallknecht des Königs hingestellt und wurde angeblich bereits von diesem Feind des neugeborenen Messias verfolgt. Dabei kann es sich nur um eine Verwechslung mit einer anderen Gestalt handeln und nicht um den aus der Diaspora stammenden Jesusjünger, der in den späten 30er Jahren Märtyrer wurde. Dahingehende Erzählungen sind in Nordeuropa (England und Skandinavien) verbreitet und haben sich in der dortigen bildenden Kunst ausgewirkt.[124] Dass dieser Heilige u. a. als Patron von Berufen gilt, die es mit Pferden zu tun haben, geht wohl auf diesen Legendenzweig zurück.

Die fromme Phantasie hat in der Heiligenverehrung eine Fülle von Vorstellungen und Formen hervorgebracht, die mit der historischen Person und ihrer Lebensgeschichte nichts zu tun haben. Häufig wurden lokale oder regionale religionsgeschichtliche Vorgaben auf die Heiligen projiziert oder Bedürfnisse der Verehrer in Rituale umgesetzt. Solche Fiktionen lassen sich nicht unter dem Oberbegriff »Wirkungsgeschichte« unterbringen. Die Wahl eines »Patrons« durch einen bestimmten Verehrerkreis beruht oft auf Zufällen. Auch bloße Stichwortverbindungen konnten

---

124   Vgl. G. Nitz, Art. Stephan, Erzmart., LCI 8 (1976) 400 f.

genügen, z. B. wenn Berufe, die mit Steinen arbeiten, den gesteinigten Märtyrer als Patron wählten oder wenn er gegen Gallen- und Nierensteine angerufen wurde.[125]

Einen Bruch in der Wirkungsgeschichte der Stephanus-Tradition brachte die *Reformation* des 16. Jahrhunderts mit sich, weil sie die *kultische* Verehrung der Heiligen, insbesondere ihre Anrufung als Fürsprecher bei Gott, grundsätzlich in Frage stellte. Das stand jedoch in den ersten Jahren der Reformation noch nicht im Vordergrund der Auseinandersetzungen, was sich darin zeigt, dass von Martin Luther selbst Predigten zum Stephanustag aus den Jahren 1520, 1522 und 1524 erhalten sind.[126] Als er im Jahr 1505 in einem Gewitter das Gelübde ablegte, ins Kloster zu gehen, rief er die heilige Anna an, von der er 1532 gesagt haben soll, sie sei sein Abgott gewesen.[127] Luthers erklärter Protest gegen den Heiligenkult und jede Heiligenkanonisation beginnt im Jahr 1524 anlässlich der Heiligsprechung des Meißner Bischofs Benno (um 1100) mit seiner Schrift *Wider den neuen Abgott und alten Teufel, der zu Meißen soll erhoben werden*.[128]

Im Augsburger Bekenntnis von 1530 heißt es im I. Artikel des Glaubens und der Lehre, Abschnitt 21 »Vom Dienst der Heiligen«[129]:

---

125 Vgl. LANZI, F. und G., Das Buch der Heiligen. Kunst, Symbole und Geschichte, Darmstadt 2003, 75.

126 Vgl. unten 156 f.

127 Vgl. LANSEMANN, R., Die Heiligentage besonders die Marien-, Apostel- und Engeltage in der Reformationszeit betrachtet im Zusammenhang der reformatorischen Anschauungen von den Zeremonien, von den Festen, von den Heiligen und von den Engeln, Göttingen 1939, 79.

128 Vgl. ebd. 87 f.

129 Ich zitiere die formal modernisierte Fassung nach *Bekenntnisse*

»Vom Heiligendienst wird von den Unseren also gelehrt, daß man der Heiligen gedenken soll, auf daß wir unsern Glauben stärken, wenn wir sehen, wie ihnen Gnade widerfahren, auch wie ihnen durch Glauben geholfen [worden] ist; dazu, daß man Exempel nehme von ihren guten Werken [...]

Durch die Schrift aber kann man nicht beweisen, daß man die Heiligen anrufen oder Hilfe bei ihnen suchen soll. ›Denn es ist allein ein einziger Versöhner und Mittler gesetzt zwischen Gott und Menschen, Jesus Christus (1Tim 2,5), welcher der einzige Heiland, der einzige oberste Priester, Gnadenstuhl und Fürsprecher vor Gott ist (Röm 8,34). Und der hat allein zugesagt, daß er unser Gebet erhören wolle. Das ist auch der höchste Gottesdienst nach der Schrift, daß man denselben Jesus Christus in allen Nöten und Anliegen von Herzen suche und anrufe: ›So jemand sündigt, haben wir einen Fürsprecher bei Gott, der gerecht ist, Jesus etc.‹ (1Joh 2,1).«

Auch die Schmalkaldischen Artikel von 1537 werten in Art. II die Anrufung der Heiligen als einen Missbrauch ohne Grundlage in der Heiligen Schrift.[130]

Die *katholische Kirche* hat sich von diesem Protest der Reformatoren nicht beeindrucken lassen. Für sie sind die Heiligen auch heute noch nicht nur Vorbilder, sondern auch himmlische Fürsprecher. Im katholischen Katechismus von 1993 heißt es:

---

der Kirche. Bekenntnistexte aus zwanzig Jahrhunderten, hrsg. von H. STEUBING in Zusammenarbeit mit J. F. G. GOETERS, H. KARPP und E. MÜLHAUPT, Wuppertal 1985, 48.

130 Der Abschnitt gehörte noch nicht zu Luthers Erstfassung der Artikel, sondern wurde in einer Sitzung mit anderen Reformatoren eingefügt. Vgl. Die Bekenntnisschriften der evangelisch-lutherischen Kirche, Göttingen 4. Aufl. 1959, XXIV und 424 f.

»Die Zeugen, die uns in das Reich Gottes vorausgegangen sind, besonders die von der Kirche anerkannten ›Heiligen‹, wirken an der lebendigen Überlieferung des Gebetes durch das Vorbild ihres Lebens, die Weitergabe ihrer Schriften und durch ihr gegenwärtiges Beten mit. Sie betrachten Gott, loben ihn und sorgen unablässig für jene, die sie auf Erden zurückließen [...] Ihre Fürbitte ist ihr höchster Dienst an Gottes Ratschluss. Wir können und sollen sie bitten, für uns und für die ganze Welt einzutreten.«[131]

Grundlage ihrer Fürsprecher-Rolle sind »die Verdienste [...], die sie durch den einen Mittler zwischen Gott und den Menschen, Christus Jesus, auf Erden erworben haben«.[132]

Was die Anzahl der *Feiertage* betrifft, die zusätzlich zum Sonntag einzuhalten waren, plädierten alle Reformatoren (die reformierten mehr als die Lutheraner) grundsätzlich für eine Reduktion. Für eine Beibehaltung des Stephanustages wirkte sich ungünstig aus, dass er mit dem zweiten Weihnachtstag zusammenfiel. Vor dem Hintergrund der Konkurrenz zwischen der Heiligenverehrung und der alleinigen Heilsbedeutung Christi musste Stephanus hier zum »Verlierer« werden. Immerhin sah die Kirchenordnung für Schleswig-Holstein von 1542 vor, dass an diesem Tag über das Amt der Diakonen und die Armenfürsorge gepredigt werden solle.[133] Und die Pfalz-Neuburger Kirchenordnung von 1543 empfiehlt die Gedenktage der Märtyrer mit folgender Begründung[134]:

---

131 Vgl. Katechismus der Katholischen Kirche, München etc. 1993, Nr. 2683.
132 Vgl. ebd. Nr. 956.
133 Vgl. LANSEMANN (s. o. Anm. 127) 149.
134 Vgl. ebd. 181.

»Also sein S. Peters, S. Pauls, S. Steffans und andrer heyligen aposteln und märtrer Fest eingesetzt zum gedechtnus, das sie Got [...] so gnedigklich zum glauben berüfft, jr sünd und schwacheyt verzigen, mit dem heyligen geyst begabt, erleucht und also gesterckt hat, das sie sein Namen frölich bekannt, seinen gebotten fleissig gefolget und umb seinen willen willigklich gestorben sein: auff das wir durch jr exempel gesterckt und gereytzt, gleiche gnad und güte vom jm gewarten und jm zu ehren und zu gefallen auch alles gern thun und leiden, was er uns befilhet und aufleget.«

Die reformierten Kirchen des 16. Jahrhunderts haben dagegen die Heiligentage völlig aufgegeben.[135]

Über die Sachlage in den 30er Jahren des 20. Jahrhunderts schreibt Lansemann[136]: »Im heutigen lutherischen Kirchenjahr fehlen die Heiligentage.«[137] Das ist für ihn »ein Verlust und eine bedauernswerte Verarmung«, und er schreibt:»Nicht einmal zur Zeit der Restauration der lutherischen Kirchen im vorigen Jahrhundert hat man einheitlich und ernsthaft versucht, die damals bereits völlig aus der Übung gekommenen Heiligentage wieder aufleben zu lassen.« Die noch zu besprechende Predigt von LUDWIG HOFACKER belegt allerdings, dass auch im 19. Jahrhundert am zweiten Weihnachtstag über Stephanus gepredigt werden konnte.[138] Sogar der ebenfalls noch zu bespre-

---

135 Vgl. ebd. 188.

136 ebd. 190.

137 Wohl aus diesem Grunde hat HELMUTH SCHREINER (1893–1962) für eine Predigt über den Stephanus-Bericht des Lukas das Pfingstfest gewählt; vgl. Von der Klarheit Gottes im Angesicht Jesu Christi. Predigten, Schwerin, 3. Aufl. 1934, 168–184.

138 Vgl. unten 157–161.

chende Vortrag FERDINAND CHRISTIAN BAURS über Stephanus von 1829, obwohl am 24. Dezember gehalten, kann als Beitrag zur »Verehrung« des Märtyrers verstanden werden. Gegen Ende heißt es da:

»Aus dem disputierten Sachverhalt lernt ihr, geschätzte Kommilitonen unserer Akademie, welch großer Zeuge der unermeßlichen Heilstaten jener Stephanus ist – Heilstaten, welche uns durch die ewige Liebe Gottes an diesen alljährlichen Festtagen gegeben sind, nicht im Sinne äußerlichen Feierns (*non externo cultu*), sondern geboren aus wahrer innerer Frömmigkeit (*vera pietate ex pectore nata*), und die zu ehren uns befohlen sind mit einem Herzen, das sich auf Ehrwürdiges ausrichtet!«[139]

Lansemann möchte keineswegs eine »Repristination« zugunsten der Heiligentage verlangen, findet jedoch Vorschläge des Berneuchener Kreises und Wilhelm Stählins bedeutsam, in der »festlosen« Hälfte des Kirchenjahres einige alte Heiligentage wieder zu beleben.[140] Den Berneuchener Vorschlag, auch den Stephanustag wieder zu feiern, weist er dagegen ausdrücklich zurück, wobei er sich auf Luther sowie auf die Lauenburger Kirchenordnung von 1585 berufen kann, aus der er zitiert[141]:

»Auff diesem Fest haben wir mit der Geburt CHristi, unsers HErrn, und nicht mit S. Stephano und Johanne dem Apostel und Evangelisten zu thun.«

---

139 Übersetzung von A. WECHSLER 1989. Zur inhaltlichen Problematik der im Zitat enthaltenen Antithese vgl. unten 128–133.
140 Vgl. a. a. O. (s. o. Anm. 127) 191.
141 Vgl. ebd. 193 f.

Und heute? Heute verzeichnet jeder Pfarrerkalender für den 26. 12. die Predigttexte, Liedvorschläge und liturgischen Farben sowohl für den zweiten Weihnachtsfeiertag als auch für den Stephanustag! Die Entwicklung, die dahin geführt hat, muss und kann an dieser Stelle nicht nachgezeichnet werden. Im *Evangelischen Gottesdienstbuch. Agende für die Evangelische Kirche der Union und für die Vereinigte Evangelisch-Lutherische Kirche Deutschlands* von 1999 heißt es (416):

»Das Gedächtnis des Erzmärtyrers Stephanus hat eine längere Tradition als das Weihnachtsfest. Es soll nicht völlig vom zweiten Weihnachtstag verdrängt werden, sondern nach Möglichkeit in einem Gottesdienst dieses Tages (eventuell am Abend) begangen werden.«

Das *DeutschlandRadioKultur* hat in diesem Sinne am 16. 12. 2011 eine Andacht von GÜNTER RUDDAT unter der Überschrift »›Ich sehe den Himmel offen‹ – der erste Märtyrer der Christenheit, Stephanus« gesendet, in der die lukanische Stephanusüberlieferung deutend nacherzählt wurde.

Im heutigen *katholischen Gottesdienst* deutscher Sprache wird am 26. Dezember das Andenken an den ersten Märtyrer in sorgfältiger Textauswahl und Wortwahl ans Herz gelegt. Das Tagesgebet liegt auf der Linie des von Augustinus gesetzten Akzentes:[142]

»Allmächtiger Gott, wir ehren am heutigen Fest den ersten
   Märtyrer deiner Kirche.
Gib, daß auch wir unsere Feinde lieben und so das Beispiel
   des heiligen Stephanus nachahmen, der sterbend für

---

142 S. o. 105–107.

seine Verfolger gebetet hat. Darum bitten wir durch Jesus Christus.«

Die erste Lesung beschränkt sich auf Apg 6,8–10 und 7,54–60 (nach der Einheitsübersetzung) und vermeidet es so, die fragwürdigen Motive und Verleumdungen der Gegner wiederzugeben. Als Evangelienlesung ist Mt 10,17–22 vorgesehen – unter Hervorhebung der Verheißung, die sich im Auftreten des Stephanus erfüllt hat: »Nicht ihr werdet (wenn ihr angeklagt werdet) reden, sondern der Geist eures Vaters wird durch euch reden.«
Das Schlussgebet lautet:

»Herr, unser Gott, wir danken dir für die Gnade dieser
    festlichen Tage.
In der Geburt deines Sohnes schenkst du uns das Heil;
Im Sterben des heiligen Stephanus zeigst du uns das
    Beispiel eines unerschrockenen Glaubenszeugen.
Wir bitten dich: Stärke unsere Bereitschaft, deinen Sohn,
    unseren Herrn Jesus Christus, standhaft zu bekennen,
    der mit dir lebt und herrscht in alle Ewigkeit.«

Auf dieser Linie liegt auch eine Initiative der (katholischen) *Deutschen Bischofskonferenz* von 2003, den Stephanustag dem Gebet für die verfolgten Christen in aller Welt zu widmen.[143] Dafür wird das folgende Fürbittgebet vorgeschlagen[144]:

---

143 Vgl. http://www.dbk.de/verfolgte-bedraengte-christen/gebet-vbc/fuerbitten-vbc/, abgerufen am 8.8.2013
144 Vgl. http://www.dbk.de/initiativen/solidaritaet/stefanus/index.html vom 15.8.2013.

Für die Brüder und Schwestern, die wegen ihres Glaubens benachteiligt und verfolgt werden: Gib ihnen Kraft, damit sie in ihrer Bedrängnis die Hoffnung nicht verlieren.
Gott unser Vater:
Alle: Wir bitten dich, erhöre uns.

Wir bitten auch für die Verfolger: Öffne ihr Herz für das Leid, das sie anderen antun. Lass sie dich in den Opfern ihres Handelns erkennen.
Gott unser Vater:
Alle: Wir bitten dich, erhöre uns.

Wir bitten für alle, die aus religiösen, politischen oder rassischen Gründen verfolgt werden: Sieh auf das Unrecht, das ihnen widerfährt und schenke ihnen deine Nähe.
Gott unser Vater:
Alle: Wir bitten dich, erhöre uns.

Wir bitten auch für die Kirche: Stärke unseren Glauben durch das Zeugnis unserer bedrängten Brüder und Schwestern. Mach uns empfindsam für die Not aller Unterdrückten und entschieden im Einsatz gegen jedes Unrecht.
Gott unser Vater:
Alle: Wir bitten dich, erhöre uns.

Wir bitten für alle, die mit dem Opfer ihres Lebens Zeugnis für dich abgelegt haben: Lass sie deine Herrlichkeit schauen.
Gott unser Vater:
Alle: Wir bitten dich, erhöre uns.

Gott unser Vater, im Gebet tragen wir das Leiden der Verfolgten vor dich und die Klage derer, denen die Sprache genommen wurde. Wir vertrauen auf dein Erbarmen und preisen deine Güte durch Christus unseren Herrn und Gott.
Alle: Amen.

Es bleibt abzuwarten, ob diese begrüßenswerte Initiative genügend Anklang findet. Die Evangelische Landeskirche von Württemberg hat sich per Synodalbeschluss vom 5. Juli 2007 dieser Initiative angeschlossen. Der Rat und die Kirchenkonferenz der EKD haben jedoch inzwischen den Sonntag Reminiszere in der Passionszeit als Gedenktag für verfolgte Christen vorgeschlagen.[145] Als Datum für einen solchen Tag der Fürbitte für verfolgte Mitchristen käme immerhin auch der von der Alten Kirche angenommene und ursprünglich auch als Gedenktag begangene Todestag des Märtyrers am 3. August in Frage.

Auch ein überkonfessioneller *Berliner Gebetskreis »verfolgte Kirche«*, der im Internet ausführliche Nachrichten über Diskriminierung und Gewalt gegenüber Christen sowie über darauf bezogene Veranstaltungen berichtet, versteht sein Anliegen vom Urbild des ersten Märtyrers Stephanus her: Seine Meldungen sind unter dem Stichwort *stefanus1m* aufzurufen.[146]

Einen anderen, weniger plausiblen Akzent setzte Papst *Benedikt XVI* in einer Ansprache am 26. 12. 2012: Er nannte den Märtyrer »ein Beispiel für alle, die sich in den Dienst der Neuevangelisierung stellen möchten«.[147] Das setzt die – von Lukas nicht bezeugte – Predigttätigkeit des Stephanus voraus. Einen missionarischen Akzent könnte man von Apg 8,4 her besser aus der paradoxen Wirkung der Verfolgung »Mission durch Migration« ableiten. In verschiedenen europäi-

---

145 Eine württembergische Handreichung für beide Termine findet sich unter http://www.elk-wue.de/fileadmin/mediapool /elkwue/dokumente/publikationen/Verf_Christen_2011.pdf.
146 Vgl. http://gebetskreis.files.wordpress.com/
147 Vgl. G. Ucka unter http://www.circolocarliano.de/Carla_ Ronci/Heilige.html vom 17. 8. 2013.

schen Ländern sind in den letzten Jahren durch Migranten aus außereuropäischen Ländern Gemeinden entstanden, deren Lebendigkeit auf die Bevölkerung des einstmals christlichen Abendlandes ausstrahlen könnte.

Ein für das Stephanus-Gedenken abträglicher Vorschlag stammt von Pfarrer *Tiki Küstenmacher*, der als geistreicher Karikaturist in kirchlichen Medien fast allgegenwärtig ist. Da er sich unter dem Slogan *Simplify Your Life* als Burnout-Bekämpfer verdient gemacht hat, ist es kein Wunder, dass er auch dem Stress der Weihnachtsfeiertage auf seine humorvolle Art den Kampf angesagt hat. In einem Fernsehspot schlug er einmal vor, die Bescherung vom Heiligen Abend auf den Stephanustag zu verlegen, um das Christfest vom damit verbundenen Stress zu entlasten (Immerhin betritt Stephanus ja die biblische Bühne als Verteiler von Liebesgaben!). Stattdessen sollte man m. E. besser den Nikolaustag am 6. Dezember wieder zum alleinigen Tag von Bescherungen machen. Dass »das Christkind« (im traditionellen Erscheinungsbild eher ein Engel als ein Baby) dem Nikolaus in dieser Hinsicht den Rang abgelaufen hat, soll auf Martin Luther und dessen Kritik an der Heiligenverehrung zurückgehen.[148] Der Reformator hat offenbar nicht vorausgesehen, dass diese Verlagerung vom eigentlichen Sinn des Weihnachtsfestes (dass Gott uns seinen Sohn schenkte!) ablenken könnte.

Zu den seltsamsten Seitentrieben der Stephanusverehrung gehört ein in Westfalen anzutreffender Brauch am Stephanustag, der sich »Stephanussteinigen« nennt, aber alles andere als ein Martyrium meint.

---

148   So Th. Gandow (s. u. Anm. 151) 32.

Er steht für eine Sauftour am zweiten Weihnachtstag. Vor gut zehn Jahren nahm eine Münsteraner Brauerei diese (Un-)Sitte zum Anlass einer Plakatwerbung mit dem Slogan »Auf den heiligen Stephanus« – garniert mit einem Bierglas und einigen Steinen. Ein Unterrichtsentwurf aus dem Religionspädagogischen Institut Loccum hat dieses Ereignis zum »Aufhänger« für eine Unterrichtseinheit zum Thema »Religion und Werbung« gemacht.[149] Auch die schon einmal erwähnte Radioandacht vom 26. 12. 2011[150] benutzte diesen »Casus« als Einstieg und beschrieb den Brauch so: »Bei diesem etwas seltsam anmutenden Brauch [...] hat jeder der zumeist jungen Männer einen Stein in der Tasche. Diesen Stein muss er beim Zug durch die Kneipen auf Anfrage auf die Theke legen. Kann er diesen Stein nicht vorweisen, kostet ihn das eine Lokalrunde.« Auf den »Dienst an den Tischen«, mit dem der historische Stephanus betraut wurde, lässt sich dieser Brauch wohl nicht zurückführen. Möglicherweise ist sein Ursprung darin zu sehen, dass Weihnachten früher häufig auch ein Zahltag für das Gesinde war.[151] Diese wirtschaftliche Funktion des Weihnachtsfestes in der Arbeitswelt konnte manche dazu verleiten, den »Weihnachtstaler« in Wirtschaften allzu schnell wieder auszugeben.

---

149 Vgl. B. Husmann, Auf den heiligen Stephanus – Märtyrer in der Werbung, http://www.rpi-loccum.de/hustep.html
150 S. o. Anm. S. 122.
151 Vgl. T. Gandow, Weihnachten. Glaube, Brauch und Entstehung des Christfestes, München 1993, 42.

1.2. Verkannt! Die zweite Leidensgeschichte des Stephanus – Forschungen zur Geschichte des Urchristentums

Eine zweite – nunmehr ideelle – Leidensgeschichte erlebte Stephanus im Mainstream moderner Forschungen zur Geschichte des Urchristentums. Sie war das Ergebnis von *Sympathien* für Stephanus, an denen der historische Stephanus keine Freude gehabt hätte. Die Quellen dieser fragwürdigen Identifikation mit Stephanus fallen zeitlich zusammen mit den überaus kreativen Anfängen der konsequent historischen Exegese des Neuen Testaments in der ersten Hälfte des 19. Jahrhunderts. In dieser hypothesenfreudigen Zeit wurde aus dem Opfer jüdischer Feindschaft ein Täter, nämlich ein Vorkämpfer der christlichen Distanzierung vom Judentum. Dabei wurde er zum Vorläufer des antinomistisch verstandenen Paulus stilisiert, auf den sich vor allem protestantische Theologen beriefen. Die Auswirkungen dieser Neuerfindung des Stephanus (auf Kosten der lukanischen Quelle) sind in Kommentaren und Abhandlungen bis heute zu spüren – über die Grenzen der protestantischen Bibelauslegung hinaus.[152]

Der Startschuss für diese Umdeutung der Stephanusgeschichte war ein Festvortrag des Tübinger Professors *Ferdinand Christian Baur* (1792–1860) zum

---

152 Vgl. C. C. HILL, Hellenists and Hebrews, Reappraising Division within ten Earliest Church, Minneapolis 1992, 57: »According-ing to Luke, the accusations against Stephen were set forth by *false* witnesses. Almost universally, commentators have assumed the opposite: that the supposed false witnesses were in fact telling the truth.« Ähnlich schon H.-W. NEUDORFER, Der Stephanuskreis in der Forschungsgeschichte seit F. C. Baur, 1983, 312.

Weihnachtsfest des Jahres 1829 mit dem Thema »Über die Anlage der von Stephanus nach Apg 7 gehaltenen Rede und über die Bedeutung dieses Erzmärtyrers in den Anfängen der christlichen Sache.«[153] Auf Lateinisch gehalten und publiziert, liegt sie m. W. bis heute nicht in deutscher Übersetzung vor, hat aber die Auslegung des lukanischen Berichts und die Vorstellungen von der Entwicklung des Urchristentums nachhaltig geprägt.[154] Im Gegensatz zu vielen neueren Exegeten zweifelt Baur hier (noch) nicht an der substantiellen Echtheit dieser Rede; vielmehr nimmt er an, dass der junge Paulus nicht nur ein Augenzeuge seines Martyriums, sondern auch ein »Ohrenzeuge« dieser Rede war.

Die Linie, auf der Baur die »einzigartige Bedeutung« des Stephanus für das Christentum verortet, wird schon am Ende des ersten Absatzes der Rede angezeigt durch die Metapher der »Beschränktheiten (*angustiae*) des Judentums«, aus denen er sich herausgewunden habe (4).

In einem ersten Gedankengang hinterfragt Baur die verbreitete Betrachtung der Rede als Apologie, weil die lange Nacherzählung der Geschichte Israels mit den Anklagen gegen ihn wenig zu tun habe. Die Erklä-

---

153 Das Titelblatt lautet: Festum Christi Natalitium *Anno MDCCCXXIX* in Academia Tubingensi pie celebrandum publico nomine indicit Facultatis Evangelico-Theologicae Collegium interprete D. Ferd., Christ. Baur. Inest commentatio *De orationis habitae a Stephano Act. Cap. VII. consilio, et de Protomartyris hujus in christianae rei primordiis momento. Adduntur critica quaedam de loco Act. XXI.20*, Tubingae Typis Hopferi de L'Orme.
154 Ich danke Herrn Prof. Otto Merk für die Überlassung der Kopie einer handschriftlichen Studie seines früh verstorbenen Schülers A. WECHSLER von 1989 über diesen Vortrag F. C. Baurs.

rung, dass der intendierte Schluss der Rede infolge des Tumults der Zuhörer ausgefallen sei, lässt Baur nicht gelten (9). Vielmehr stellt er die These auf, dass die Rede gar keine Verteidigung des Stephanus gegen die erhobenen Anklagen, sondern nur eine Verteidigung des Glaubens an Christus sei. Von ihrem Ende her gelesen, habe er zu zeigen versucht, »dass das Volk sich, je umfangreicher und glanzvoller die Wohltaten Gottes waren, immer umso trotziger und gottloser verhalten habe. Er macht die ganze Geschichte des jüdischen Volkes zum Zeugen dieser höchst betrüblichen Feststellung« (10). Dieses »umgekehrt proportionale« Verhalten der Juden erreicht angeblich seinen Höhepunkt *nach der Errichtung des Tempels* (keineswegs *mit* seiner Errichtung, wie neuere Exegeten häufig meinten). Inwiefern? Antwort: durch die irrige Meinung, »dass Frömmigkeit (*religio*) nur in einem äußerlichen Kult und mit ihm verbundenen Riten bestünde« (19). Die in Apg 7,48 ff. zitierten Prophetenworte dringen vielmehr darauf, dass »die Art und Weise der Gottesverehrung von äußeren Riten freier und dem menschlichen Geiste angemessener sein müsse« (21). Der Vorwurf gegen die Juden, sich beharrlich gegen den Geist Gottes gewehrt zu haben (V.51) deutet Baur nach seinem Schema so: »Je wirksamer Gott durch seinen heiligen Geist bei ihnen sein wollte, umso hartnäckiger und der wahren Frömmigkeit fremder versteiften sie (ihren) Sinn, indem sie an Äußerlichem festhielten, ohne jeden inneren Sinn für das Wahre« (22).

Auf diese Stilisierung des Gedankengangs der Rede folgt ein Vergleich mit den Reden des Petrus in den vorangehenden Kapiteln der Apostelgeschichte (24 ff.). Während Petrus nur die Messianität Jesu als solche im Alten Testament vorgezeichnet findet, um die Juden zu überzeugen, wertet Stephanus auch die Ablehnung

Jesu als einen Beweis für diese Messianität. Baur legt ihm die Worte in den Mund: »Jesus wäre nicht wirklich der Messias, wenn ihr Glauben an ihn hättet, – so fern von Gott ist euer Wesen« (sic!). Petrus versucht die Jerusalemer zu überzeugen und räumt ihnen bei aller Mitverantwortung für den Tod Jesu »Unwissenheit« als mildernden Umstand ein (vgl. Apg 3,17). Stephanus dagegen versucht gar nicht, die Haltung der Gegner Jesus gegenüber zu verändern. »Diese beiden ältesten Apologeten der christlichen Sache schlagen völlig verschiedene Richtungen ein« (26). Und weiter: »In unserer Apostelgeschichte sind zwei verschiedene Arten von Verteidigungsreden zu unterscheiden, die eine, die darauf vertraut, dass Christentum und Judentum miteinander versöhnt werden können, die andere, die keine Hoffnung mehr hat, die Einstellungen der Juden Jesus Christus gegenüber zu verändern, weil sie am gewöhnlichen Judentum festhalten« (27). Anschließend unterstellt Baur dem Stephanus die Erkenntnis, »wie groß der Unterschied sei zwischen der wahren, dem innerstem Geiste entspringenden Frömmigkeit und dem äußerlichen Tempelkult und den mit ihm verbundenen Zeremonien«, so dass es darum gehe, »den Glauben an Christus nach Möglichkeit aus den lästigen Fesseln des mosaischen Gesetzen herauszulösen« (28). Diese Einsichten bringt Baur damit in Verbindung, dass der Kreis der Hellenisten, zu denen Stephanus gehörte, nach Apg 11,19 ff. seine Mission »über die engen Grenzen des Judentums hinaus« auf Nichtjuden ausgedehnt habe, was Paulus dann fortgesetzt habe. Die Spannungen zwischen Hebräern und Hellenisten in der Jerusalemer Gemeinde seien schon die Anfänge des großen Unterschieds zwischen Judentum und Christentum gewesen: dort Partikularismus, hier Universalismus (31).

Paulus, der nach Baur diese Rede des Stephanus miterlebt hat und sogar ein »herausragender Initiator« (*praecipuus auctor*) seiner Ermordung war (33), hat nach seiner Bekehrung diese Impulse aufgenommen, so dass man sagen kann, dass Stephanus in ihm in noch schönerer Gestalt auferstanden sei (ebd.). Da schon Jesus in Joh 2,19 die Ablösung des jüdischen Tempelkultes durch eine neue Religion angekündigt hatte und anderseits dem Paulus in Apg 21,27 nachgesagt wird, dass er überall gegen das (jüdische) Volk, das Gesetz und den Tempel agitiere, kommt Baur zu dem Schluss, dass Stephanus in der Auseinandersetzung zwischen Christentum und Judentum einen Platz zwischen Jesus und Paulus einnimmt (34f.).

Mit dieser Gegenüberstellung von Christentum als universalistischer Religion der Innerlichkeit und Judentum als partikularistischer Religion der Äußerlichkeit und Gesetzlichkeit wurden Stephanus und Paulus zu Stiftern und Heiligen des idealistisch geprägten Neuprotestantismus. Gleichzeitig kündigt sich in diesem Vortrag F. C. Baurs Theorie der Geschichte des frühen Christentums als dialektischem Prozess an: von der »These« des partikularistischen Judenchristentums (unter Führung des Petrus) über die »Antithese« des universalistischen Heidenchristentums (unter Führung des Paulus) hin zur »Synthese« des Frühkatholizismus (Lukas und andere Spätschriften des Neuen Testaments).

Bemerkenswert ist, dass Baur an seinem Portrait des Stephanus von 1829 auch dann noch festhielt, als er später die Historizität der Gerichtsszene und der Rede des Stephanus in Apg 6–7 bezweifelte. Noch in der posthum von Eduard Zeller herausgegebenen 2. Auflage von Baurs *Magnum Opus* »Paulus, der Apostel Jesu Christi. Sein Leben und Wirken, seine

Briefe und seine Lehre« (Leipzig, 1866) heißt es (66/67):

»Bei allem diesem kann es gleichwohl keinem Zweifel unterliegen, dass die Polemik des Stephanus gegen den jüdischen Nationalcultus die Ursache des Ausbruchs der heftigen Erbitterung war, deren Opfer er wurde [...] Das Falsche in dem Zeugniss der falschen Zeugen kann sich daher nur auf die Form beziehen, in welcher sie ihre an sich wahre Beschuldigung vorbrachten [...] In dieser Anklage [...] fassten unstreitig schon die jüdischen Gegner das auf, worin sie die richtige Ahnung von der ihrer Religion durch das Christentum bevorstehenden grossen Veränderung hatten. Dass das Wesen der wahren Religion nicht in den äusseren Formen eines an einen bestimmten Ort gebundenen Tempelcultes bestehen könne, war der grosse Gedanke, in welchem das Judenthum schon damals durch das Christenthum sich aufgehoben sah. Diese nothwendige Losreissung des Christenthums vom / Judenthum, wodurch das Judenthum als absolute Religion negirt und sein endlicher Untergang [sic!] herbeigeführt wurde, war in Stephanus zum Bewusstsein gekommen.«

Offenbar hat Baur nicht ernsthaft zur Kenntnis genommen, dass das Judentum auf seine Weise sehr wohl die Zerstörung des Zweiten Tempels verkraftet und Gottesdienstformen entwickelt hat, die an jedem beliebigen Ort möglich sind, wo eine Mindestzahl von Gemeindegliedern zusammenkommt. Aber seine Rede vom »endlichen Untergang« des Judentums zeigt ja, von welcher Blindheit er geschlagen war.

Der nur auf Lateinisch publizierte Stephanusvortrag des aufstrebenden Tübinger Professors wurde in der Gelehrten-Republik des deutschen Protestantismus mit offenen Ohren aufgenommen. Er hatte anscheinend einen Ton angeschlagen, der irgendwie in der Luft lag, vermutlich vor allem mit dem vorausgesetzten Bild des antiken (und nicht nur antiken) Judentums.

In der *Geschichte der Pflanzung und Leitung der christlichen Kirche durch die Apostel* von *August Neander* (1. Auflage 1832) heißt es:

»Das Synhedrium hatte geglaubt, das Umsichgreifen der neuen Sekte hemmen zu müssen, aber von einer aus der Mitte des Volks hervorgehenden Aufregung hatte sich noch keine Spur gezeigt; es musste also etwas Neues dazwischen gekommen sein, wodurch die Anerkennung Jesu als des Messias Denen, welche an der hergebrachten Religionslehre festhielten, etwas so Gehässiges wurde. Und diese schon an sich begründete Voraussetzung wird bestätigt durch die von diesen gegen Stephanus erbitterten Leuten herrührende Anklage gegen ihn [...] Die Beschuldigung der gegen Moses vorgetragenen Lästerungen läßt darauf schließen, daß Stephanus z u e r s t [gemeint ist: als erster] das Evangelium im Gegensatz mit dem mosaischen Gesetz vorgetragen, gegen die rechtfertigende Macht und die immerwährende Geltung des Gesetzes gesprochen haben wird.«[155]
»Stephanus wird, wie nachher Paulus, [...] nachzuweisen gesucht haben, daß dem Gesetze von dem gewöhnlichen jüdischen Standpunkte zu viel zugeschrieben werde [...] Der ganze alttestamentliche religiöse Standpunkt beruhte ja darauf, daß die Religion in den Schranken des Raums und der Zeit befangen war, an gewisse Orte und Zeiten nothwendig gebunden sein sollte. Die Polemik gegen die Ueberschätzung des Gesetzes mußte daher den Stephanus auch zur Bestreitung der Ueberschätzung des Tempels hinführen.

---

155 Ich zitiere nach der mir vorliegenden 5. Auflage, Gotha 1862, 63.

Durch ihn wurde zuerst [= erstmals] erkannt und ausgesprochen, daß ein ganz neuer Standpunkt der Entwickelung des Reiches Gottes von innen heraus durch Christus herbeigeführt, eine rein geistige, das ganze Leben auf gleiche Weise umfassende Gottesverehrung, deren Grundlage und Mittelpunkt der Glaube an ihn selbst bildet, durch ihn gestiftet werden sollte.«[156]

Anschließend (65 Anm. 2) merkt Neander an, dass er den Anstoß zu dieser Sicht des Stephanus als »Vorgänger des großen Paulus« dem »scharfsinnigen und geistvollen Weihnachtsprogramm« Baurs von 1829 verdankt. Aus der von Jesus geweissagten Zerstörung des Tempels soll Stephanus nach Neander geschlossen haben:

»So werde dann mit diesem einzigen irdischen Heiligthume das ganze äußerliche Judenthum hinfallen und die Theokratie sich aus ihrer irdischen, beschränkenden Hülle verklärt und vergeistigt erheben.«[157]

Dass Lukas dahingehende Vorwürfe gegen Stephanus falschen Zeugen zuschreibt, wird auf böswillige Verdrehung und Übertreibung reduziert; Stephanus müsse »wohl durch das, was er sagte, eine Veranlassung gegeben haben, seine Reden so zu verdrehen«[158]. Den Schluss der Rede versteht Neander als

»Polemik gegen die Ueberschätzung des Tempels durch den fleischlichen Sinn der Juden, gegen die engherzige, sinnliche, das Wesen der Religion an den Tempel bindende Rich-

---

156 Ebd. 64.
157 Ebd. 66.
158 Vgl. ebd. 67.

tung [...] (S)o konnte er nun zu dem Wesen der wahren geistigen Gottesverehrung übergehen, von den Propheten reden, welche im Kampfe mit dem hartnäckigen, fleischlichen Sinne der Juden davon gezeugt hätten, von dem Messias, durch den diese ächte Gottesverehrung in der ganzen Menschheit begründet werden sollte.«[159]

Diese Urteile über das Judentum sind bemerkenswert vor dem biographischen Hintergrund, dass Neander (1789–1850) in einer jüdischen Kaufmannsfamilie als David Mendel geboren wurde, sich als 17-Jähriger nach der Lektüre von Schleiermachers *Reden über die Religion* unter neupietistischem Einfluss taufen ließ und dabei einen christlichen Namen annahm (in Anlehnung an den Liederdichter Joachim Neander).[160] In der fünften dieser Reden »Über die Religion« hatte Schleiermacher geschrieben: »Der Judaismus ist schon lange eine tote Religion, und diejenigen, welche jetzt noch seine Farbe tragen, sitzen eigentlich klagend bei der unverweslichen Mumie und weinen über sein Hinscheiden und seine traurige Verlassenschaft.« Er ist »ein so merkwürdiges Beispiel von der Korruption und vom gänzlichen Verschwinden der Religion aus einer großen Masse, in der sie sich ehedem befand«.[161] Wer wie Schleiermacher schon das antike Judentum als abgestorben betrachtete,[162] hatte wenige Hemmungen, die Position des Stephanus auf der Linie der von

---

159 Vgl. ebd. 71.
160 Vgl. http://de.wikipedia.org/wiki/August_Neander vom 15. 2. 2013.
161 Zitiert nach: F. Schleiermacher, Über die Religion. Reden an die Gebildeten unter ihren Verächtern. In der Ausgabe von Rudolf Otto, 8. Aufl. Göttingen 2002, 191 (im Original 286–287).
162 Vgl. ebenda 193 (im Original 291).

Lukas zitierten Anklagen als unvereinbar mit »der hergebrachten Religionslehre« zu bestimmen.[163]

Dass *Eduard Zeller* (1814–1908) das Stephanusbild F. C. Baurs übernahm und verbreitete, verwundert nicht; denn durch sein Studium in Tübingen (ab 1831) wurde er dessen Schüler und ab 1847 dessen Partner als Mitherausgeber der *Theologischen Jahrbücher*. Seine Lehrtätigkeit als Professor der Theologie stieß auf Bedenken von Regierungsseite, so dass er ab 1849 in Marburg, Heidelberg und (am längsten) in Berlin Philosophie lehrte und sich dabei großes Ansehen erwarb.[164] Sein Werk *Die Apostelgeschichte nach ihrem Inhalt und Ursprung kritisch untersucht*[165] stammt aus der Marburger Zeit seines erzwungenen Übergangs von der Theologie zur Philosophie, was sich im Vorwort deutlich und ausführlich niedergeschlagen hat.

Was die Rede des Stephanus betrifft, so bezeichnet Zeller seinen Lehrer Baur als den »ersten Entdecker ihres eigentlichen Zwecks und Zusammenhangs«. Er betont ihren Unterschied »von allen früheren, überhaupt von den mehr oder weniger judaisirenden Apologieen der Apostelgeschichte« (148). Wie Baur liest er in sie den Vorwurf der »Undankbarkeit des Volkes« hinein (149). Allerdings schließt sich Zeller (in Auseinandersetzung mit Neander) dem späteren Zweifel

---

163 Vgl. auch F. D. E. Schleiermacher, Über die Glaubenslehre. Zwei Sendschreiben an Lücke, in: Ders., Theologische Abhandlungen und Gelegenheitsschriften, hrsg. v. Hans-Friedrich Traulsen unter Mitwirkung von Martin Ohst, Berlin / New York 1990, 307–394, hier 354: »Diese Ueberzeugung, daß das lebendige Christenthum in seinem Fortgange gar keines Stützpunctes aus dem Judenthum bedürfe, ist in mir so alt, als mein religiöses Bewußtseyn überhaupt.«
164 Vgl. http://wikipedia.org/wiki/Eduard_Zeller vom 15. 2. 2013.
165 Stuttgart, 1854.

Baurs an der Historizität der Rede und der ganzen Gerichtsszene an, womit eigentlich ein Teil der Textbasis für die schroff antijüdischen Züge in Baurs Stephanusbild wegfällt. Dass trotzdem an den Anklagen gegen ihn etwas »dran« gewesen sein muss, schließt Zeller daraus, »dass gerade gegen ihn die erste Verfolgung von Seiten der gesetzeseifrigen pharisäischen Parthei ausbrach« (146). Die psychologisch plausible Erklärung dieser Anklagen, die Lukas angibt, wird mit keinem Wort erwähnt. Wo Geschichte konsequent als »Geistesgeschichte« verstanden wird, können nicht-theologische Faktoren keine Rolle gespielt haben.[166]

Auch unabhängig von vorgefassten Geschichtstheorien ist zu beobachten, dass die Vorwürfe gegen Stephanus immer wieder für mindestens teilweise berechtigt hingestellt werden, weil ohne einen sachlichen Grund auf seiner Seite sein Schicksal nicht erklärbar sei.[167] Die Logik dieses Arguments erinnert an Haltungen gegenüber der nationalsozialistischen Judenverfolgung, wonach so viel Hass auch irgendeine Ursache auf Seiten der Opfer gehabt haben muss.[168] Dass die Feindschaft seiner Gegner ihren eigentlichen

---

166 Anders H. A. W. Meyer in der 2. Auflage seines Kritisch-exegetischen Kommentars über das Neue Testament, 3. Abtheilung die Apostelgeschichte umfassend, Göttingen 1854, 126: »Wie man früher (Matth. 26,61) einen Ausspruch Jesu (Joh 2,19.) verfälscht hatte, um ihn als Rebellen gegen die Theokratie erscheinen zu lassen: so wird auch hier irgend ein uns jetzt unbekannter Ausspruch des Stephanus [...] so verdreht, dass Steph. nun als Herold einer durch Jesum zu bewerkstelligenden Revolution gegen den Tempel und gegen das Gesetz und die Institute Mose's erscheint.«

167 So schon F. C. Baur, Paulus, der Apostel Jesu Christi, 2. Aufl. Leipzig 1866, 49.

168 Vgl. Th. W. Adorno, Studien zum autoritären Charakter, Frankfurt 1973, 140 f.

Grund in deren Verschlossenheit für das Christuszeugnis des Stephanus haben könnte, wird ausgeschlossen, obwohl auch Paulus allein aus diesem
Grunde nach Apg 9,28f. in Lebensgefahr geriet. Der
verdienstvolle Forschungsbericht zu Stephanus von
HEINZ-WERNER NEUDORFER nennt aus der zweiten
Hälfte des 19. Jahrhunderts nur zwei Ausleger der
Apostelgeschichte, die die Anklagen gegen Stephanus
für unbegründet hielten.[169]

Die These F. C. Baurs, wonach der Rückblick des Stephanus auf die Geschichte Israels eine zunehmende
Undankbarkeit für zunehmende Wohltaten erkennen
lasse, wird in dem Kommentar von *Erwin Preuschen*
(1867–1920) zur Apostelgeschichte (1912) aufgenommen und mit einer neuen Konsequenz versehen:

»St. will nachweisen, daß trotz der großen Wohltaten Gottes
das jüdische Volk stets undankbar war und daher sein An-
recht auf Bevorzugung verscherzt hat.«[170]

Die Frage, wieso die Vorwürfe gegen Stephanus als
verlogen bezeichnet werden, »erledigt sich« nach
Preuschen »dadurch, daß jede Christus feindliche
Aussage als *pseudomartyria* galt, weil sie den Geist läs-
terte«.[171]

Auch im weiteren Verlauf der Stephanusforschung
wurden die Vorwürfe gegen Stephanus oder die ganze

---

169   Vgl. H.-W. NEUDORFER, Der Stephanuskreis in der Forschungs-
      geschichte seit F. C. Baur (Diss. Tübingen 1982), Gießen/Basel
      1983, 271: Gotthard Victor Lechler (1862) und Otto Zöckler
      (1894).
170   Vgl. E. PREUSCHEN, Die Apostelgeschichte (HNT IV,1), Tübin-
      gen 1912, 38.
171   Vgl. ebd.; (ohne Umschrift des griechischen Wortes).

Gruppe der hellenistischen Judenchristen als zutreffend betrachtet, wobei der Ursprung dieser Sicht bei F. C. Baur weitgehend in Vergessenheit geriet. Ein einflussreiches Beispiel dafür ist das posthum herausgegebene Werk von *Johannes Weiß* (1863–1914), Das Urchristentum (1917).[172] Den hellenistischen Teil der Jerusalemer Gemeinde bezeichnet Weiß auf der Grundlage der kulturellen Voraussetzungen dieser Diasporajuden als »ein freieres, weitertreibendes Element«. Aus dem von Gegnern verbreiteten Image des Stephanus schließt auch er bedenkenlos auf dessen historisches Profil:

»Es ist nun bezeichnend, daß die stärkste Opposition sich nicht entzündet an seiner Predigt vom Messias Jesus, sondern daran, daß er von der Parusie Jesu eine gründliche Änderung ›der Sitten, die uns Mose überliefert hat,‹ erwartet. Er scheint also die reformatorische, antipharisäische, vielleicht darf man sagen: antigesetzliche Seite der Predigt Jesu stärker betont zu haben, als die alten Jünger; er sieht ihn mehr mit den Augen der jüdisch-hellenistischen Aufklärung […] Seine Kritik des Gesetzes und Gesetzgebers muß scharf und sogar für Hellenisten verletzend gewesen sein […]«

Weiter heißt es:[173]

»Am meisten verletzte aber, daß er verkündigte, Jesus werde ›diese Stätte‹ zerstören […] So war dies Auftreten des Stephanus etwas Neues, und man begreift, daß es den hellenistischen Juden ein Leichtes war, mit diesen Ketzereien die

---

172 Vgl. J. Weiss, Das Urchristentum. Nach dem Tode des Verfassers herausgegeben und am Schlusse ergänzt von D. Rudolf Knopf, Göttingen 1917, im Folgenden zunächst nach 121.

173 Ebd. 122.

jerusalemischen Massen und die Männer des Gesetzes und der Ordnung gegen die Person des Stephanus aufzuhetzen.«

Aus der Plausibilität der Anklagen für eine damalige jüdische Öffentlichkeit wird unter der Hand die Plausibilität einer Rekonstruktion des ganzen Konflikts um Stephanus, die das Zeugnis der einzigen antiken Quelle ohne Not bei Seite schiebt.

Der Herausgeber *Rudolf Knopf* (1874–1920) selber übernimmt die Hervorhebung der Tempelfeindschaft, verschärft das aber wie F. C. Baur im Sinne einer grundsätzlichen Tempelkritik, über die bloße Ankündigung seiner Zerstörung hinaus. Ein besonders deutlicher Anklang an F. C. Baurs Vortrag von 1829 ist wie bei Preuschen das Motiv der fortgesetzten Undankbarkeit Israels in seiner Geschichte:

»Nach der Darstellung der Apgsch hielt der angeklagte Stephanus eine Rede, in der er nicht nur dem Volke seinen steten Undank gegen Gottes Wohltaten vorhielt, sondern auch Tempel und Tempelkult schroff verwarf und das gegenwärtige Geschlecht, seine Ankläger und Richter, als würdig ihrer prophetenmordenden Ahnen bezeichnete. Seine Worte, weit davon entfernt, eine Rechtfertigung oder Entschuldigung zu bringen, bestätigten die Anklage.«[174]

Aus den 20er Jahren ist das sehr populäre Paulusbuch von *Ludwig Schneller* von 1926 erwähnenswert, in dem es heißt:

---

174 R. KNOPF, Einführung in das Neue Testament. Bibelkunde des Neuen Testaments. Geschichte und Religion des Urchristentums, (1919, 3. Aufl. 1929) 295.

»Stephanus wurde durch die Einwürfe der Gegner dazu gedrängt, in klaren, unumwundenen Worten zu erklären, dass in Jesu das Alte Testament erfüllt sei und damit die Judenreligion jede Berechtigung vor Gott verloren habe.«[175]

Von den allgemeinverständlichen Auslegungen der Apostelgeschichte hat das Buch des späteren Bischofs *Otto Dibelius*, Die werdende Kirche (1938) weite Verbreitung gefunden. Sein Abschnitt über Stephanus hebt sich darin positiv von den meisten anderen ab, dass der Zusammenhang zwischen den Disputationen und der Diffamierung als plausibel gewürdigt wird:

»Öffentliche Disputationen führen nie dazu, daß der eine durch den andern überwunden wird. Sie können im günstigen Falle die Fragen klären, um die es geht. In der Regel führen sie dazu, daß eine der beiden Seiten, nachdem sie gesehen hat, daß der Gegner mit geistigen Waffen nicht zu überwinden ist, nunmehr zu anderen Waffen greift.«[176]

Aber dann wird die Rede von »falschen Zeugen« trotzdem relativiert:

»Selbstverständlich hat Stephanus Dinge gesagt [...], die dem Ohr der strengen Juden Gotteslästerungen bedeuten mußten. Denn Gotteslästerung war für den Juden alles, was gegen Gottes Zeugnisse und Ordnungen gesagt wurde: gegen das Gesetz, gegen den Tempel, gegen den Opferdienst. Wie soll Stephanus, wenn er den Christus Jesus verkündigte, nicht gesagt haben, daß in diesem allein Heil und Rettung ist, also nicht im Tempel, nicht in den Opfern, nicht in der Erfüllung des Gesetzes!«

---

175 Vgl. L. SCHNELLER, Paulus. Das Leben des Apostels, Leipzig 1926, 22.
176 Vgl. 5. Auflage, Hamburg 1951, 88.

Aber woher weiß Dibelius, dass im damaligen Judentum dem Gesetz und dem Opferkult im Tempel die
Heilsbedeutung zugeschrieben wurde, um die es im
Evangelium geht? Haben nicht Johannes der Täufer
und Jesus die Heilsfrage *erstmals* im radikalen und
eschatologischen Sinne gestellt? *Musste* sich das damalige Judentum diesem Impuls verschließen? Der
Täufer und Jesus hatten für die Ablehnung ihrer Botschaft durch viele Juden nicht so viel Verständnis.

Um »Gerechtigkeit« gegenüber den Verleumdern
und Anklägern des Stephanus bemüht sich auch *Hermann Wolfgang Beyer* (1898–1942) in seinem Kommentar zur Apostelgeschichte von 1935[177]:

»Die Behauptung, daß die Zeugen (sc. im Prozess gegen
Jesus) ›falsch‹ gewesen seien, wird ihnen freilich ebenso
wenig gerecht, wie es die Apg. gegenüber den Anklägern
des Stephanus ist. Denn nach dem Inhalt seiner nun folgenden Rede sind der Tempel und das Gesetz wirklich An-
griffspunkte für seine Beurteilung der jüdischen Geschichte
und Frömmigkeit gewesen. Die Behauptung, Jesus würde
das Ende des Tempels und des mosaischen Gesetzes bringen, paßt durchaus in die Gedankenwelt der hellenistisch-
christlichen Frömmigkeit, die uns als die Kraft, welche die
innere Geschichte des Christentums vorwärts getrieben hat,
in diesem und den folgenden Kapiteln der Apg. entgegen-
tritt.«

Das Wort von der Zerstörung des Tempels »ist im Munde
des Stephanus ein starkes Bekenntnis zu der Herrscher-
macht Jesu, mit dem eine Zeit neuer Anbetung und neuen
Lebens angebrochen ist«.

---

177 Vgl. Die Apostelgeschichte übersetzt und erklärt, Göttingen,
     8. Aufl. 1957, 46.

Wie sicher manche Ausleger vom Schicksal des Märtyrers auf die eigene Schuld des Opfers zu schließen bereit sind, belegen auch die folgenden Beispiele:

Eduard Schweizer (1974) setzt in einem Aufsatz, der
primär von anderen Bibelstellen handelt,[178] als *commu-
nis opinio* voraus:

»Die Rede von Apg 7 [...] ist ja als ganze Polemik gegen eine
Frömmigkeit, die vom Tempel und seinem Kult das Heil erwartet. Dabei scheint wenigstens 6,14 vorauszusetzen, daß
nicht allein das Ritualgesetz, sondern das Mosegesetz im
weiteren Sinn Zielscheibe des Kampfes war. Beides läßt sich
auch kaum trennen, und nur so ist die scharfe Verfolgung
der Stephanusgruppe verständlich.«

»Verständlich« ist hier gleichbedeutend mit »als berechtigt erklärbar«!

So schon *Walter Schmithals* (1963):

»Die Gesetzeskritik der ›Hellenisten‹ muß grundsätzlicher
Natur gewesen sein und an die Grundlagen der jüdischen
Existenz gerührt haben, wenn die Spaltung in der Urgemeinde und die blutige Verfolgung der Hellenisten Erklärung finden sollen.«[179]

Ähnlich *Günter Klein* (1984):

»Das theologische Profil dieser hellenistischen Gemeinde
läßt sich zwar nicht aus der Stephanusrede [...], wohl aber

---

178   Vgl. E. Schweizer, »Der Jude im Verborgenen ..., dessen Lob
       nicht von Menschen, sondern von Gott kommt«. Zu Röm
       2,28 f. und Mt 6,1–18, in: Neues Testament und Kirche. Für Ru-
       dolf Schnackenburg, hrsg. v. J. Gnilka, Freiburg/Basel/Wien
       1974, 115–124.
179   Vgl. W. Schmithals, Paulus und Jakobus, Göttingen 1963, 15.

mit Vorsicht aus der Anklage gegen Stephanus [...], mit Sicherheit aus der Tatsache seines Martyriums [...] erheben [...].
Verständlich werden die Vorgänge nur unter der Voraussetzung, daß die ›Hellenisten‹ das Gesetz grundsätzlich für aufgehoben erklärten und damit jede religiöse Vorrangstellung Israels bestritten.«[180]

Am Rückschluss vom Schicksal des Stephanus auf eine für das antike Judentum nicht tragbare Position beteiligte sich zunächst auch *Jürgen Becker* in seinem Paulusbuch von 1989:

»Stephanus kam in tödliche Kollision mit dem Judentum [...] Man kann aber mit der jüdischen Religion nur ernsthaft in Konflikt geraten, wenn man sich offenkundig am Gesetz vergeht. So wird an der lukanischen Angabe in Apg 6,11.13 im Prinzip etwas Richtiges sein [...]«[181]

Durch das Reden von »dem Judentum« und »der jüdischen Religion« wird hier der Stephanuskonflikt wie schon bei F. C. Baur in den Rang einer Grundsatzentscheidung zwischen Judentum und Christentum erhoben, was der sorgfältig differenzierenden Darstellung der Apostelgeschichte nicht gerecht wird. Lukas unterscheidet ja zwischen den *Motiven* ganz bestimmter Gegner des Stephanus und den von ihnen verbreiteten *Gerüchten* und dann den etwas anders formulierten *Anklagen* und lässt dabei erkennen, dass eine möglichst breite Front aus verschiedenen jüdischen Gruppen gegen Stephanus mobilisiert werden soll. Er-

---

180 Vgl. G. KLEIN, Art. Gesetz III. Neues Testament, TRE XII (1984) 58–75, hier 62.
181 Vgl. J. BECKER, Paulus. Der Apostel der Völker, Tübingen 1989, 66f.

freulicherweise hat Becker in einer späteren Veröffent-
lichung (1997) diese Sicht korrigiert: In Analogie zu
sonstigen Anklagen gegen Christen, von denen Lukas
berichtet, und angesichts der lukanischen Beispiele für
Tempel- und Gesetzestreue der Apostel kommt er zu
dem Schluss:

»Ein aufmerksamer Leser kann also Lukas nur so verstehen,
daß die Anklage gegen Stephanus absurd ist. Das verbietet
es, die Anklage ganz oder teilweise historisierend aus-
zuwerten. Sie hilft also nicht, Stephanus eine gesetzes-
und/oder tempelkritische Haltung zuzuerkennen.«[182]

Am Schluss seiner Besprechung der Stephanustradition distanziert sich Becker ausdrücklich von der
Baur'schen Tradition:

»Jedenfalls hat der seit F. Ch. Baur beliebte Trend, Apostelkreis und Stephanuskreis irgendwie auch in theologischer
Antithese zu sehen, bei Lukas keinen Anhalt. Natürlich darf
man hier Lukas kritisch gegenlesen. Aber der Widerspruch
muß begründet werden. Das vorgetragene Stephanusbild
bedarf keiner Christologie zur Begründung, u. a. weil Stephanus weiter, wie die gesamte bis dahin existierende Christenheit, innerjüdisch denkt.«[183]

---

182 Vgl. J. BECKER, Endzeitliche Völkermission und antiochenische
     Christologie, in: Eschatologie und Schöpfung. Festschrift für
     Erich Gräßer zum siebzigsten Geburtstag, hrsg. v. M. EVANG,
     H. MERKLEIN u. M. WOLTER, Berlin / New York 1997, 1–21, hier
     10.
183 Vgl. a. a. O. 13. Ganz unabhängig von Apg 6 f. vermutet Becker
     hier aufgrund der späteren Missionstätigkeit der »Hellenis-
     ten«, dass auch Stephanus schon das Evangelium über
     die Grenzen des Judentums hinaustragen wollte. Das ist denk-
     bar, rechtfertigt aber nicht den Schluss: »Insofern geht es also

Dass Lukas nur das erzählt, was er seiner Leserschaft weitergeben will, und dabei Belastendes wohlweislich verschweigt, ist bei einem Schriftsteller, der wie er nicht nur für Insider schreibt, selbstverständlich anzunehmen. Das Verschwiegene herauszufinden, ist aber ein schwieriges Unterfangen, und bloße Vermutungen dürfen nicht schwerer wiegen als klare Aussagen unserer Quellen.

Bei *Walter Grundmann* (1939) verband sich die Übernahme der Baurschen Tradition mit aktuellen antijüdischen Aktivitäten[184]:

»Daß Jesus von einer Heilsbedeutung der Thora nichts wissen wollte, sondern sie verneinte, ist durch die Grundzüge seiner Verkündigung und die Polemik mit dem Judentum erwiesen. Wir können nicht anders urteilen, als daß Stephanus mit seiner Betonung der Freiheit von Gesetz und Tempel Jesus sehr gut verstanden hat und seinen Weg konsequent weitergeht […] Im engen Anschluß an Jesu Auseinandersetzung mit dem Judentum (Lc 11 47 ff. Mc 12 1 ff.) beschuldigt er das Judentum des Prophetenmordes und erweist das von neuem durch den Justizmord an Jesus. Im Festhalten am Tempel erkennt er die gleiche Halsstarrigkeit, wie sie im Verhalten den Propheten und Jesus gegenüber zum Ausdruck kommt. Es ist nicht unwahrscheinlich, daß Stephanus Jesus gekannt und gehört hat. Weil er ihn dabei verstanden hat, wurde er sein erster Märtyrer […]«[185]

---

um einen Gesetzeskonflikt.« Enthält die Torah ein Missionsverbot?

184 Vgl. R. Deines, V. Leppin, K.-W. Niebuhr (Hrsg.), Walter Grundmann. Ein Neutestamentler im Dritten Reich, Leipzig 2007.

185 Vgl. W. Grundmann, Das Problem des hellenistischen Christentums innerhalb der Jerusalemer Urgemeinde, ZNW 38 (1939) 45–73, hier 64.

Welche *Interessen* hinter dieser Rezeption der Stephanusüberlieferung standen, zeigen Formulierungen über die Jerusalemer Hellenisten um Stephanus auf der folgenden Seite (65):

»Die Art ihres Christentums und die gegen Gesetz und Tempel gezogenen Konsequenzen lassen sich gar nicht anders verstehen als (erg.: als) der eindeutige Protest gegen die unter dem Einfluß des judaistischen Elements in Jerusalem begonnene Judaisierung der Botschaft, die Jesus verkündigt hatte.«[186]

Aber auch ein Gelehrter, der über den Verdacht des Antijudaismus erhaben war, – *Martin Hengel* (1926–2009) – deutet die (seines Erachtens unhistorische) Stilisierung des Stephanuskonflikts zu einem Prozess vor dem Synhedrium als den Beginn einer »Abrechnung mit dem offiziellen Judentum, die sich in [Apg] 28,26f. (= Jes 6,9f.) vollendet«.[187] Er verlegt das ganze Geschehen (wie schon der spätere F. C. Baur) in das Milieu der hellenistisch-jüdischen Synagogen und vermutet (im Anschluss an Wellhausen) einen Fall von Volksjustiz im Geiste der Zeloten. Auch Hengel hält die Anklagen gegen Stephanus (im Gegensatz zur

---

186 Zu der v. a. von E. Stauffer vertreten These einer Rejudaisierung der Jesusüberlieferung vgl. H. Hübner, Das Gesetz in der synoptischen Tradition: Studien zur These einer progressiven Qumranisierung und Judaisierung innerhalb der synoptischen Tradition, 2., erw. Aufl. Göttingen 1986.

187 Vgl. M. Hengel, Zwischen Jesus und Paulus. Die ›Hellenisten‹, die ›Sieben‹ und Stephanus (Apg 6,1–15; 7,54–8,3), ZThK 72 (1975) 151–206, hier 188. Ähnlich E. J. Richard, The Polemical Character of the Joseph Episode: JBL 98 (1979) 255–267, hier 265: »The Stephen speech [...] is, among other things, a farewell speech to Judaism.«

Rede) für historisch aussagekräftig[188] und den Märtyrer für einen »in flagranti überführten Gotteslästerer und Verführer«[189]. Diesen Wahrheitskern der Anklagen verortet Hengel allerdings näher bei gesetzeskritischen Inhalten der Jesusüberlieferung als bei der weiter reichenden Gesetzeskritik des Paulus.[190] An anderer Stelle behauptet Hengel, dass »die aggressive Verkündigung der ›Hellenisten‹ in den griechischsprachigen Synagogen Jerusalems zur Lynchjustiz an ihrem Führer Stephanus und zur Vertreibung der Gruppe führte«.[191] Auch Hengel erklärt damit das Opfer zum Täter! Aber zwischen intellektueller Überlegenheit, die Lukas dem Stephanus zuschreibt, und Aggressivität muss doch wohl unterschieden werden, auch wenn beide im akademischen Betrieb nicht selten zusammenfallen!

An dem antijüdischen Bild des Stephanus ändert sich auch nichts, wenn das Vorzeichen der Wertung umgekehrt und Stephanus als ein Beispiel für die verhängnisvolle »wachsende Entfremdung« zwischen Christen und Juden schon in neutestamentlicher Zeit angeführt wird, so bei *Rosemary Ruether* (1974) in dem theologischen Bestseller »Nächstenliebe und Brudermord«[192]:

---

188 Vgl. ebd. 187; ähnlich in: Der vorchristliche Paulus, in: M. HENGEL / U. HECKEL (Hrsg.), Paulus und das antike Judentum, Tübingen 1992, 177–291, hier 176 und 178.
189 Vgl. ZThK 72, 189.
190 Vgl. ebd. 191–196.
191 Vgl. Zur urchristlichen Geschichtsschreibung (1979), 64.
192 Vgl. R. RUETHER, Nächstenliebe und Brudermord. Die theologischen Wurzeln des Antisemitismus, München 1978, 76 f. (Orig.: Faith and Fratricide. The Theological Roots of Anti-Semitism, New York 1974).

»Diese Aufhebung von Tempel und Thora nimmt in der Rede des Stephanus […] ihre radikalste Form an. Hier wird gesagt, dass das, was Israel genannt wird, eigentlich niemals das wahre Gottesvolk war […]«

Exegeten, die im Unterschied von F. C. Baur keine quasi angeborene oder vorprogrammierte Antithese von Christentum und Judentum annehmen, sind vielleicht aus einem anderen Grunde bemüht, die Position des Stephanus als für Juden inakzeptabel hinzustellen: Es ist die Analogie zur Kirchengeschichte, in der christliche Dissidenten immer wieder zu Märtyrern ihrer abweichenden Überzeugungen oder Handlungen wurden. Die Voraussetzung dieser bedauerlichen Entwicklung in der Kirchengeschichte ist das Vorhandensein zuerst heiß umkämpfter, dann mehrheitlich beschlossener und mit staatlicher Unterstützung durchgesetzter Dogmen, die weltweite und zeitlose Gültigkeit beanspruchen. Für das Judentum eine ähnliche Sachlage und Mentalität anzunehmen, zeugt von völliger Unkenntnis. Das Judentum kann intolerant sein, was *Handlungen* betrifft, die gegen göttliches Recht (bzw. die Auffassungen davon) verstoßen, ist aber seit jeher in Lehrfragen so tolerant, dass die rabbinische Literatur eine Fülle von Einzelmeinungen überliefert, die von der Mehrheit der Gelehrten abgelehnt wurden. Kein geringerer als LEO BAECK hat die dem Paulus auf Grund von Röm 10,4 traditionell zugeschriebene These vom »Ende des Gesetzes«[193] mit einer solchen Sondermeinung erklären können, nach der die Zeit des Gesetzes auf 2000 Jahre begrenzt sei und durch die messianische Zeit abgelöst werde (die

---

193 In meinem Kommentar zum Römerbrief plädiere ich für eine andere Übersetzung dieser Stelle.

aus der Sicht des Paulus angebrochen war).[194] Das in den Augen der Sadduzäer und des Eiferers Paulus aus religiösen Gründen Unerträgliche an der Jesusbewegung war nicht ihr Glaube an einen gekreuzigten Messias, sondern m. E. ihre regelmäßige Anrufung eines Verstorbenen (vgl. Röm 10,12.14; 1Kor 1,2; 16,21; Apg 9,14.21;22,16; 2Tim 2,22) und ihre Heilungstätigkeit im Namen dieses Toten(geistes)![195]

Von einem »sicherlich zutreffenden Urteil der ›hellenistischen‹ Juden gegen die Predigt des Stephanus« spricht auch *Ulrich Wilckens* (1982)[196]. Die (in der Paulusforschung weiterführende!) Studie beginnt mit der Außenwahrnehmung der Jesusjünger durch ihren Verfolger Saulus:

»Er hatte in ihrem Messiasglauben eine blasphemische Außerkraftsetzung des Gesetzes gesehen.«

Die Bereitschaft zum Verständnis für die Verfolger führt dann zu folgenden Aussagen:

»Die empörte Reaktion dieser ›Hellenisten‹ [...] erklärt sich nicht, wenn es sich lediglich um die Propagierung Jesu als des Messias gehandelt hat [...] Unerhört und ärgerlich freilich war die Beanspruchung der Messiaswürde für einen Gekreuzigten [...] Doch selbst dies war noch nicht im eigent-

---

194 Vgl. L. Baeck, Paulus, die Pharisäer und das Neue Testament, Frankfurt a. M. 1961, 24 f.

195 Vgl. die Frage in Apg 4,7 nach der »Kraft« oder dem »Namen«, durch die der Gelähmte an der Tempelpforte geheilt worden war. Darum die wiederholte Verteidigung der Apostel durch den Hinweis auf Jesu *Auferweckung*!

196 Vgl. U. Wilckens, Zur Entwicklung des paulinischen Gesetzesverständnisses, NTS 28 (1982) 154–190, dieses und das folgende Zitat von S. 154.

lichen Sinn Blasphemie. Dieser Vorwurf richtet sich in Apg.
6.13 vielmehr gegen eine Verkündigung, die sich zugleich
gegen die Tora selbst wie auch gegen den Tempel richtet [...]
Dies gewinnt zusammenhängenden Sinn, wenn es die Kult-
tora war, die die ›hellenistischen‹ Christen im Namen Jesu
angegriffen haben, indem sie ihre Außerkraftsetzung verkündigten; und diese wird ihre eigentliche Spitze darin gehabt haben, daß die ›Hellenisten‹ den Tod Jesu als eschato-
logisch wirksamen Sühnetod verkündigten, durch den der
gesamte Sühnekult im Tempel radikal und endgültig sistiert
worden sei.«

Bloße Hypothesen, die diskutabel wären, wenn der
Hebräerbrief von Stephanus verfasst wäre, verdrän-
gen auch hier das Zeugnis der einzigen Quelle, die wir
über Stephanus besitzen.

Auf der Linie einer gravierenden Bedrohung des
Tempels hat *Gerd Theißen* (1996) einen historisch denk-
baren triftigen Grund für das gewaltsame Vorgehen
gegen Stephanus zur Diskussion gestellt. Nach der
Feststellung, dass der Bericht einerseits wie ein »re-
guläres Verfahren« vor dem Synhedrium klingt, anderseits die Hinrichtung »als Lynchjustiz durch eine
aufgebrachte Menge dargestellt« wird, schreibt Theißen:[197]

»Nun gibt es ein Delikt, bei denen [sic!] die genannten
Merkwürdigkeiten des Verfahrens erklärbar wären, d. h.
1. Abwesenheit der römischen Behörden, 2. ein legaler Ver-
fahrensrahmen, 3. eine außerlegale Exekution durch die auf-

197   G. THEISSEN, Hellenisten und Hebräer (Apg 6,1–6). Gab es eine
      Spaltung in der Urgemeinde? In: Geschichte – Tradition – Re-
      flexion. Festschrift für MARTIN HENGEL, Tübingen 1996 Bd. III
      Frühes Christentum, I, 323–343.

gebrachte Menge. Es muß sich um ein Delikt gegen die Heiligkeit des Tempels handeln, konkreter: um seine Profanisierung durch Heiden. Nur dies Vergehen konnte ›spontan‹ in Form von Lynchjustiz geahndet werden, ohne Recht und Ordnung zu verletzen – und ohne die Römer zu Reaktionen herauszufordern.«

Aber wer sagt denn, dass »Recht und Ordnung« in diesem Falle nicht verletzt wurden? Theißen kommt zu dem Ergebnis:

»Gesichert ist m. E. nur, daß Stephanus eine kritische Einstellung zum Tempel hatte, die als Verstoß gegen dessen ›Gesetz der Heiligkeit‹ verstanden wurde – wahrscheinlich wegen der Erwartung einer Öffnung des Tempels für die Heiden.«[198]

Gesichert – wahrscheinlich? Mit dieser bloßen Vermutung wird eine Anschuldigung, die nach Apg 21,28 später gegen Paulus erhoben wurde (und diesem beinahe das Leben gekostet hätte), erstens auf Stephanus zurückprojiziert und zweitens dabei für mehr oder weniger zutreffend gehalten. Das halte ich für methodisch fragwürdig und historisch unwahrscheinlich. Nichtjuden konnten bereits ungehindert einen Bereich des Tempels betreten, um dort zu beten. Darauf spielt u. a. das Jesajawort vom »Bethaus für alle Völker« an, das Jesus zur Rechtfertigung seiner Protestaktion im Tempel zitiert (vgl. Jes 56,7; Mk 11,17 Parr.). Ein Beispiel dafür ist wohl der Afrikaner, der nach Apg 8,27 eine Wallfahrt nach Jerusalem unternommen hatte, um dort »anzubeten«. Welches Interesse sollten Jesus-

---

198   Ebd. 336.

jünger daran haben, die Nichtjuden etwas näher an den Bereich heranzulassen, in dem die Opfer vollzogen wurden?[199]

Der Verfasser der Apostelgeschichte hat eine stimmige Darstellung des Konfliktes um Stephanus vorgelegt, die ihn als bedauerliche Eskalation von Auseinandersetzungen deutet, bei der menschliche Schwächen zu theologischen Gegensätzen hinzukamen. So etwas hat es in der Kirchengeschichte (wie in der Geschichte überhaupt) immer wieder gegeben – warum nicht auch in Zeiten der Urkirche? Lukas schreibt diese menschlichen Schwächen verständlicherweise nur den Gegnern zu. Es steht uns frei, eine gewisse menschliche Schwäche auch bei Stephanus zu vermuten – in seinem Gebrauch intellektueller Überlegenheit, die seine Diskussionspartner kränkte, was sich nach Apg 9,22f. bei Paulus in Damaskus wiederholte. Einen darüber hinausgehenden Kredit müssen wir den Gegnern nicht geben, jedenfalls nicht zu Lasten des Stephanus und des Lukas – zugunsten einer nur hypothetischen anderen Stimmigkeit der Erzählung.[200] Die Menschheitsgeschichte hat ihre Zufälle und Unfälle (Fachwort: »Kontingenz«) und ist immer

---

199 An anderer Stelle vertritt THEISSEN die Meinung, dass die Einsetzung des Abendmahls als Ersatz für den Opferkult im Tempel gemeint gewesen sei! Vgl. G. THEISSEN / A. MERZ, Der historische Jesus. Ein Lehrbuch, Göttingen, 2. Aufl. 1997, 382 (§ 13.5.2).

200 Die Popularisierung dieser exegetischen Tradition hat inzwischen auch das Internet erreicht und wurde dort von der EKD verbreitet; vgl. http://www.ekd.de/gottestypen/37154.html vom 17.11.2007: »Für Stephanus ist der Bau des Tempels Ausdruck, ja Gipfel des Ungehorsams […] Das ist in Israel starker Tobak. Die Ansicht des Stephanus wird als Gotteslästerung empfunden. Nach jüdischem Gesetz zieht Gotteslästerung Steinigung außerhalb der Stadt nach sich.« (H.-A. PFLÄSTERER)

wieder bedingt durch menschliches Versagen, das nicht als historisch notwendig heruntergespielt werden darf!

1.3. Predigten zum Stephanustag

Als in altkirchlicher Zeit der 26. Dezember zum Gedenktag des Stephanus erklärt wurde, ahnte noch niemand etwas von einem »zweiten Weihnachtsfeiertag«. Es entzieht sich meiner Kenntnis und lässt sich wahrscheinlich auch nicht feststellen, wie oft Gottesdienste an diesem Tag noch der Erinnerung an den ersten Märtyrer gewidmet werden. Die zeitliche Nähe zum angenommenen Geburtstag Jesu, der als Tag der Menschwerdung Gottes gefeiert wird, lässt sich nicht leicht mit dem Schicksal des Stephanus verknüpfen (auch wenn zwei Tage später der »Tag der unschuldigen Kindlein« an einen blutigen Gewaltakt in zeitlicher Nähe zur Geburt Jesu erinnert). Die schon besprochene Predigt *Gregors von Nyssa*[201] schlägt die Brücke wie folgt[202]:

»Wie schön der Güter Folge, wie süß der Festesfreude Fortgang! Denn siehe: Festtag um Festtag und Gnade empfangen wir um Gnade. Gestern hat uns der Herr des Alls erqui[c]kt, heute der Nacheiferer des Herrn [...] Jener, indem er den Menschen für uns anlegt, dieser, indem er den Menschen für jenen ablegt [...] Jener, indem er die Höhle des Lebens unsertwegen betritt, dieser, indem er die Höhle seinetwegen verläßt. Jener, indem er für uns in Windeln gewickelt, dieser, indem er für jenen mit Steinen bedeckt wird [...]«

---

201 S. o. 108.
202 Übersetzung von O. Lendle, 5.

Eine Predigt des *Fulgentius von Ruspe* (462/63 oder 467/68–526 oder 531) beginnt mit ähnlichen Worten:

»Gestern haben wir die zeitliche Geburt unseres ewigen Königs gefeiert, heute feiern wir das siegreiche Leiden seines Kämpfers. Gestern ging unser König, gehüllt in den Mantel des Fleisches, aus dem Schoß der Jungfrau hervor und besuchte in Gnaden die Welt, heute verließ der Streiter das Zelt des Leibes und zog als Sieger ein in den Himmel.«[203]

Martin Luther hat den lukanischen Bericht über das Martyrium des Stephanus m. W. nur 1520, 1522 und 1524 in Predigten zum 26. Dezember ausgelegt. In der für ihn charakteristischen Weise vollzieht er eine »Horizontverschmelzung« zwischen dem Stephanuskonflikt und seinen Kämpfen um eine Reformation der Kirche. Die von Stephanus kritisierte Überschätzung des Tempels besteht für Luther darin, dass man meinte, mit dem Tempelbau Gott einen Dienst und ein gutes Werk zu tun.[204] Den Vorwurf des Stephanus, dass Israel das Gesetz nicht gehalten habe (Apg 7,53), erklärt Luther damit, dass niemand das Gesetz mit Werken erfüllen kann.[205] Am breitesten ist die Mitschrift Rörers vom Dezember 1524 (lateinisch und deutsch vermischt).[206] Hier unterstreicht Luther, dass die Vorwürfe gegen Stephanus auf böswilliger Verzer-

---

203 Zitiert nach A. GRÜN, in: Meditative Zugänge zu Gottesdienst und Predigt VIII,1. Psalmen und Texte zu Gedenktagen der Kirche, hrsg. v. G. RUHBACH, A. GRÜN u. U. WILCKENS, Göttingen 1997, 76.

204 Vgl. WA 12,696,15–17. (Die dortige Datierung ins Jahr 1523 wird in WA 10,3,435 zu 1522 korrigiert.

205 Vgl. ebd. 32–34. Ähnliche Gedanken finden sich in der Vorrede zum Römerbrief von 1522.

206 Vgl. WA 15,788–797.

rung beruhten und vergleicht das mit verleumderischen Fehlinterpretationen, mit denen auch er zu kämpfen hatte.[207] Eine Identifikation mit Stephanus steht vielleicht auch hinter dem Schlussabschnitt der Predigt von 1522, den Luther der Frage widmet, ob Stephanus mit der Polemik am Schluss seiner Predigt vielleicht gegen das Liebesgebot verstoßen habe. Luthers Antwort: Das sei ein Ausdruck der Liebe *zu Christus*, und wenn man »solchen Geist wie Stephanus habe«, dürfe man auch so schelten wie er.[208] Das klingt nach einer Entschuldigung Luthers für seine eigene mitunter unflätige Polemik!

Im Folgenden möchte ich zwei Theologen aus dem 19. und 20. Jahrhundert das Wort erteilen, die in ihren Predigten den Brückenschlag von der Menschwerdung zum Martyrium geschlagen haben.

Wilhelm Hofacker (1805–1848)

Wilhelm Hofacker, ein jüngerer Bruder des berühmteren, früh verstorbenen Ludwig Hofacker (1798–1828) war von 1835 bis zu seinem Tode ein gefeierter Prediger an der Stuttgarter Leonhardskirche.[209] Seine hier zu besprechende, posthum ohne Datum publizierte Predigt nennt als Textgrundlage Apg 6,8–15 und 7,55–59, klammert also die Rede des Stephanus aus.[210] Dem Brückenschlag von Weihnachten zum Märtyrer-

---

207 Vgl. ebd. 790,32–791,28.
208 Vgl. WA 12,697,38 f.
209 Vgl. Th. Schott, http://de.wikisource.org/wiki/ADB:Hofacker,_Wilhelm (21.6.2013)
210 Abgedruckt in: W. Hofacker, Predigten für alle Sonn- und Festtage. Mit dem Bildniß des sel. Verfassers in Stahlstich und Mitheilungen über seinen Lebensgang (hrsg.) von Prälat Kapff, Stuttgart 1853, 64–72.

gedenken dienen die folgenden Sätze (mit denen die Predigt beginnt, 65):

»Durch das großartige Wunder der Menschwerdung Gottes in Christo Jesu unserem Herrn, dem wir gestern unsre Andacht zugewendet haben, ist unsre gefallene Menschennatur auf das Preiswürdigste geehrt und hoch geadelt worden [...]«
»Gewöhnlich nun tritt von dem Adelsstern, den Christus der Menschennatur erneuert und wiedergebracht hat, wenig zu Tage [...]; häufig ist er auch bei den Kindern Gottes verdeckt und versteckt durch den groben und rauhen Rock des äußerlichen Menschen und durch mehr oder minder verschuldete Gebrechen und Unarten [...]«
65 f.: »Zuweilen tritt aber doch auch etwas von dem Adelsstern der erneuerten und geheiligten Menschennatur, mit dem der Herr seine glaubigen (sic!) Nachfolger zu schmücken weiß, ans Licht hervor, und er blitzt dann auch der blinden und verdüsterten Welt in etwas in die Augen. Einen solchen Mann haben wir heute vor uns, meine Lieben. Im Engels-Angesicht Stephani, das er seinen erbitterten Gegnern zeigte, spiegelte sich etwas von der Klarheit Gottes und von einem Leben, das nicht von dieser Welt war.«

Auf diese Einleitung folgt eine Entfaltung mehrerer »Wahrzeichen [...], wodurch der Herr den hohen Seelenadel dieses seines Jüngers bekräftigt und besiegelt hat.«:

In einem ersten Abschnitt deutet Hofacker die Disputationen mit Stephanus als eine feindliche Reaktion auf die Aufsehen erregenden Wundertaten des Stephanus. Die Gegner werden als eingebildete Gebildete hingestellt, die sich zutrauen, den Jesusjünger »im Angesicht des Volkes geistig mundtot zu machen« (66). Aber sie erleben ihr Waterloo (67):

»Die gelehrten Herrn sahen sich bitter getäuscht; statt ihn aus dem Felde zu schlagen, sahen sie sich selbst besiegt; statt ihn zum Rückzug zu nöthigen, mußten sie mit Schimpf und Schande abziehen.«

In diesem Predigtteil dienen die Begriffe »Gelehrsamkeit«, »Wissenschaft«, »Buchstabenweisheit«, »der armselige Geist der Afterwissenschaft dieser Welt« zur Charakterisierung der Gegner. (Ein anschließender Verweis auf »ähnliche Ereignisse aus der Geschichte Luthers« blendet aus, dass Doktor Martin Luther ein gelehrter Professor an der Wittenberger Universität war!) Der selbst nicht ungebildete und auch von Schleiermacher beeindruckte Prediger verrät hier seine Nähe zur Erweckungsbewegung und seine Distanz zu Entwicklungen der damaligen Universitätstheologie.

Das zweite »Wahrzeichen« für den »hohen Seelenadel« des Stephanus war nach Hofacker »der heitere und freudige Muth, mit dem er (sc. Jesus) ihn umgürtete auch unter den Unbilden und Ungerechtigkeiten der Welt«. (68, ähnlich 69) Er war sich im Klaren darüber, dass die Verleumdungen darauf abzielten, ihn aus dem Wege zu räumen. Hofacker unterstellt dem Hohen Rat von Anfang an die wutschnaubende Feindseligkeit des Schlussaktes, stellt dem noch einmal das »engelgleiche Angesicht« des Stephanus gegenüber und verbindet es mit dem Visionsbericht:

»Über das Gewirre und Gewühl, das ihn umgab, hinweg, über die Wetterwolken, die sich zusammenzogen, hinweg, sah er aufwärts; die Decke des Rathsaals war für ihn nicht mehr da; er sah den Himmel offen und des Menschen Sohn zur Rechten Gottes stehen. Ueber diesem Anblick verschwand ihm die Welt mit ihren Leiden und mit ihren Freuden, mit ihren Versuchungen und ihren Gefahren; den Himmel hatte er im Auge, den Himmel im Herzen, den Himmel auf dem Angesicht.«

Die Rede von einem »heiteren und freudigen Mut« ignoriert allerdings die harschen Töne der Rede des Stephanus, vor allem an ihrem Schluss. Möglicherweise ist das schon ein Tribut an die inzwischen geweckten Zweifel an der Historizität dieser Rede, schon mit der Auslassung der Reden aus dem Predigttext. Oder hat Hofacker vielleicht diese von Johann Peter Hebel monierte Schattenseite des Stephanus[211] bewusst ausgeblendet, um ihn nur als leuchtendes Vorbild vor Augen zu stellen? Leider malt er die Bosheit seiner Gegner mit umso kräftigeren Farben!

Der dritte Beweis für den »Seelenadel« des Stephanus ist »der getroste Sterbensmuth, den wir an ihm wahrnehmen können« (69). Er zeigte sich in den beiden Gebeten des Sterbenden für sich selbst und für seine Feinde (70).

Ein viertes und letztes Zeugnis Jesu für seinen Blutzeugen sieht Hofacker in der Nachwirkung des Martyriums im Leben des Paulus, der von Lukas als anwesend und mit der Hinrichtung einverstanden erwähnt wird. In Anspielung auf Apg 26,14 (»Es wird dir schwer sein, wider den Stachel zu löcken.«) kommt Hofacker zu dem (lebhaft ausgemalten) Schluss:

»Wir gehen gewiß nicht über die Schrift hinaus, wenn wir, auch ohne eine weitere Spur zu haben, annehmen, Stephanus Tod habe in der Seele eines Saulus einen Widerhaken zurückgelassen, an dem er nachher, als seine Stunde gekom-

---

211 Vgl. unten 199 f.

men war, um so leichter in die Gemeinschaft des von ihm verfolgten Jesus von Nazareth hinübergezogen wurde.«

Damit endet die Predigt so, wie die Auslegung des Predigttextes begonnen hat: mit einem durch Stephanus bewirkten Wunder. Zusammen mit der ethischen Idealisierung des Märtyrers nähert sich diese Predigt damit dem Typus der Heiligenlegende, die Bewunderung weckt und dabei wenig in die Lebenswelt der Gemeinde hineinspricht. Die Leitmetapher »Adel« war ja von vornherein darauf angelegt, zu Stephanus aufzuschauen – und sich mit dem weniger glänzenden Zustand des eigenen Lebens abzufinden.

Alfred Delp (1907–1945)

Der katholische Sozialethiker Pater Alfred Delp wurde vom »Kreisauer Kreis« um Graf Hellmuth von Moltke herangezogen, um an Konzepten für eine Neuordnung Deutschlands nach dem erwarteten Zusammenbruch des NS-Regimes mitzuarbeiten. In Pläne für ein Attentat auf Hitler war er nicht eingeweiht. Trotzdem wurde er kurz nach dem 20. Juli 1944 verhaftet, im Januar 1945 zum Tode verurteilt und am 2. Februar hingerichtet.[212] Eine innere Einstimmung auf die Möglichkeit eines gewaltsamen Endes kann man in den drei Predigten zum Stefanstag erkennen, die er in den Jahren 1941–1943 gehalten hat.[213] In jeder dieser Predigten

---

212 Vgl. http://de.wikipedia.org/wiki/Alfred_Delp vom 14.06.2013.
213 Eine ähnliche biographische Koinzidenz kann man darin sehen, dass der 1946 in sowjetischer Haft zu Unrecht hingerichtete Neutestamentler Ernst Lohmeyer schon in seinem Kommentar zum Philipperbrief von 1929 »Gnade und Not des Martyriums« zum Schwerpunkt seiner Auslegung gemacht hatte.

ist der Übergang vom Weihnachtsfest zum »Blutfest«
des Stephanustages bemerkenswert[214]:

26. Dezember 1941:

Die Predigt beginnt mit dem Satz (111):

»Das Fest heute zerreißt uns mitten im Weihnachtserlebnis
zwei Illusionen. Es zerreißt einmal die Illusion von dem
Idyll von Bethlehem […]«

Der Absatz endet mit:

»Und so wollen die roten Gewänder, die wir heute tragen
mitten im Weihnachtserlebnis, hinweisen darauf: es ist mehr
gemeint als glückselige Erinnerung, es ist mehr gemeint als
Engelsjubel […], es ist etwas gemeint, was ans Herz, an die
Seele, an die persönliche Haltung, die allerinnerste Entscheidung geht.«

Weiter heißt es (111, dann 112):

»Das zweite Idyll, das uns heute zerschlagen wird, ist das
Idyll vom triumphierenden Herrgott und von der triumphierenden Kirche […]«
»Der Herr ist hineingerissen in unsere Untergänge, ist in unseren Einsamkeiten da und er schickt die Menschen, die er
innerlich angerührt hat, nun nicht an den Katastrophen vorbei und an den Schluchten vorbei, er schickt sie hinein und
läßt sie in ihnen untergehen.«

---

214 Im Folgenden zitiert nach: A. DELP, Gesammelte Schriften,
     hrsg. von R. BLEISTEIN, Bd. 3 Predigten und Ansprachen, Frank-
     furt a. M. 1983.

Nach einer Paraphrase von Apg 6,8–10 fragt Delp dann, warum sogar in christenfeindlichen Zeiten die Märtyrer selten sind, und gibt die Antwort (113):

»Vielleicht ist es deswegen, daß wir nicht mehr in die ehrliche, klare Schicksalsgemeinschaft mit dem Herrn und seinen Großen gerufen werden, weil wir vorher nicht groß genug sind, ehrlich und klar und sauber dazustehen voll Kraft und Gnade, daß man spürt, daß da ein Außergewöhnliches und Außerordentliches geschehen ist.«

In der Fortsetzung spricht er von der Versuchung, im Konfliktfall »schlau zu sein, verschlagen zu sein, mit Kniffen zu arbeiten, Spuren zu verwischen« (114). Zum Schluss heißt es dann (114 f.):

»Das ist eine der härtesten und ehrlichsten Proben auf unsere innere Christlichkeit, wie wir uns benehmen in der Niederlage, in der Einsamkeit, in der Schmähung: ob wir da unseren Gott zu einem Rachegott machen oder ob wir in dieser großen Linie bleiben, daß er der Gott ist, der gekommen ist, zu suchen alles und alles und wieder alles und daß wir nichts anderes wünschen, er möge auch da wirklich Menschen heimführen in seine Göttlichkeit, in seine Wirklichkeit.«

26. Dezember 1942

Der Anfang dieser Predigt (116) nennt den »Gefühlsgrund der diesjährigen Weihnachtstage irgendwie unheimlich«:

»Da grüßten die Menschen die Soldaten, die aus dem Grauen des Krieges auf Urlaub da sind und neigten sich vor den Verwundeten und dachten in Sehnsucht an die, die nicht mehr zurückkommen [...]«[215]

---

215 Unter »Weihnachten 1942« kann man im Internet die damalige

Die innere Linie dieser Predigt besteht in der Gegen-
überüberstellung von drei Menschentypen. Da ist einmal Stephanus (118):

»der Mensch, der über den Menschen hinausgewachsen ist
und deswegen alles Menschliche hinter sich läßt und deswegen gerade im Erliegen die neue Botschaft und die neue
Wirklichkeit erst recht plastisch herausstellt: das selbstlose
Suchen Gottes nach dem Menschen durch den Menschen.«

Die Gegner des Stephanus aber sind »der andere
Mensch«. Sie sind ihm argumentativ nicht gewachsen,
also (119):

»Dann kommt ihrer Weisheit letzter Schluss: hinausstoßen
und vernichten. Das Fremde, das Andere […] geht ihnen
nicht nur auf die Nerven oder wider ihren Geschmack, es
stört sie seinsmäßig; der alte Versuch, immer wieder aussto-
ßen und vernichten und fremd erklären […]«[216]

Aber es gibt noch einen »dritten Menschentyp«, ver-
körpert in Saulus (119f.):

»Saulus, der auch auf der anderen Seite steht, aber der eben
der Mann ist, mit dem etwas zu machen ist, weil er drüben
steht nicht aus Leidenschaft, nicht aus Fanatismus, nicht aus
Rechthaberei, / sondern weil er es für Gerechtigkeit hält. Mit
dem Gegner, der […] die Dinge so sieht […], ist immer etwas
zu machen, mit dem geht das Gespräch weiter, mit dem reißt

Sendung der deutschen Wochenschau finden. Vgl. ferner in
Wikipedia unter »Nationalsozialistischer Weihnachtskult«:
Das Weihnachtsfest wurde im Lauf des Krieges zunehmend
zum Heldengedenktag.

216 Wenn das als Anspielung auf die Ausgrenzung, Vertreibung
und Ermordung der Juden gemeint sein sollte, bleibt es leider
sprachlich auf einer philosophischen Ebene.

die Gemeinsamkeit nicht ab, auch wenn er uns schlägt und behilflich ist, uns zu erschlagen. Einmal wird er auf unserer Seite sein, weil der Gerechte zu den Gerechten findet.«

Diese Anspielung auf den weiteren Weg des Saulus-Paulus ist nicht gerade paulinisch formuliert[217]. Ich verstehe sie als Ausdruck von Hoffnungen im Blick auf den geistigen Wiederaufbau nach dem Untergang des Nationalsozialismus.

26. Dezember 1943

Die dritte Predigt ist nachdenklicher und noch selbst-kritischer, angefangen mit dem Satz (122): »Da kann einem unsere ganze Religion fraglich werden.« Weiter heißt es (123):

»Wo ist nun dieser Weihnachtsfriede eingebrochen in die Menschheit? Wo ist nun dies sichtbar, daß die Welt geheilt und gesegnet worden ist in dieser Heiligen Nacht?«

Diesen Fragen muss man sich stellen, »sonst vergiftet sich innerlich von diesen Fragen her unsere Glaubens-freudigkeit«:

»Wo kommt dies her, daß seitdem die Blutfeste der Mensch-heit und die Blutsünden nicht weniger geworden sind, son-dern eigentlich mehr? […] Ist es nicht irgendwie doch so, daß wir dem Leben feindlich sind, daß das Leben sich von uns bedroht glaubt und in seinen Rechten verkürzt fühlt und deswegen aufsteht?«

---

217 Vgl. dagegen Phil 3,6 ff.! Aber in Röm 10,2 spricht er vom »Eifer für Gott«, der ihn einmal zum Verfolger werden ließ, als einer im Kern positiven Einstellung!

Damit ist das Leitmotiv genannt, das sich ab jetzt durch diese Predigt hindurchzieht: »Leben« als umstrittenes Thema und »Leben« als bedrohtes Gut. Die Alternative zum christlichen Menschenbild heißt (124) »Lebenssteigerung« mit Hilfe der Industrie, »Leben um jeden Preis, an sich selber festhalten!«:

»Daher kam das ungeheuer Feindliche ins Leben, daß man den andern erschlug um des eigenen Lebens willen, daß man große Räume machte, große Aufmärsche, um das eigene Leben zu sichern. Wie man es nennt, Lebensraum oder Lebenssubstanz, ist gleich. Tatsache ist: Das Leben ist sich selber feindlich geworden [...] Daraus kam die ungeheure Lebensentwertung und Lebensbedrohung, die wir alle fühlen. Wer fühlt sich noch sicher?«

Es folgen Hinweise auf die Degradierung des Menschen zum »billigen Objekt« und auf seelische Erkrankungen als Symptome einer »inneren Bedrohung und Unsicherheit des Lebens und der Lebenssubstanz« (125). »Das Leben begann, sich in sich selbst zu verlieben.« Aber die Folge ist »ein Selbstgericht, das die Welt an sich selber vollzieht«:

»Was heute geschieht, ist eine Hinrichtung am Leben, ein Urteilsvollzug am Dasein, ein Urteil, das es an sich selber vollzieht für eine Torheit und Schuld, die das Dasein an sich selber begangen hat.«

Die realpolitischen Symptome, auf die sich diese sehr abstrakt formulierte Diagnose stützt, klingen nur beiläufig an, wenn als Konsequenz der Weihnachtsbotschaft gesagt wird (126):

»Auch noch ein ganz müdes Lebewesen, ein müdes Menschenkind kann die ganze Glut und Kraft und innere Substanz des Lebens tragen und ist deswegen vom Herrgott her genau so hochwertig wie der andere mit gesunden Muskeln.«

Im Finale der Predigt heißt es dann (127):

»Wehe dem Menschen, der nur sich selber will! Er zerstört sich. Wehe der Welt, die nur sich selber meint. In ihr zu leben, ist eine Qual und ein Unheil und ein Unglück [...]
Und darum wohl der Welt, in der noch Menschen stehen und bereit sind, das Zeugnis zu leisten; die bereit sind, auch einfach mit dem hingegebenen Blut und dem gebrochenen Herzen und der auf sich genommenen Einsamkeit Blutzeugnis zu geben für die Richtigkeit des Ganzen und damit der Menschheit wieder einmal eine Ahnung zu vermitteln, was gemeint sei mit dem Leben [...]«

Vor dem Hintergrund dieser Sätze wird es verständlich, dass Pater Delp während seiner Haftzeit auf das Angebot »Freilassung gegen Ordensaustritt« nicht eingegangen ist. In den Wochen bis zum Prozessbeginn schrieb er eine Reihe von »Meditationen« für die Zeit vom 1. Advent bis zum Epiphaniasfest.[218] Der Abschnitt zum Stephanustag lautet:

»*Stephanus*: Sein Gesetz und sein Geheimnis ist leicht zu lesen. Seine Gestalt steht werbend und in klaren Um-/rissen am Horizont. Er hatte begriffen, daß durch die Begegnung mit Christus, durch das Wunder der Heiligen Nacht das Menschentum auf eine neue Ebene gehoben, zu neuer Kraft befähigt, zu neuem Zeugnis berufen sei. Das Bisherige ge-

---

218 Abgedruckt in: A. DELP, Im Angesicht des Todes. Geschrieben zwischen Verhaftung und Hinrichtung 1944–1945, Freiburg 1958, 75f.

nügt nicht mehr. So liegen auch die Aussagen: voll Gnade und Kraft – Zeichen und Wunder – sie konnten nicht widerstehen. Das alles aber ist dem Menschen nicht gegeben, sich selbst zu behaupten. Seit Weihnachten ist der suchende Gott mit heißem Herzen unterwegs. Auch das Unrecht und der Mord wird noch geweiht und gewandelt zum Zeichen von Gnade und Kraft und Erlösung. Außergewöhnliche Hingabe ist sein Gesetz, außergewöhnliches Zeugnis ebenso. Und das ist zugleich seine Botschaft an uns und sein Gericht über uns. Laßt uns aus aller Gewöhnlichkeit herausspringen. In der Nähe Gottes gilt das nicht mehr. Gott wird uns wandeln und zum Zeugnis befähigen, wenn wir durch den Ernst der Hingabe ihn rufen.«

Aus neuerer Zeit sei noch einmal die Predigtmeditation von *Anselm Grün* zitiert.[219] In exegetischer Hinsicht steht sie in der Tradition F. C. Baurs: »Die Erzählung vom Martyrium des Diakons Stephanus bringt in der Apostelgeschichte den Ablösungsprozeß der Kirche vom Judentum entscheidend voran. Stephanus stellt die Legitimität des Tempels in Frage.« (76) Homiletisch für eine Predigt zum Stephanustag gibt Grün die folgende Linie vor (77):

»An Weihnachten hat sich für uns der Himmel geöffnet. Gott hat den Himmel verlassen, um als Mensch unter uns zu wohnen. Die himmlischen Heerscharen sangen den Hirten auf Erden das Lied, das Himmel und Erde miteinander verbindet: ›Verherrlicht ist Gott in der Höhe, und auf Erden ist Friede bei den Menschen seiner Gnade‹ (Lk 2,14). Doch kaum sind die Engel in den Himmel zurückgekehrt […], da beginnt auf Erden statt des Friedens der Streit. Herodes ver-

---

219 S. o. 156, Anm. 203.

folgt das Kind und ermordet unschuldige Kinder. Am Fest des hl. Stephanus werden wir mit den Konflikten konfrontiert, die entstehen, wenn man diesem Kind in der Krippe nachfolgt. Christus als der Friedensbringer führt uns in den Konflikt mit der Welt. Aber mitten im Streit öffnet sich der Himmel. Stephanus sieht zum Himmel empor und ruft aus: ›Ich sehe den Himmel offen und den Menschensohn zur Rechten Gottes stehen‹ (Apg 7,56). Der Himmel, der sich an Weihnachten für uns geöffnet hat, steht uns immer offen, wenn wir wie Stephanus an den Menschensohn glauben und unsern Glauben auch vor den Menschen bekennen.«

In der Fortsetzung (78) kommt Grün auf Konflikte zu sprechen, die aus Projektionen entstehen, die oft zu Glaubenskriegen hochstilisiert werden. Da hätte es nahe gelegen, die Frage zu stellen, ob die hellenistisch-jüdischen Gegner des Stephanus nicht ihre eigenen Ängste vor der Assimilation an eine heidnische Umwelt in der Diaspora auf Stephanus projiziert hatten. Stattdessen gibt Grün den folgenden gewiss auch nützlichen Denkanstoß:

»Stephanus lädt uns ein, mitten im Konflikt zum Himmel emporzuschauen. Dann werden wir erkennen können, ob wir im Konflikt konsequent bleiben müssen, weil es um das Zeugnis für Christus geht und um das Zeugnis für die eigene Stimmigkeit, oder ob wir die Mißverständnisse beiseite legen sollten, weil sie nur den gegenseitigen Projektionen entstammen.«

Man ist versucht zu sagen: Leider hat Stephanus den Himmel erst *nach* den scharfen letzten Worten seiner Rede offen gesehen! Stattdessen wirft Grün den Gegnern vor:

»Sie müssen die Ohren verschließen, weil sie sich nicht verunsichern lassen wollen. Sie wollen nichts mehr hören, sich nicht mehr in Frage stellen lassen. Sie haben recht. Sie schauen nicht zum Himmel empor, sondern in ihrem Haß werden sie blind für den offenen Himmel und blind für den Menschensohn, der als Anwalt zur Rechten Gottes steht.«

Dass die Vision des Stephanus nach Lukas eine ganz exklusive Erfahrung des Todgeweihten war, im Neuen Testament nur mit Visionen des Paulus und des Sehers Johannes vergleichbar, wird hier zugunsten einer sozialpädagogischen »Anwendung« des Bibeltextes überspielt. Einen etwas besseren Akzent setzt Grün an anderer Stelle in einer kürzeren Besinnung über Stephanus[220]:

»Im Bild des Stephanus kannst du sehen, wozu Du fähig bist. Auch Du bist voll des Heiligen Geistes, der Dich Christus ähnlich macht.[221] In seiner Kraft kannst Du wie Stephanus dem Leben dienen – ›Diener‹ bedeutet nämlich wörtlich die Bezeichnung seines Berufes. Und Du kannst selbst denen noch vergeben, die Steine auf Dich werfen. Wer Steine nach Dir wirft, zeigt nur, daß er selbst verhärtet und erstarrt ist. Doch wer wie Stephanus dem Leben dient, läßt sich von der Erstarrung und Verhärtung der Herzen nicht anstecken. Er hält sein Herz offen für die Liebe. Die Liebe wird auch Dir den Himmel öffnen, und Du wirst den im Himmel sehen, nach dem Du Dich im Grunde Deines Herzens sehnst.«[222]

---

220   A. Grün, Weihnachten – Einen neuen Anfang feiern. Fest zwischen den Zeiten, Freiburg etc. 1999 (5. Aufl. 2003) 106–108, hier 107 f.

221   Das »voll des Geistes« wird von Lukas allerdings nicht generell allen Gemeindegliedern zugeschrieben, manchen auch nur für einen bestimmten, herausfordernden Moment.

2. DIE STEPHANUSGESCHICHTE IN DER BILDENDEN KUNST

Abbildungen von Märtyrern enthalten oft die Werkzeuge ihrer Hinrichtung, im Falle des Paulus zum Beispiel ein Schwert. Dem entsprechend gehören Steine häufig zum »Zubehör« von Stephanusbildern, z. B. bei der Pfeilerfigur im Langhaus des Wiener Stephansdomes oder an der Adamspforte des Bamberger Domes. Bei Hans Memling (1430?–1494) trägt Stephanus einen Stein in der Hand, den er fast liebevoll betrachtet.[223]

Aufgrund seiner Zugehörigkeit zum Gremium der sieben »Diakone« für die Regelung der Witwenversorgung lässt man ihn gern ein Gewand tragen, das der später aufgekommenen Amtstracht von Diakonen entspricht, so zum Beispiel in einem Mosaik in der Kirche San Lorenzo in Rom (6. Jh.). Zusätzliche Utensilien stammen manchmal aus der Verehrung des Heiligen als Patron bestimmter Gruppen oder Lebensbereiche, wofür es keine Anhaltspunkte im neutestamentlichen Basistext gibt.

Die Rezeption der Stephanusgeschichte in der bildenden Kunst konzentriert sich verständlicherweise auf ihren dramatischen Schluss. Aber eine Serie von Gemälden zur Stephanusgeschichte schuf Vittore Carpaccio (1450–1525) in den Jahren 1511–1520 in Venedig. Die Bilder sind heute auf verschiedene Museen

---

222 Eine lesenswerte neuere Predigt zum Stephanustag über Apg 6,8–15; 7,55–60, gehalten in der Evangelisch-Lutherischen Kirche St. Marien Berlin-Zehlendorf, findet sich im Internet unter http://www.lutherisch.de/index.php?option=com_content&view=article&id=1019:26122009-apostelgeschichte-68-15-755-60-st-stephanus&catid=64:jahrgang-2009&Itemid=91.

223 Vgl. http://de.wikipedia.org/wiki/Stephanus (8.9.2013)

verteilt. In den Staatlichen Museen Berlin befindet sich das Bild über die Weihe des Stephanus zum Diakon, ein Bild, das ihn (ohne biblische Vorgabe) als Prediger vor den Toren Jerusalems darstellt, im Louvre-Museum in Paris.

Bilder, die Stephanus in den folgenschweren Diskussionen mit Gegnern zeigen, sind selten und lassen wenig von der Heftigkeit der Auseinandersetzung erahnen. Frau Angelico (= Fra Giovanni da Fiesole, gest. 1455) und Carpaccio haben dieses Thema bearbeitet (heute in der Pinacoteca di Brera in Mailand).[224]

Die meisten Gemälde setzen jedoch die Inhalte von Apg 7,55–60 um, wobei die Vision des Stephanus am Ort der Verhandlung oft mit dem Geschehen am Ort

Abb. 14: Vittore Carpaccio, Die Predigt des Stephanus
vor den Toren Jerusalems (1514)

224 Vgl. die Abbildungen 2 und 4 oben 21 u. 26

der Hinrichtung verknüpft wird. Diese Bilder haben ihren »Sitz im Leben« oft nicht in der Stephanusverehrung, sondern in Zyklen zur Biographie des Paulus, der ja in der Apostelgeschichte an dieser Stelle (zunächst als Statist) die Bühne betritt.

Was die Darstellung der Steinigung betrifft, so ist mir kein Bild bekannt, das den rabbinischen Vorschriften für die Steinigung entspricht, wie sie in Kap. VI des Traktats Sanhedrin der Mischna (um 200 n. Chr.) literarisch festgehalten wurden. Danach wurde der Verurteilte zuerst an einem Abhang oder in eine Grube 3–4 Meter tief so hinuntergestürzt, dass der Sturz schon tödlich sein konnte. Danach sollte ein Stein auf den Brustkorb herabgeworfen werden, um den Tod herbeizuführen. Bis dahin lag die Ausführung bei den Zeugen der Anklage. Nur wenn das noch nicht tödlich war, sollten beliebige Israeliten weitere Steine werfen. Der Leichnam sollte keineswegs unter einem Steinhaufen liegen bleiben, sondern am gleichen Tag anderswo bestattet werden.

In den mir bekannten Abbildungen wird in der Regel eine »Momentaufnahme« aus dem Vollzug der Hinrichtung geboten, wobei sich zwei Typen unterscheiden lassen. Der eine Typ lässt einzelne Männer (die Zeugen der Anklage, deren Kleider Saulus verwahrte) dicht vor oder hinter dem knieenden Stephanus stehen, mit schweren Steinbrocken in den zum Teil schon erhobenen Händen (so z. B. auf dem Fresco der Abteikirche von Novalesa, bei Fra Angelico in der Capella Niccolina im Vatican[225], Hans Baldur Grien [1505–07], Filippo Tarchiani [Gemälde in San Stefano in Capraia, nach 1621], Rembrandt van Rijn

---

225 Vgl. http://www.reproarte.com/de/kuenstler/all/fra-angelico-fra-giovanni-da-fiesole.

[1606–1669]²²⁶, Juan de Juanez [ca. 1510–1579]²²⁷, Annibale Caracci [1560–1609 oder sein Schüler Domenichino 1581–1641], Giandomenico Tiepolo [1696–1770] und Schnorr von Carolsfeld [1860].²²⁸ Das suggeriert die Vorstellung, dass sie im nächsten Augenblick seinen *Schädel* zerschmettern werden.

Der andere Typ lässt eine größere Anzahl von Personen den Stephanus aus der Entfernung von etlichen Metern mit Steinen bewerfen, ihn im Halbkreis umringend oder ihm in einer Reihe gegenüberstehend. So ähnlich stellte sich schon Gregor von Nyssa das Geschehen vor: »Sie […] stellten sich in einer geradezu tierischen wilden Wut im Kreis um den Heiligen und warfen alle auf das eine Ziel, indem sie, was immer ihnen unter die Hände kam, als Waffe gegen Stephanus gebrauchten.«²²⁹ Diese Darstellungen lassen zum Teil nicht an eine Hinrichtung denken, sondern an einen Akt spontaner Wut,²³⁰ wenn nicht Stephanus ausnahmsweise als gefesselt dargestellt wird²³¹, so z. B. bei Mattheus Merian (1627)²³².

Auf dieser Linie liegt auch die Zeichnung von Paula Jordan in *Schild des Glaubens* (1950²³³) sowie das

---

226 Vgl. Abb. 5 oben 81.
227 Vgl. Abb. 9 oben 89.
228 Vgl. Abb. 8 oben 87.
229 Vgl. Gregor von Nyssa; ed. LENDLE, 23; ähnlich 31 »rings umgeben von dem Kranz derer, die ihn steinigten …«.
230 Vgl. Joh 8,59 (»Da hoben sie Steine auf, um nach ihm zu werfen.«) sowie Ex 8,22; 17,4; 1Sam 30,6; Apg 5,26.
231 So in der *Patmos Bibel Altes und Neues Testament*. Für die Jugend erzählt von A.-M. COCAGNAC H. HOFFMANN. Die Bilder malte JACQUES LE SCANFF, Düsseldorf, 3. Aufl. 1976.
232 Vgl. Abb. 7 oben 84.
233 Vgl. Schild des Glaubens. Geschichten der Bibel, Alten und Neuen Testaments … dargeboten von JÖRG ERB, Kassel / Berlin 1950, 285, s. u. 176.

Abb. 15: Jacques le Scanff in: Patmos Bibel, 3. Aufl. 1976

Bild von Frère Eric de Saussure von der Communauté de Taizé in der *Bilderbibel* von 1968.[234]

Dass in Kinderbibeln diese Sichtweise vorgezogen wird, ist verständlich, grenzt aber manchmal an eine Verharmlosung des Geschehens.

Ein Verzicht auf jede Ausmalung der brutalen Handlung gelingt in der Illustration durch *Bert Bou-*

---

234 Text von Friedrich Hoffmann, Lahr 1968, s. u. 177.

Abb. 16: Paula Jordan in Schild des Glaubens (1950)

man in »Meine Bilderbibel« von 1976, die den Toten neben schweren Steinen auf einem Feld liegend zeigt, während seine Mörder schon in der Ferne verschwinden und trauernde Freunde des Toten sich zaghaft der Leiche nähern.[235] Eine weitere Zeichnung desselben Künstlers lässt nur die Füße der Täter hinter dem Leichnam des Opfers sehen.[236]

Man kann diese Entscheidung des Künstlers als eine Konsequenz der Fürbitte des Märtyrers für seine Mörder verstehen: Wenn Gott deren Sünde nicht »festhalten« soll (so ist Apg 7,60 genauer als üblich zu übersetzen), dann muss die Nachwelt sie auch nicht drastisch vor Augen geführt bekommen!

---

235 Vgl. oben 92.
236 Vgl. unten 178.

Abb. 17: Frère Eric de Saussure in: Bilderbibel, Lahr 1968
(5. Aufl. 1975)

Dass der Tod des Stephanus den Komplizen der
Mörder, Saulus, erschüttert haben könnte und damit
seine spätere Bekehrung anbahnte, wird von dem katholischen Künstler *Sieger Köder* mit einem *Stephanus-
Saulus-Brunnen* in seinem württembergischen Geburtsort Wasseralfingen zum Ausdruck gebracht:
Saulus beugt sich dort entsetzt über den am Boden lie-

Abb. 18: Bert Bouman in: Das Wort, Amsterdam o. J.

genden toten Stephanus, die Hände vor seinem Gesicht zusammengeschlagen, offenbar über sich selbst
und seine Rolle in dem Drama erschrocken.[237]

Eine in der bildenden Kunst m.W. singuläre kate-
chetische Funktion hat eine (formal konventionelle)
Darstellung der Steinigung des Stephanus in einem
Zyklus an den Emporen der evangelischen Kirche in
Rottenacker (Ehingen an der Donau) von Martin
Klauflügel und seinem Gehilfen Johann Michael Frey.
Dieser Zyklus aus dem 18. Jahrhundert legt das Va-
terunser aus, und Stephanus dient als Illustration zu

---

237 Mitteilung von G. RUDDAT in der oben (122) erwähnten Andacht.

178

der Zeile »wie auch wir unseren Schuldnern vergeben«.[238]

3. Musikalische Rezeptionen der Stephanustradition

Claudio Monteverdi (1567–1643)

Claudio Monteverdi hat in seinem Erstlingswerk *Sa-
crae cantiunculae* von 1582 eine Motette unter dem Titel
Lapidabant Stephanum verfasst. Ihr kurzer Text entspricht mit kleinen Abweichungen dem Wortlaut von
Apg 7,59f. in der Vulgata:

»Lapidabant Stephanum
Invocantem et dicentem:
Domine Jesu accipe spiritum meum.
Et ne statuas illis hoc peccatum
Et cum dixisset obdormivit in Domino«

»Sie steinigten Stephanus, während er betete und sprach:
Herr Jesus, nimm meinem Geist an.
Und: Halte diese Sünde nicht gegen sie fest.
Und als er (dies) gesagt hatte, entschlief er im Herrn.«

Johann Sebastian Bach (1685–1750)

Johann Sebastian Bach komponierte für den Stephanustag 1725 die Kantate »Selig ist der Mann (Dialogus)«
(BWV 57). Ihr Text stammt von Georg Christian Lehms.[239]

---

238 Vgl. G. Schiller, Ikonographie der christlichen Kunst Bd. 4,1
      Die Kirche, Gütersloh 1976, Nr. 383, Text S. 152.
239 Vgl. A. Dürr, Johann Sebastian Bach. Die Kantaten, Kassel etc.
      (1971) 9. Aufl. 2009, 146.

Die einleitende Aria spielt mit dem Zitat aus Jak 1,12 sofort darauf an, dass Stephanus als Märtyrer starb:

»Selig ist der Mann, der die Anfechtung erduldet;
Denn nachdem er bewähret ist, wird er die Krone des
Lebens empfahen.«

Mit »Krone« ist hier das griechische *stephanos* übersetzt (das auch »Kranz« bedeuten kann), so dass sich (für humanistisch Gebildete) in dem Bibelwort der Name des Stephanus versteckt. Die Fortsetzung des Liedes malt in Metaphern eine feindliche Umwelt aus:

»Ich muß als wie ein Schaf
Bei tausend rauhen Wölfen leben;
Ich bin ein recht verlaßnes Lamm
Und muß mich ihrer Wut
Und Grausamkeit ergeben.
Was Abeln dort betraf,
Erpresset mir
Auch diese Tränenflut ...«

Der Gedankensprung zu Abel folgt der *Legenda Aurea*: Abel galt als der erste Märtyrer der alttestamentlichen Geschichte wie Stephanus der erste Märtyrer der Kirchengeschichte.[240] Auch das Rezitativ (Nr. 4) und die nächste Aria (Nr. 5) nehmen Bezug auf Feinde. In der Fortsetzung tritt das zurück, vermutlich weil in der kirchlichen Situation der Abfassungszeit wenig Anlass dazu bestand, die Gläubigen auf ein Martyrium einzustimmen. Die restlichen Stücke liegen darum mehr auf der Linie einer allgemein-christlichen *Ars moriendi*.

240 S. o. 115

Dabei verwenden sie Motive aus der Vision des Stephanus (Apg 7,55f.), in der er den Himmel offen und Jesus zur Rechten Gottes – wie zur Begrüßung des Todgeweihten – stehen sieht:

6. Rezitativ:

»Jesus
In meinem Schoß liegt Ruh und Leben,
Dies will ich dir einst ewig geben.

Seele
Ach! Jesu, wär ich schon bei dir,
Ach striche mir
Der Wind schon über Gruft und Grab,
So könnt ich alle Not besiegen.
Wohl denen, die im Sarge liegen
Und auf den Schall der Engel hoffen!
Ach! Jesu mache mir doch nur
Wie Stephano den Himmel offen!
Mein Herz ist schon bereit,
Zu dir hinaufzusteigen.
Komm, komm, vergnügte Zeit!
Du magst mir Gruft und Grab
Und meinen Jesum zeigen.«

Die folgende Aria (Nr. 7) orientiert sich an dem Gebet des Stephanus »Herr Jesus, nimm meinen Geist auf!« (Apg 7,59):

»Ich ende
Behende
Mein irdisches Leben
Mit Freuden
Zu scheiden

Verlang ich itzt eben.
Mein Heiland, ich sterbe mit höchster Begier,
Hier hast du die Seele, was schenkest du mir?«

Der Schlusschoral (Nr. 8) verspricht mit einem breiten
Strom der Frömmigkeitsgeschichte (mit eher antik-rö-
mischen als neutestamentlichen Wurzeln!) der Seele
die Aufnahme in den Himmel. Mit dem »gemarterten
Leibe« ist wohl nicht mehr auf ein Martyrium, sondern auf Umstände des natürlichen Todes angespielt:

»Richte dich, Liebste, nach meinem Gefallen und gläube,
Daß ich dein Seelenfreund immer und ewig verbleibe,
Der dich ergötzt
Und in den Himmel versetzt
Aus dem gemarterten Leibe.«

Felix Mendelssohn Bartholdy (1809–1847)

Die Rezeption der Stephanus-Tradition im *Paulus-Oratorium* Felix Mendelssohn Bartholdys[241] verdient besondere Beachtung, weil dieses Oratorium ein unge-
heurer Publikumserfolg war und so die Erinnerung an
Stephanus in bürgerlichen (nicht unbedingt kirchlichen) Kreisen wachhielt und beeinflusste. Die Uraufführung fand im Mai 1836 beim 18. Niederrheinischen
Musikfest in Düsseldorf statt; im März 1837 folgte die
erste Aufführung in Leipzig, und im September 1837
folgten Aufführungen in London und Birmingham,
danach weitere Aufführungen in Deutschland, Däne-
mark, Holland, Polen, Russland, der Schweiz und sogar den Vereinigten Staaten.[242] Erst gegen Ende des

---

241   Vgl. FELIX MENDELSSOHN BARTHOLDY, Paulus Elias, Textaus-
      gabe mit Einführung von HERBERT LÖLKES, Stuttgart 2006.

19. Jahrhunderts ließ die Popularität dieses Oratoriums nach.[243]

Der narrative Teil dieses Oratoriums, der sich eng an Bibeltexte anlehnt, beginnt mit der Verfolgung und Steinigung des Stephanus (Nr. 4–11). Die Vorwürfe gegen Stephanus lauten auf »Lästerworte wider diese heilige Stätte und das Gesetz« und werden nicht als Verleumdungen durch bestellte falsche Zeugen relativiert. Die angebliche Prophezeiung des Stephanus aus Apg 6,14 wird genau nach Luther zitiert. Aus der Rede des Stephanus wird der Rückblick auf die Geschichte Israels auf wenige Sätze komprimiert:

»Der Gott der Herrlichkeit erschien unsern Vätern, er rettete das Volk aus aller Trübsal und gab ihnen Heil. Aber sie vernahmen es nicht. Er sandte Mosen in Ägypten, da er ihr Leiden sah und hörete ihr Seufzen. Aber sie verleugneten ihn und wollten ihm nicht gehorsam werden und stießen ihn von sich und opferten den Götzen Opfer. Salomo baute ihm ein Haus, aber der Allerhöchste wohnt nicht in Tempeln, die mit Händen gemacht sind; denn der Himmel ist sein Stuhl und die Erde seiner Füße Schemel; hat nicht seine Hand das alles gemacht?«

Die Gegenüberstellung von heilvollen Initiativen Gottes und mangelhaften Reaktionen Israels erinnert an den Vortrag von Ferdinand Christian Baur von 1829. Das könnte auf den theologischen Ratgeber des Komponisten Julius Schubring zurückgehen, der ein Schüler Schleiermachers war.[244] Sein Anteil an der Entstehungsgeschichte des Textes betraf vor allem den

---

242 Vgl. LÖLKES ebd. 8 f.
243 Vgl. DERS. ebd. 10.
244 Vgl. DERS., ebd. 8.

Stephanusteil.[245] Aber nach E. Reimer hat der Komponist »seinerseits Schubrings Textauszug wieder erweitert und eine Textfassung erstellt, die es ihm ermöglichte, den Kontrast zwischen den Taten Gottes und der Verstocktheit Israels kompositorisch hervorzuheben«.[246]

Fast ohne Kürzungen folgen die Anklagen des Stephanus gegen seine Richter und deren Vorfahren aus Apg 7,51–53: Nur der Vorwurf der wiederholten Tötung von Propheten wird ausgelassen, sein Inhalt aber durch die Arie Nr. 7 »Jerusalem, die du tötest die Propheten ...« (Mt 23,37 par. Lk 13,34, leicht gekürzt) nachgeschoben.

In der Schilderung der Empörung über die Rede des Stephanus (in Apg 7 ohne wörtliche Rede) lässt der Komponist den Chor »Weg mit dem ...!« und »Steiniget ihn ... Steiniget ihn!« singen, womit er offensichtlich Elemente der Passion Jesu nach Lk 23,18 (»Hinweg mit diesem!«) und 21 (»Kreuzige, kreuzige ihn!«) aufgreift.[247]

Die letzten Worte des Märtyrers (über seine Vision, Fürbitte für seine Mörder und Sterbegebet »Herr Jesu, nimm meinen Geist auf!«) werden wörtlich aufgenommen.

Befremdlich ist, dass die Kritik an einer Fehldeutung des Salomonischen Tempels (Stichwort »woh-

---

245 Vgl. E. Reimer, Vom Bibeltext zur Oratorienszene: Textbearbeitung und Textvertonung in Felix Mendelssohn Bartholdys »Paulus« und »Elias«, Köln 2002, 15 und 16
246 Vgl. E. Reimer, ebd. 33.
247 Auch das Paulusoratorium als Ganzes ähnelt einem Passionsoratorium. Vgl. E. Reimer, ebd. 18: »Anders als in der Apostelgeschichte, ist Paulus in Mendelssohns Oratorium weniger der erfolgreiche Missionar als vielmehr der zum Märtyrertod bereite Apostel.«

nen«) in einem Zusammenhang wiederkehrt, der in der biblischen Vorlage (Apg 14,15) keinen Anhaltspunkt dafür bietet: An die Adresse einer *heidnischen* Volksmenge sagt Paulus in Nr. 36 Rezitativ:

»Gott wohnet nicht in Tempeln mit Menschenhänden gemacht. Wisset ihr nicht, daß ihr Gottes Tempel seid und daß der Geist Gottes in euch wohnet? So jemand den Tempel Gottes verderben wird, den wird Gott verderben. Denn der Tempel Gottes ist heilig, der seid ihr.«

Das kann man nur als Anrede an das christliche Publikum nachvollziehen! Auch für diese Szene hatte Schubring (im Oktober 1835, wenige Monate vor der Uraufführung) brieflich Vorschläge gemacht.[248] Inhaltlich wird hier eine Brücke von Apg 7,48 zu 1Kor 6,16 und 3,17 geschlagen, wo die christliche Gemeinde und jeder einzelne Christ als Tempel gedeutet werden. Dahinter steht das Tempelwort, das Jesus im Verhör durch Kaiphas vorgeworfen wurde – in der Fassung von Mk 14,58: »Ich will diesen Tempel, der mit Händen gemacht ist, abbrechen und in drei Tagen *einen andern* bauen, *der nicht mit Händen gemacht ist.*«

Vor diesem Hintergrund erscheinen die Feinde des Paulus, die ihm in Jerusalem Tempelverachtung vorwerfen (Apg 21,28), als Verfechter einer überholten Stufe der Religionsgeschichte:

Nr. 38 Chor:

»Hier ist des Herren Tempel! Ihr Männer von Israel, helfet! Dies ist der Mensch, der alle Menschen an allen Enden lehret wider dies Volk, wider das Gesetz und wider diese Heilige Stätte. Steiniget ihn!«

---

248 Vgl. REIMER, ebd. 17.

Der erste Aufruf zitiert die Parolen, die der Prophet Jeremia in seiner Tempelrede als »Lügenworte« angeprangert hatte (Jer 7,4). Das abschließende »Steiniget ihn« nimmt den Ruf des Chores (Nr. 8) aus dem Stephanusteil des Oratoriums auf.

Dass diese Szene im Tempel von Jerusalem womöglich den ersten Anstoß zum späteren Märtyrertod des Apostels gab, wird mit wenigen Worten angedeutet. Dieses Lebensende steht nach der Kavatine Nr. 40 unter der Verheißung der »Krone des Lebens« aus Offb 2,10 bzw. der »Krone der Gerechtigkeit« aus 2Tim 4,8 (so Nr. 44 Rezitativ). Humanistisch Gebildete des 19. Jahrhunderts konnten hier wohl »Krone« als Übersetzung von griechisch *stephanos* erkennen. Die sehr alte Tradition vom Märtyrertod des Paulus *in Rom* wird damit merkwürdigerweise ausgeblendet und eine Alleinschuld jüdischer Feinde des Apostels suggeriert: befremdlich bei einem Komponisten, der ein Enkel des jüdischen Philosophen Moses Mendelssohn war. Seine von Anfang an christliche Erziehung hat offenbar keine Sensibilität für die Probleme jüdisch-christlicher Konflikte aufkommen lassen. Das Neue Testament lässt dagegen offen, ob der von jüdischen Anklägern angestrengte römische Prozess gegen Paulus mit einem Todesurteil endete oder erst eine spätere Entwicklung zu seinem Martyrium in Rom führte (was der 1. Clemensbrief nahelegt).[249]

Rätselhaft ist, warum der Komponist schon in der Ouvertüre das Lied von Philipp Nicolai »Wachet auf, ruft uns die Stimme ...« musikalisch anklingen lässt und dessen erste Strophe nach dem Damaskuserlebnis des Paulus singen lässt (Nr. 16 Choral):

---

249   Vgl. 1Clem 5,7.

»Wachet auf, ruft uns die Stimme
der Wächter sehr hoch auf der Zinne,
wach auf, du Stadt Jerusalem!
Wacht auf! Der Bräutgam kommt,
steht auf, die Lampen nehmt.
Halleluja!
Macht euch bereit zur Ewigkeit,
ihr müsset ihm entgegengehn.«

Mindestens *ein* Hörer dieses Oratoriums*– der Schweizer Theologe *Friedrich Zündel* – hat hier einen impliziten Ruf zur Bekehrung der Juden herausgehört[250]:

»Wollte er (sc. der Komponist) nicht seinen Volksgenossen, die solche Oratorien gern besuchen, hiermit ein Wach auf! Zurufen? Hier – das will der Ruf … sagen – hier ist der Scheideweg in unsrer Geschichte, wo unser Volk endgültig den Irrweg betrat. Wach auf Jerusalem, und kehre um zu Joseph, den du den Heiden verkauft hast und der dort nun doch ein mächtiger Herr geworden ist!«[251]

Das heißt wohl im Klartext übersetzt: Bekehrt euch zu dem, den die christlichen Nichtjuden inzwischen als ihren *Herrn* verehren.

Im heutigen Evangelischen Gesangbuch findet sich m. W. nur *eine* explizite Erinnerung an Stephanus im Rahmen des Pfingstliedes »*Geist des Glaubens, Geist der Stärke*« *(EG 137)* von *Carl Johann Philipp Spitta (1801–1859)* (von 1833). Das Lied ist eine Bitte um die Gaben des Heiligen Geistes, der in Str. 1 und 9 als der

---

250 Vgl. F. ZÜNDEL, Apostelzeit, 2. Aufl. München 1926, hrsg. von Georg Merz, 65.
251 ZÜNDEL greift hier die Joseph-Jesus-Typologie aus der Stephanusrede (Apg 7, 9 ff.) auf.

Geist »der heilgen Männer, Kön'ge und Propheten-
schar, der Apostel und Bekenner« tituliert wird. Unter
dieser Überschrift werden dann in Str. 3–7 Abraham,
Mose, David, Elia, die Apostel und Stephanus als Vorbilder in Erinnerung gerufen. Dass Stephanus in diesem Rahmen berücksichtigt wird, passt zu seiner Charakterisierung als »voll heiligen Geistes« in Apg 6,3.5
(ähnlich V. 10). Es fällt aber auf, dass nicht nur zu Stephanus, sondern auch in anderen Strophen auf eine
feindliche Umwelt angespielt und zu Opferbereit-
schaft aufgerufen wird:

Str. 2: »… Menschengunst und gute Zeit, Leib und Le-
ben dranzusetzen in dem großen, heilgen Streit.«
Str. 3 (Abraham): »… auch das Liebste jede Stunde
Gott zu Füßen niederlegt«.
Str. 3 (Mose): »… wenn durch freches Übertreten unser
Volk häuft Schuld auf Schuld«.
Str. 5 (David) »… Mut, zu streiten mit den Feinden …
in Leidenszeiten"
Str. 6 (Elias): »wenn den Götzen dieser Zeit die ver-
führte blinde Menge Tempel und Altäre weiht«.
Str. 7 (Apostel): »… ungebeugten Zeugenmut, aller
Welt trotz Spott und Drohen zu verkünden
Christi Blut«.

Das Beispiel des Stephanus bietet sich als Abschluss
dieser Serie an, wird allerdings mit einem irenischen
Akzent versehen, der sich mehr dem Liederdichter als
der biblischen Vorlage verdankt[252]:

---

252 Vgl. D. KLAHR, Glaubensheiterkeit: Carl Johann Philipp Spitta
(1801–1859). Theologe und Dichter der Erweckung, Göttingen
2009. Ein Echo dieser Liedstrophe findet sich in Ludwig Hof-
ackers Predigt (s. o. 159): »der heitere und freudige Muth, mit

»Schenk gleich Stephanus uns Frieden / mitten in der Angst der Welt[253], / wenn das Los, das uns beschieden, / in den schwersten Kampf uns stellt. / In dem rasenden Getümmel / schenk uns Glaubensheiterkeit, / öffn' im Sterben uns den Himmel, / zeig uns Jesu Herrlichkeit.«

Die abschließende Anspielung auf die Vision des Stephanus erinnert an die besprochene Bach-Kantate.

Reginald Heber (1783–1826)

Mit speziellen Liedern zum Stephanustag ist in evangelischen Kirchengesangbüchern (in ihrem am Kirchenjahr orientierten Teil) nicht zu rechnen. Anders in der anglikanischen Kirche, die sich weniger von der altkirchlich-mittelalterlichen Heiligenverehrung distanziert hat. (Auch wissenschaftliche Buchtitel können dort von »St. Paul« sprechen!) In einem Gesangbuch von 1916 habe ich ein Lied zum Stephanustag gefunden, das auch heute noch zum gesungenen Liedgut gehört.[254] Die dortige Langfassung lautet:

---

dem er (sc. Jesus) ihn umgürtete auch unter den Unbilden und Ungerechtigkeiten der Welt«.

253 Eine Anspielung auf Joh 16,33: »[…] damit ihr in mir Frieden habt. In der Welt habt ihr Angst; aber seid getrost, ich habe die Welt überwunden.«

254 Vgl. *The Hymnal as Authorized and Approved for Use by the General Convention of the Protestant Episcopal Church in the United States of America*, Cambridge / New York 1920 Nr. 85. In *The Church Hymnary*, 3. Aufl. Oxford 1973, Nr. 541 sind jeweils zwei Strophen zu einer zusammengefasst (vermutlich zu einer anderen Melodie zu singen als 1916), und die Strophen 6–7 ausgelassen, so dass Strophe 5 und 8 die dritte Strophe bilden.

1   The Son of God goes forth to war,
        A kingly crown to gain;
    His blood-red banner streams afar:
        Who follows in his train?

2   Who best can drink his cup of woe,
        Triumphant over pain;
    Who patient bears his cross below,
        He follows in his train.

3   The martyr first, whose eagle eye
        Could pierce beyond the grave,
    Who saw his Master in the sky,
        And called on him to save.

4   Like him, with pardon on his tongue,
        In midst of mortal pain,
    He prayed for them that did the wrong:
        Who follows in his train?

5   A glorious band, the chosen few,
        On whom the Spirit came:
    Twelve vailiant saints, their hope they knew,
        And mocked the cross and flame.

6   They met the tyrant's brandished steel,
        The lion's gory mane;
    They bowed their necks the death to feel:
        Who follows in their train?

7   A noble army, men and boys,
        The matron and the maid,
    Around the Saviour's throne rejoice,
        In robes of light arrayed.

8   They climbed the steep ascent of heaven
Through peril, toil and pain:
O God, to us may grace be given
To follow in their train. Amen.

Der Akzent liegt hier auf der inneren Haltung des Märtyrers und seiner Bedeutung als Vorbild, die durch die wiederkehrende Wendung »follow in his train« unterstrichen wird.

An die Stelle der altkirchlich beliebten Athleten-Metaphorik treten Stichwörter soldatischer Tapferkeit (*war, banner, valiant*). Von einem Fürsprecherdienst bei Gott und einer darauf bezogenen Anrufung des Heiligen ist keine Rede. Im heutigen *Church Hymnary* ist als Verfasser REGINALD HEBER (1783–1826) angegeben, ein hoch gebildeter anglikanischer Priester, der 1823 zum Bischof von Kalkutta geweiht wurde und dieses Amt bis zu seinem frühen Tod mit großem Einsatz wahrgenommen hatte. Eine Marmorskulptur in der St. Paul's Kathedrale in London würdigt sein Wirken.[255]

Jan Struther[256] (1901–1953)

Auf eine Bitte um eine geistliche Begabung nach dem Vorbild des Stephanus läuft auch ein englisches Stephanuslied aus dem 20. Jahrhundert hinaus. Die

---

255 Vgl. http://en.wikipedia.org/wiki/Reginald_Heber. Das Stephanuslied stammt vermutlich aus der posthumen Teilsammlung seiner Lieder: Hymns Written and Adapted to the Weekly Church Service of the Year, London 1827; vgl. http://www.hymntime.com/tch/bio/h/e/b/heber_r.htm.

256 Nach Wikipedia mit bürgerlichem Namen ursprünglich Joyce Anstruther, nach Verheiratungen später Joyce Maxtone Graham, dann Joyce Placzek.

Autorin wurde weltbekannt als Verfasserin des (auch verfilmten) Bestsellers *Mrs. Miniver*.

When Stephen, full of pow'r and grace,   Went forth thro'-
    out the land,
He bore no shield before his face,   No weapon in his hand;
But only in his heart a flame   And on his lips a sword
Wherewith he smote and overcame   The foemen of the
    Lord.

When Stephen, young and doomed to die,   Fell crushed
    beneath the stones,
He had no curse nor vengeful cry   For those who broke
    his bones;
But only in his heart a flame   And on his lips a prayer
That God, in sweet forgiveness' name   Should understand
    and spare.

Let me, O Lord, thy cause defend, A knight without a
    sword;
No shield I ask, no faithful friend,   No vengeance, no
    reward;
But only in my heart a flame   And in my soul a dream,
So that the stones of earthly shame   A jeweled crown may
    seem.

Zu Strophe 1 ist anzumerken, dass die geistige Überlegenheit des Stephanus in Diskussionen (vgl. Apg 6,10) in der sonstigen Rezeptionsgeschichte wenig beachtet wird. Die Metapher eines sprachlichen »Schwertes auf den Lippen« korrespondiert dem Verzicht auf physische Waffengewalt (Schwert und Schild in Str. 1 und 3), könnte aber zugleich ein zarter Hinweis auf die für die Gegner schmerzlichen Niederlagen in den »Wortgefechten« mit Stephanus sein.[257] Die Hervorhebung der Feindesliebe im Gebet für die Mörder (Str. 2 und 3) erinnert an die Stephanuspredigten des Augustinus.[258] Die Gegenüberstellung von »irdischer Entehrung« und »juwelenbesetzter Krone« in der Schlusszeile spielt wie bei anderen Autoren auf die Wortbedeutung des Namens Stephanus an. Singulär ist hier aber der Kontrastbegriff »earthly shame«, der auf die Verleumdungen anspielt, mit denen der Leidensweg des Stephanus begann.

Einen ganz persönlichen Akzent setzt die in jeder Strophe enthaltene Metapher der »Flamme im Herzen«, die in Str. 3 ergänzt wird durch »in my soul a dream«, was uns heute an das »I have a dream« von *Martin Luther King* erinnert.

Maria Luise Thurmair geb. Murmelter (1912–2005)

Die äußerst produktive katholische Liederdichterin Maria Luise Thurmair hat zu Ehren des Märtyrers Stephanus ein Lied verfasst, das im Refrain den Heiligen als Fürsprecher anruft[259]:

Laßt uns Sankt Stephan ehren, den Zeugen hochgemut;
Er gab für seinen Herren als erster hin sein Blut.
    Heilger Stephanus, hoch in Herrlichkeit,
    erbitt uns Kraft und Mut und deines Geistes Glut.

Der Geist trieb ihn zu künden den Herrn, das Licht der Welt,
das Elenden und Blinden die bittre Nacht erhellt.
    Heilger Stephanus …

---

257 Vgl. oben 26 f.
258 Vgl. oben 105.
259 Es ist nicht im (bisherigen) Gesangbuch »Gotteslob« enthalten und wird hier zitiert nach L. und R. Lahrmann, St. Stephanus (s. o. 115, Anm. 122), 128.

Als ihn der Rat vernommen, da leugnete er nicht;
Der Herr wird wiederkommen als König zum Gericht.
  Heilger Stephanus …

Er starb und fiel als Zeuge, dem Samenkorne gleich;
Sein Blut trieb neue Zweige und mehrte Gottes Reich.
  Heilger Stephanus …

Laßt uns Sankt Stephan loben, den treuen Diakon;
gekrönt und hocherhoben schaut er den Menschensohn.
  Heilger Stephanus …

Von den individuellen Zügen des Stephanus und Besonderheiten seines Martyriums ist hier wenig aufgenommen: in der letzten Strophe sein Amt als Diakon
und seine Vision des Menschensohns, in der vorletz-
ten vielleicht die Nachwirkung seines Martyriums
nach Apg 8,1 und 4 sowie 11,19–21. Dass er im Verhör
vor dem Rat sein Christuszeugnis als ein Geständnis
abgelegt habe, ist eine Angleichung an spätere alt-
kirchliche Märtyrerberichte.

Leider nur aus dem Gedächtnis kann ich eine Strophe zitieren, die dem geistlichen Volkslied unbekannter Herkunft[260] *Schönster Herr Jesus* in einem Zweig seiner Verbreitung nachträglich angehängt wurde. Sie
nimmt am Schluss das Sterbegebet des Stephanus
ähnlich auf wie Bachs Kantate »Selig ist der Mann«:

»Wenn ich einst sterbe,
dass ich nicht verderbe,
lass mich dir befohlen sein.

---

260 Vgl. M. Fischer 2005 in: Freiburger Anthologie Lyrik und Lied.
     Digitale Dokumentation von lyrischen Kurztexten, http://
     www.lyrik-und-lied.de.

Wenn's Herz will brechen,
lass mich dann sprechen:
Jesus, nimm auf die Seele mein!«

Diese Strophe geht auf die zweifellos hinzugewachsene Schlussstrophe des Liedes in einem Jesuiten-Gesangbuch von 1747 zurück, allerdings nicht in der an Stephanus erinnernden letzten Zeile.[261]

4. Nachdichtungen der Stephanusgeschichte

Gottfried August Bürger (1747–1794)

Der Pfarrerssohn Gottfried August Bürger ist vor allem als Verfasser der Ballade »Lenore« (über eine verzweifelte Kriegerwitwe) und als erfolgreicher Bearbeiter der Abenteuer des Freiherrn von Münchhausen im deutschen kulturellen Gedächtnis präsent.[262] Die Wahl des Sujets »Stephanus« für eine Ballade verdankt sich wohl weniger seiner kirchlichen Herkunft und einem abgebrochenen Theologiestudium als seiner Vorliebe für tragisch-dramatische Inhalte. Der Stil des Gedichts entspricht einer von Friedrich Schiller bemängelten, aber von Bürger gewollten Volkstümlichkeit. Beach-

---

261 Geistliches Psälterlein PP. Societ. Jesu, In welchem Die außerlesenste alte und neue Kirchen- und Hauß-Gesäng / liebreichste Psalmen Davids / Kinder-Lehr / kleiner Catechismus / Gebett-Büchlein der Bruderschafften / etc. verfasset. Diese letzte Truck von denen Patribus mit sonderlichem Fleiß übersehen / und mit anmuthigen und gantz newen Gesängen und vielen Psalmen vermehrt / so seiner Ordnung nach eingesetzt. Köln 1747, 332 f., dortige Fassung bei Fischer, ebd.
262 Vgl. http://de.wikipedia.org/wiki/Gottfried_August_Bürger.

tung verdient, dass die Strophen 2 und 3 die emotionalen Aspekte des lukanischen Berichts aufgreifen, die in der wissenschaftlichen Auslegung meistens vernachlässigt werden.

Sankt Stephan[263]

Sankt Stephan war ein Gottesmann,
Von Gottes Geist beraten,
Der durch den Glauben Kraft gewann
Zu hohen Wundertaten.
Doch seines Glaubens Wunderkraft
Und seine Himmelswissenschaft
Verdroß die Schulgelehrten,
Die Erdenweisheit lehrten.

Und die Gelehrten stritten scharf,
Und waren ihm zuwider;
Allein die Himmelsweisheit warf
Die irdische danieder.
Und ihr beschämter Hochmut sann
Auf Rache an dem Gottesmann.
Ihn zu verleumden dungen
Sie falscher Zeugen Zungen.

Und gegen ihn in Aufruhr trat
Die jüdische Gemeinde.
Bald riß ihn vor den Hohen Rat
Die Rachgier seiner Feinde.
Die falschen Zeugen stiegen auf,
Und logen: »Dieser hört nicht auf,

---

263 Hier zitiert nach dem Band *Die Bibel in den Worten der Dichter*, herausgegeben von B. KIRCHER, Freiburg/Basel/Wien 2006, 590–593.

Zu sträflichem Exempel,
Zu lästern Gott und Tempel.

Sein Jesus, schmäht er, würde nun
Des Tempels Dienst zerstören;
Hinweg die Satzung Mosis tun,
Und andre Sitten lehren.«
Starr sah der ganze Rat ihn an;
Doch er, mit Unschuld angetan,
Trotz dem, was sie bezeugten,
Schien Engeln gleich zu leuchten.

»Nun sprich! Ist dem also?« begann
Der hohe Priester endlich.
Da hub er frei zu reden an,
Und deutete verständlich
Der heiligen Propheten Sinn,
Und was der Herr von Anbeginn,
zu Judas Heil und Frommen,
Geredt und unternommen.

»Doch, Unbeschnittne«, fuhr er fort,
»an Herzen und an Ohren!
An Euch war Gottes Tat und Wort
Von je und je verloren.
Eu'r Stolz, der sich der Zucht entreißt,
Stets widerstrebt er Gottes Geist.
Ihr, so wie Eure Väter,
Seid Mörder und Verräter!

Nennt mir Propheten, die sie nicht
Verfolgt und hingerichtet,
Wenn sie aus göttlichem Gesicht
Des Heilands Kunft berichtet;
Des Heilands, welchen Eu'r Verrat

Zu Tode jetzt gekreuzigt hat.
Ihr wißt zwar Gottes Willen,
Doch wollt ihn nie erfüllen.«

Und horch! Ein dumpfer Lärm erscholl.
Es knirschte das Getümmel.
Er aber war des Geistes voll,
Und blickt' empor gen Himmel,
Und sah eröffnet, weit und breit,
Des ganzen Himmels Herrlichkeit,
Und Jesum in den Höhen
Zur Rechten Gottes stehen.

Nun rief er hoch im Jubelton:
»Ich seh' im offnen Himmel,
Zu Gottes Rechten Gottes Sohn!«
Da stürmte das Getümmel,
Und brauste, wie ein wildes Meer,
Und übertäubte das Gehör,
Und, wie von Sturm und Wogen,
Ward er hinweggezogen.

Hinaus zum nächsten Tore brach
Der Strom der tollen Menge,
Und schleifte den Mann Gottes nach,
Zerstoßen im Gedränge;
Und tausend Mörderstimmen schrien,
Und Steine hagelten auf ihn
Aus tausend Mörderhänden,
Die Rache zu vollenden.

Als er den letzten Odem zog,
Zerschellt von ihrem Grimme,
Da faltet' er die Hände hoch
Und bat mit lauter Stimme:

»Behalt', o Herr, für dein Gericht
Dem Volke diese Sünde nicht!
Nimm meinen Geist von hinnen!«
Hier schwanden ihm die Sinnen.

Johann Peter Hebel (1760–1826)

Der badische Mundartdichter, Schulmann und Kirchenpolitiker Johann Peter Hebel hat 1824 einen Band *Biblische Geschichten, für die Jugend bearbeitet,* publiziert, der vermutlich großen Einfluss auf das bibelkundliche Grundwissen seiner Zeit hatte.[264] Aus seiner nicht sehr ausführlichen Nacherzählung der Stephanusgeschichte lohnt sich die Zitierung von Sätzen, die ein pädagogisches Unbehagen des Autors verraten:

»Stephanus war neben seiner Frömmigkeit auch ein schöner[265], aber zugleich ein wortseliger und reizbarer Mann. Man sah ihm wohl an, daß er noch ein Neuling und kein Apostel war. Seine Reizbarkeit beförderte seinen Tod …«
»Als er aber des Tempels erwähnte und nun wieder an die Beschuldigung dachte, wegen welcher er verklagt war, und als er schon erhitzt war in seiner Rede, verlor er die Fassung seines frommen Gemüts so sehr, daß er anfing, sie zu schimpfen. Das tat kein Apostel. Er nannte sie Halsstarrige und Unbeschnittene, was damals eine große Beleidigung war, und warf ihnen vor, daß ihre Väter die Propheten getö-

---

264 Hier zitiert nach: Biblische Geschichten. Das Alte und das Neue Testament nacherzählt von J. P. Hebel mit Illustrationen von Gustav Doré mit einem Nachwort von Leslie Giger, Zürich 1981, 223 f.

265 Woher weiß Hebel das? Vielleicht ist das seine Auslegung von Apg 6,15: »Sie sahen sein Angesicht wie das Angesicht eines Engels.«

tet haben, und sie selbst seien nicht besser. Niemand läßt gern seine Väter beschimpfen, sich auch nicht.«

Vor dem Hintergrund der üblichen Verehrung der »Heiligen« ist das ein bemerkenswert kritisches Wort, das die *jugendliche* Leserschaft vor einer Nachahmung des Märtyrers warnen soll. Dass Stephanus schon von seiner Veranlagung her reizbar gewesen sei (gleich zweimal behauptet!) ist jedoch aus der Luft gegriffen. Dass im Gegensatz zu ihm die Apostel frei von polemischer Härte gewesen seien, wird man von Paulus jedenfalls nicht behaupten können.[266] Hebel meint wohl den Zwölferkreis – aber zu dem gehörten auch die Zebedaiden Jakobus und Johannes, die Jesus als »Donnersöhne« bezeichnet hatte (Mk 3,17) und die ein ungastliches Dorf der Samariter mit Feuer vom Himmel vernichten wollten (Lk 9,54).

Bernt von Heiseler (1907–1969), Das Stephanusspiel[267]

Bernt von Heiseler war ein konservativer Dichter und Schriftsteller, der gern historische Stoffe aufgriff. Der Titel »Das Stephanusspiel« signalisiert eine Nähe zu den traditionellen Passionsspielen; auch die Sprache dieses Stückes ist entsprechend volkstümlich bis altertümelnd. Dem anvisierten Publikum sind frei erfundene Rollen geschuldet, z. B. die Braut und die Mutter des Stephanus.

Wie in anderen Nacherzählungen wird Saulus von vornherein als der führende Gegner und geradezu als Spitzel eingeführt: Die Braut warnt Stephanus (15) vor

---

266 Vgl. etwa Gal 6,12!
267 Freiburg i. Breisgau 1949.

öffentlichen Auftritten und Disputationen mit Sadduzäern und Pharisäern,

»den feinen Herrn, den heimlichen Spähern,
Von denen Saulus der schlimmste ist,
Der haßt unsern Herren Jesus Christ,
Und hört sich deine Worte an,
Nur daß er sie gegen dich wenden kann.«

Beachtlich ist, dass dieser Dichter (im Gegensatz zu
vielen Auslegern) die charismatische Seite am Wirken
des Stephanus als Auslöser der Streitgespräche ernst
nimmt (vgl. Apg 6,8 f.). Nach einer Krankenheilung,
zu der Stephanus beigetragen hat und die Jesus und
dem heiligen Geist zugeschrieben wird, tritt Saulus
auf, um der Sache nachzugehen. Sein Kommentar lautet (24):

»Da hört Ihr's nun! Ich sagt es Euch gestern:
Sie wissen selbst nicht, wie sie lästern.
Der Nazarener, ihr falscher Prophet,
Tritt ihnen vor Gottes Majestät,
Wo Gott der Herr ein Ding verrichtet,
Wird's ihrem ›Christus‹ zugedichtet ...«

Saulus weiter (26):

»Wenn man uns hier so eifrig beweist,
Ein Wunder geschehn ist aus Gottes Geist,
Just eh wir da zur Tür einkamen – :
Wo blieb der Dank vor dem Höchsten Namen?
Sprach keiner eine Mahnung aus
Zu der Geheilten: Geh ins Gotteshaus,
Stell dich dem Priester im Tempel dar
Und bring dein Opfer zum Altar ...

Wär's nur ein Lämmchen, eine junge Taube,
Aber so fordern's Gesetz und Glaube!«

Als Antwort wird dem Stephanus in Übereinstimmung mit manchen Exegeten eine Ablehnung des Jerusalemer Opferkultes zugeschrieben, was den Vorwurf der Tempelfeindschaft und Abschaffung der jüdischen Sitten als zutreffend hinstellt:

Stephanus:

»Wird nichts Lebendigs mehr geschlacht':
Das süßeste Opfer ist gebracht.«

Eliel (27 f.):

»… Ich glaub, Ihr wißt nicht, was Ihr tut!
Wollt Ihr dem Tempel sein Opfer versagen?
Man wird Euch vor dem Rat verklagen
Als Verächter von Gott und Gesetz …«
»Da war Euer Meister klüger noch,
Der gönnte dem Tempel sein Opfer doch! …«

Stephanus (28):

»Als Jesus noch auf Erden ging,
War's mit dem Opfer ein andres Ding,
Da durfte auf dem Altarstein
Ein Tier dem Tod gegeben sein.
Seit aber Er zum Kreuz aufstieg
Und unter dem dunklen Himmel entschwieg,
Ist aller Kreatur zu frommen
Das Opfer gnädig abgenommen,
Ist mit umschlossen von der Huld,
Auf Ihm liegt alle Sündenschuld.
Drum gilt jetzt vor des Vaters Thron
Kein andres Opfer als der Sohn.«

Diese Auffassung vom Tod Jesu als Todesurteil für den Jerusalemer Opfergottesdienst könnte vom Hebräerbrief inspiriert sein (vgl. Hebr 10,1–18). Sie wird heutzutage z. B. von Joseph Ratzinger im zweiten Band seines Jesus-Werkes vertreten[268] und von Neutestamentlern wie Gerd Theissen[269] und Ulrich Wilckens[270] unterstützt.

Saulus:

»So sagst du mit bewußtem Wort,
Man soll nicht opfern im Tempel dort? …
Ich soll nicht bringen, was ich habe?
Der Tempel heiligt nicht die Gabe?«

Stephanus:

»Aber das sag ich Euch frei ins Gesicht:
Der Tempel heiligt uns noch nicht!
Den haben Menschenhände errichtet.
Von Menschen wird er einst vernichtet.«

Saulus (29):

»Was wir hier alle mußten anhören.
Sollt ihr als Zeugen mir beschwören:
Er schmäht Gesetz und Opferbrand,
Er hat den Tempel vergänglich genannt.
Um das muß ich den Mann verklagen …«

---

268 Vgl. JOSEPH RATZINGER BENEDIKT XVI., Jesus von Nazareth. Zweiter Teil Vom Einzug in Jerusalem bis zur Auferstehung, Freiburg/Basel/Wien o. J. (2011) 150 sowie 254: »Erstaunlicherweise war eines von Anfang an klar: Mit dem Kreuz Christi waren die alten Tempelopfer endgültig überholt.«
269 Vgl. G. THEISSEN / A. MERZ, Der historische Jesus. Ein Lehrbuch, Göttingen, 2. Aufl. 1997, 382.
270 Vgl. das Zitat oben 151 f.

Saulus vor dem Hohen Rat: Nach langer Vorrede erhebt er die Anklage (38 f.) :

»Ich kann belegen, was ich sage.
Für alles, Väter, was Ihr hört,
Steht hier ein Zeuge, der es beschwört:
Er schmäht Gesetz und Opferbrand,
Er hat den Tempel vergänglich genannt,
Er leugnet Israels ewiges Heil,
Stürzt unsres Glaubens feste Säul,
Zerbricht die Tafeln, die Moses gab,
Und stößt sie mit dem Fuß hinab!
Wenn uns seit manchem Tausendjahr
Das Feuer leuchtet am Altar
Und wir dem Herrn Gott Zebaoth
Das Opfer bringen nach seinem Gebot –
Auf einmal tritt ein solcher her
Und sagt, es soll nicht gelten mehr …
Der einzige, der uns Heil erwarb,
Sei Jesus, der am Kreuze starb!«

Der Hohepriester nach der Rede des Stephanus (45):

»Er hat sich selbst zum Tod verdammt,
Den zu vollstrecken
zu Saulus
            Sei dein Amt.
Führ du die Sache des Stephanus
Zu ihrem höchst gerechten Schluß …«

Diesen Auftrag führt Saulus aus – und schmiedet sofort Pläne zur Verfolgung aller Anhänger Jesu bis hin nach Damaskus.

Ganz anders die Darstellung der Rolle des Saulus/ Paulus in dem humorvollen Buch von *Uwe Birnstein* und *Juliane Werding »Sagen Sie mal, Herr Jesus ...« und andere Interviews mit Menschen der Bibel*[271]. Zwar wird Saulus auch hier als empörter Teilnehmer von Diskussionen mit Stephanus hingestellt; aber seine Zeugenschaft beim Tod des Märtyrers bewirkt schon eine Verunsicherung, die mit seinem anschließenden Aktivismus als Verfolger schwer vereinbar ist:

»Ja, ich war dabei. Einen Stein habe ich nicht geworfen, möchte ich betonen. Was ich mir vorwerfen könnte, ist, dass ich nicht eingeschritten bin, als sie ihn steinigten [...] Als ich später zu ihm trat, sah ich trotz aller Verletzungen nicht nur Schmerz auf seinem Gesicht. Da war so ein seliges Lächeln auf seinem Mund. Das hat mich zutiefst beeindruckt [...] Der Tod des Stephanus hat etwas in mir bewirkt. Hat Zweifel in mich gelegt, ob das eigentlich richtig und gut ist, was ich da tue – mit Gewalt gegen Glaubensfeinde anzugehen [...] Meine Selbstgewissheit hatte einen Dämpfer bekommen.«

Die Rede vom »seligen Lächeln« erinnert hier an Spittas »Glaubenheiterkeit«[272] und an Hans Memlings Stephanusbild[273]. Ein weiteres Beispiel für diese Tradition ist das Gedicht »Bekenntnis« des Jugendbuch-Autors *Kurt Oskar Buchner* (1912–1994), das mit »Ich bin Saulus« beginnt und von der Lebenswende des Paulus handelt.[274] Auch hier bahnt sich die Lebenswende schon vor der Damaskusvision an in dem, was der Verfolger beim Martyrium des Stephanus *sieht*:

---

271 Gütersloh 2. Aufl. 2003, Zitat von S. 153.
272 S. o. 189.
273 S. o. 171.
274 Abgedruckt in: *Die Bibel in den Worten der Dichter,* herausgegeben von B. KIRCHER, Freiburg/Basel/Wien 2006, 599–601.

»Aber der Mann, der Stephanus, der
wußte zu sterben, in der Tat,
provozierend. Als ob er der
Sieger und wir die Besiegten
seien. Nein mehr noch, als ob
er sich um uns sorge.

Und auch mich wagte der
Mann, schon verwundet, noch
Anzuschauen – mit solch einem Blick
In der Tat: unvergeßlich. –

Das war der erste Widerhaken,
den Er, der Große, der jahrelang
Bekämpfte, mir ins Herz drückte.«[275]

5. STEPHANUS-WAHRNEHMUNGEN VON JÜDISCHER SEITE

Ausdrückliche Bezugnahmen auf den Konflikt mit
Stephanus sind von der Literatur des antiken Judentums nicht zu erwarten. Aber die *Kampfmittel* dieses
Konflikts wirkten zunächst weiter in der *Wahrneh-
mung des Christentums*:

Dass die Hinrichtung des Stephanus eine groß an-
gelegte Bekämpfung der Urgemeinde auslöste, lässt
darauf schließen, dass die Mehrheit der Bevölkerung
ihren obersten Repräsentanten keinen Justizmord zutraute, sondern aus dem Ergebnis auf die Richtigkeit
der Anklagen schloss. Das sollte die Außenwahrnehmung der Jesusbewegung auf lange Zeit bestimmen;

---

275   Vgl. Apg 26, 14d.

sonst hätte nicht Agrippa I., der letzte König (von Roms Gnaden) über Judäa seiner eigenen Popularität gedient, als er in den Jahren 40–44 n.Chr. die Führung der Urgemeinde auszuschalten suchte (vgl. Apg 12,1–3). Darum stieß es auch nicht auf taube Ohren, als ähnliche Vorwürfe wie gegen Stephanus später gegen Paulus erhoben wurden. Nach Apg 21,18ff. erfährt Paulus gleich bei seinem letzten Eintreffen in Jerusalem von der Gemeindeführung, welches Feindbild von ihm in Judäa im Umlauf ist und den dortigen Christen vor die Nase gehalten wird (Apg 21,20–21):

»Bruder, du siehst, wie die Zahl der Glaubenden unter den Judäern sich auf Zehntausende beläuft, und alle sind Eiferer für das Gesetz. Sie haben aber über dich gehört, dass du alle Juden in der Diaspora zum Abfall von Mose aufrufst, indem du sagst, sie sollten ihre Kinder nicht (mehr) beschneiden und nicht (mehr) nach den (jüdischen) Bräuchen leben.«

Das hier noch nicht erwähnte Thema *Tempel* rückt in Anklagen gegen Paulus in den Vordergrund, die später in aller Öffentlichkeit gegen ihn erhoben wurden (Apg 21,28 EÜ):

»Das ist der Mensch, der in aller Welt Lehren verbreitet, die sich gegen das Volk und das Gesetz und gegen diesen Ort richten; er hat sogar Griechen in den Tempel mitgenommen und diesen heiligen Ort entweiht.«

Das klingt so, als sei aus der Sicht der Gegner Stephanus in Paulus wieder auferstanden!

Dass der Apostel sich keineswegs von den Ordnungen der jüdischen Religion distanziert hatte, gibt Lukas damit zu erkennen, dass er vorher berichtet hat, wie Paulus seine Reise nach Jerusalem in Philippi unterbrochen hat, um dort mit einem Teil seiner Begleiter (wohl jüdischer Herkunft) das Fest der ungesäuerten Brote zu feiern (Apg 20,5–6). Auf der Weiterfahrt soll Paulus nach Apg 21,16 aufs Tempo gedrückt haben, um rechtzeitig zum Wochenfest (Pfingsten) in Jerusalem zu sein. Was die Beschneidung betrifft, so erwähnt Lukas in Apg 16,3, dass Paulus sogar Wert darauf gelegt habe, den Sohn einer jüdischen Frau und eines nichtjüdischen Vaters (Timotheus) beschneiden zu lassen. Ein in Apg 18,18 nebenbei erwähntes Gelübde des Paulus ist sogar ein überpflichtmäßiger religiöser »Brauch« (auf den in Apg 21,23f. zurückgegriffen wird). Die erhaltenen Briefe des Paulus geben keinen Anlass, an diesen Nachrichten zu zweifeln: In der Beschneidungsfrage hat Paulus nur leidenschaftlich dagegen protestiert, dass manche Judenchristen diesen Ritus auch den Heidenchristen aufzwingen wollten (vgl. Apg 15,1–5 und Gal 5,1–4). In der Außenwahrnehmung fiel diese Unterscheidung offenbar unter den Tisch, weil man den Christen jeden Bruch mit der jüdischen Tradition zutraute.

Auch von einer Verachtung des Tempels ist in den Paulusbriefen nichts zu spüren. In 1Kor 9,13 spricht er ohne jeden Unterton der Kritik davon, dass Leviten und Priester ihren Lebensunterhalt von ihrem Dienst am Heiligtum beziehen. Der nach Apg 21,28 in einer dramatischen Szene öffentlich gegen ihn erhobene Vorwurf, er habe den Tempel entweiht, ist völlig aus der Luft gegriffen.[276] Im Verlauf des darauf beruhenden Prozesses gegen Paulus vor römischen Statthaltern schieben die jüdischen Ankläger darum andere Vorwürfe nach, weil sie für diesen Punkt keine Zeugen aufbringen können (vgl. Apg 24,5–13; 25,7). Die

---

276 Vgl. oben 153f.

Anklagen religiösen Inhalts sind aber ein Hinweis auf Werte, die aus der Sicht des »offiziellen« oder »normalen« Judentums durch die Jesusbewegung bedroht waren. Dass am Anfang dieses Feindbildes gezielte Verleumdungen durch in Jerusalem lebende Diasporajuden standen, war inzwischen in Vergessenheit geraten. Mit dieser Stimmungslage tagtäglich konfrontiert, waren die Gemeinden in Judäa bemüht, ihre Torahtreue zu beweisen, und eben deshalb drängte die Führung der Jerusalemer Gemeinde den Apostel so energisch zu einer demonstrativen Teilnahme am Opferkult im Tempel.[277]

Dass die Jesusbewegung von jüdischer Seite weiterhin als tempelfeindlich betrachtet wurde, spiegelt sich auch an einer Stelle des nachkanonischen *Petrusevangeliums*, das ins 2. Jahrhundert n. Chr. datiert wird. In einem der erhaltenen Bruchstücke sagt Petrus über »die Juden und die Ältesten und die Priester«:

»Wir wurden von ihnen gesucht als Übeltäter und als solche, die den Tempel anzünden wollten.« (7,26)

Dass dieses Image der Christen nicht ganz aus der Luft gegriffen war, zeigt das Logion 71 im ebenfalls apokryphen *Thomasevangelium*:

»Jesus sprach: Ich werde (dieses) Haus zerstören, und niemand wird es (wieder) aufbauen.«

Wenn dieses angebliche Jesuswort in christlichen (vermutlich gnostischen) Kreisen im Umlauf war, verwundert es nicht, dass auf jüdischer Seite Jesus selbst wei-

---

277   Vgl. Apg 21,22–26.

terhin mit der Tempelzerstörung in Verbindung gebracht wurde.

In der *rabbinischen Literatur* gibt es m. W. zwar keine
namentliche Bezugnahme auf den Konflikt mit Stephanus. Von Streitgesprächen innerhalb der rabbinischen »Zunft« ist zwar reichlich die Rede, und dabei
werden auch abgelehnte Einzelmeinungen zitiert.
Aber nur, wenn man einen Dissidenten immer noch
als Insider betrachtet. Das Thema »Tempelzerstörung«
wird jedoch auch hier mit dem Wirken Jesu in Verbindung gebracht. Das hat im *Jerusalemer Talmud* einen
merkwürdigen Niederschlag gefunden. In dessen
Traktat Berakhot gibt es eine seltsame Geschichte über
die Geburt des Messias:[278]

Ein Araber entnimmt dem Muhen einer Kuh zwei
Botschaften, die er an einen Juden weitersagt: Erstens:
Der Tempel wurde zerstört; zweitens: »Der König
Messias wurde geboren.« Als Name des Messias wird
Menachem (Tröster) angegeben und als Geburtsort
des Messias Betlehem. Der Jude macht sich daraufhin
als Händler mit Windeln auf den Weg nach Betlehem.
Nach seiner Ankunft kaufen alle dortigen Mütter bei
ihm Windeln, nur nicht die Mutter des Menachem. Als
sie deshalb zur Rede gestellt wird, sagte sie: »Ich
möchte alle Feinde Israels (am liebsten) erwürgen,
denn an dem Tage, da er geboren wurde, wurde der
Tempel zerstört.« Der Händler: »Wir vertrauen darauf, dass er [der Tempel], so wie er um seinetwillen
zerstört wurde, auch um seinetwillen wieder aufge-
baut wird.« Aber die Frau zeigt weiter kein Interesse

---

278 Eine Übersetzung des Textes jBerakhot 2,4/12–14 und ausführ-
liche Besprechung bietet P. SCHÄFER im ersten Kapitel seines
Buches *Die Geburt des Judentums aus dem Geist des Christentums*,
Tübingen 2010, 1–31.

an den Windeln und antwortet mit Ausreden. Der Händler reist ab und kommt nach einiger Zeit wieder und erkundigt sich nach dem Baby. Die Frau erteilt ihm eine mysteriöse Antwort: »Nachdem du mich gesehen hattest, kamen Winde und Wirbelwinde und rissen es mir aus dem Händen.«

Auf allerlei Seltsamkeiten dieser Geschichte müssen wir hier nicht eingehen. Eines ist aber klar: dass zwischen dem Kommen des Messias und der Zerstörung des Tempels ein ursächlicher Zusammenhang besteht (der hier narrativ als Gleichzeitigkeit dargestellt wird). Darum will die Mutter von ihrem Kind nichts wissen und auch nicht für es sorgen. Am Ende ist sie froh, dass das Kind durch ein Wunder (eine Entrückung nach Art des Elija?) aus der Welt geschafft wurde.

Natürlich handelt es sich nicht um ein direktes Echo der Anklage gegen Stephanus. Das Wort von Zerstörung *und Wiederaufbau* des Tempels erinnert aber an einen Ausspruch, den Jesus nach Zeugenaussagen gemacht haben soll (vgl. Mk 14,58 Parr.). Dass der Tempel zwar nicht »durch ihn«, aber »um seinetwillen« zerstört wurde, entspricht einer christlichen Deutung der Katastrophe des Jahres 70, die durch Texte wie Mt 23,37–39 par. Lk 13,34–35 auf Jesus selbst zurückgeführt wurde. Nach der verbreiteten Überzeugung, dass prophetische Worte ihre Erfüllung sozusagen in sich haben und sie herbeirufen (vgl. unser »unberufen!«), trägt Jesus damit mindestens eine Mit-Verantwortung für das Ende des Tempels (ungeachtet der Begründung, die nach diesen Texten in der Weissagung Jesu enthalten war).

Die bloße Tatsache einer Verehrung des Märtyrers durch die Christenheit ist für das Judentum unanstößig, weil es auch hier die Verehrung von Heiligen gab und gibt, insbesondere an ihren (wirklichen oder angeblichen) Gräbern (vgl. Lk 11,47: Prophetengräber). Nur die Verehrung einzelner, auf viele Orte zerstreuter Reliquien ist m.w. ohne jüdische Parallelen. Sie widerspricht dem generellen Anliegen, die Ruhe der Toten nicht zu stören, auch nicht durch die unter Christen verbreitete Grabpflege.

Wir machen einen großen Sprung in die Moderne:

Franz Werfel (1890–1945), Paulus unter den Juden[279]

Franz Werfels Beschäftigung mit biblischen Themen steht im Spannungsfeld zwischen der jüdischen Religion seiner Eltern, die er fraglos übernommen hat, und christlichen Einflüssen durch seine katholische Kinderfrau Barbara und das überwiegend katholische Milieu Prags um die Jahrhundertwende.[280] Begegnungen mit Martin Buber und Max Brod legten ihm zunächst eine Aufwertung der jüdischen Tradition nahe. In den 20er Jahren wurde der christliche Einfluss übermächtig durch den Einfluss seiner Freundin, Geliebten und späteren Ehefrau Alma Mahler(-Gropius), die Werfel 1929 zum Austritt aus der jüdischen Gemeinde nötigte.[281] Einen Eintritt in die katholische Kirche hat Werfel jedoch verweigert,[282] und das Mitleiden mit dem Schicksal der europäischen Juden führte in den 30er und 40er Jahren zu einer erneuten Stärkung seines jüdischen Selbstverständnisses.

---

279 Dramatische Legende in sechs Bildern, Berlin/Wien/Leipzig 1927.

280 Vgl. O. KOLLER, Judentum und Christentum im Leben und Werk Franz Werfels. Dissertation, Universität Wien. Philologisch-Kulturwissenschaftliche Fakultät, 2009, http://othes. univie.ac.at/5374/, *passim.*

281 Vgl. ebd. 34.

282 Vgl. ebd. 86.

Das Paulus-Drama ist um 1924 in den ersten Jahren der Ehe mit Alma Mahler entstanden. Die Anregung zur Beschäftigung Werfels mit der Theologie des Apostels ging von Max Brod aus, insbesondere durch dessen Buch *Heidentum, Christentum, Judentum* (1921).[283] Werfels Drama enthält kein besonderes Profil des Stephanus selber, entwirft aber ein Bild der Bedeutung des Stephanusmartyriums im Leben des Paulus. Das Thema »Konversion zum Christentum« war ein heißes Eisen in der damaligen Neubestimmung jüdischer Identität im kulturellen Kontext Europas.

Werfel lässt den Neubekehrten im Kreise der Jerusalemer Jesusjünger auftreten und über sein Leben vor dem Damaskuserlebnis dramatische Aussagen machen (66):

»Dort ist Schaul! Das war ein Mensch, der im Tode lebte. Er sah nur Tod. Und da er nur Tod sah, konnte er nicht leben ...
Da waren Feinde Israels ringsum. Jesus war Feind! Seht! Und den Feind Stephanus packte ich mit meinen Händen hier, so, so, und wir schleppten ihn vors Tor.
Der erste Stein trifft! Er schließt die Augen, lächelt. Der zweite! Er hebt stumm die Arme. Hundert Steine, alle Steine! Er sieht mich an, mich, stürzt hin in sein Blut. Mich Mörder lächelt ein neuer Tod an, der das ewige Leben ist.«

Paulus zeichnet sich hier nicht als bloßen Statisten in einer Nebenrolle bei der Steinigung des Stephanus, sondern bekennt sich zu Handgreiflichkeiten. Ähnlich später (164) im Gespräch mit seinem greisen Lehrer Gamaliel:

---

283   Vgl. ebd. 76.

»Also führte der Schüler Gamaliels den jungen Stephanus zur Steinigung! Denn wieviel Tod in uns ist, soviel Mord ist in uns.«

Was Werfel an beiden Stellen mit »im Tode« bzw. »Tod in uns« meint, geht aus Worten des Paulus an Gamaliel hervor, die ein Echo auf Röm 7,7–25 sind (163):

»Sieh, nicht lange bin ich ein Kind der Sorglosigkeit gewesen. Denn früh schon schärften sie mir die Thora ein. Da war die Welt erfüllt von flammenden Gesetzesengeln, die alle Wege belagerten. Und all ihre Schwerter loderten gegen mich, tausend und abertausend! Ich peitschte meinen Leib, das Gesetz zu erfüllen! Aber wehe, was vermag dieses fiebernd traumgierige Fleisch aus Adams Vermächtnis! Nichts, nichts! Ich fastete, schlief nicht, schrie zu Gott in den Nächten! Aber die Verbote lockten, die Sünde wuchs zur Todsünde und ich versank in ihr. So hing täglich und stündlich das Todesurteil über mir. Welcher Mensch vermöchte sein Todesurteil zu lieben!? Höre, Rabbanu! Die Thora erlöste mich nicht, sie verfluchte mich nur, zu wissen, daß ich sündige! Und wie mich, so Israel!«

Die Rede von »Adams Vermächtnis« spielt auf Röm 5,12ff. und die kirchliche Lehre von der Erbsünde an – ein Thema der Dogmatik, auf das jüdische Denker in der Regel mit einer Betonung der menschlichen Willensfreiheit reagieren. Die emotionale Dramatik des inneren Konflikts erinnert hier mehr an Martin Luther als an den Apostel und steht damit in einer Auslegungstradition, die mit Recht von der »new perspective« der Paulusforschung kritisiert worden ist.[284]

---

284 Vgl. u. a. M. BACHMANN (Hrsg.) unter Mitarbeit von J. WOYKE, Lutherische und Neue Paulusperspektive. Beiträge zu einem

Über die Wirkung des Martyriums auf den jungen Verfolger sagt Paulus zu Gamaliel (171):

»Mich hat das Sterben des Stephanus sehend gemacht.«[285]

Von einem Umdenken des Saulus unmittelbar nach dem Stephanusmartyrium ist im lukanischen Bericht allerdings nicht die Rede. Im Gegenteil: Nach Apg 8,1a.3 war Paulus nicht nur mit der Tötung des Stephanus einverstanden, sondern betrieb danach eine gezielte Fahndung nach weiteren Jesusjüngern (Männern und Frauen!). Nach Apg 9,1 war er auch dann noch voller Hass gegenüber den Jüngern, als diese sich weitgehend aus Jerusalem abgesetzt hatten (vgl. Apg 8,2).

Joseph Klausner, Von Jesus zu Paulus (1939)[286]

Um die Kenntnis der Anfänge des Christentums bei gebildeten Juden hat sich Joseph Klausner (1874–1958) mit seinem Werk »Von Jesus zu Paulus« wie kaum ein anderer verdient gemacht. Der aus Litauen stammende Literaturwissenschaftler war schon 1919 nach Palästina ausgewandert und lehrte als Professor an der Hebräischen Universität in Jerusalem. Das hebräische Original dieses Buches wurde im Herbst 1939 unter dem Eindruck des beginnenden Zweiten Weltkriegs zum Druck gegeben. Die umfangreichen Vorar-

---

Schlüsselproblem der gegenwärtigen exegetischen Diskussion, Tübingen 2005.

285 Ein Motiv, das der lukanische Bericht mit dem Damaskuserlebnis verbindet (vgl. Apg 9,8.17f. und 26,18).

286 Übertragung aus dem Hebräischen unter Mitwirkung des Verfassers von F. Thieberger, Jerusalem 1950.

beiten für das Buch waren zehn Jahre zuvor bei antijüdischen Unruhen in Palästina vernichtet worden und mussten noch einmal erarbeitet werden.[287]

Auch Joseph Klausner rechnet mit der Möglichkeit, dass der junge Saulus dem Stephanus schon vor dem gewaltsamen Finale begegnete – als Ohrenzeuge von Diskussionen in der Synagoge. Darum könnte er nach Klausner auch zu den Zeugen der Anklage gehört haben, die einzelne Äußerungen des Stephanus vor dem Synhedrium zitierten (vgl. 275):

»Wenn Stephanus mit Juden auch in der Synagoge der Cilicier debattierte, mochte sich an diesen Auseinandersetzungen der junge Pharisäer *Saul aus Tarsus* in Cilicien beteiligt haben, ein hellenistischer, in Jerusalem studierender Jude, damals noch ein begeisterter Pharisäer, der sich der Ansicht des Stephanus über den ›gekreuzigten Messias‹, der nach dem Bibelvers (Deuter. 21,23) als ›Gehenkter‹ ›eine Schmähung Gottes ist‹, gewiß mit aller Entschiedenheit widersetzt haben wird.«

Mit der Mehrheit der modernen Exegeten schiebt Klausner den Gedanken an haltlose und böswillige Verleumdungen beiseite:

»Im Verlauf der Debatte erlaubte sich Stephanus zu behaupten, daß ›Jesus von Nazareth diese Stätte zerstören und die Gesetze, die uns Mose übergeben hat, ändern werde‹.« (275)
»Selbstverständlich bezeichneten die Nazarener die griechischen Juden, die gegen Stephanus aussagten, als ›falsche Zeugen‹. Aber schon Jesus wurde – nicht grundlos – dessen

---

287 Vgl. im Vorwort des Verfassers 13–15.

beschuldigt, daß er sich gerühmt habe, er werde den Tempel zerstören und an seiner Statt ein neues Heiligtum aufbauen. Derartiges wird Stephanus zweifelsohne gesagt haben. Er wird sicherlich behauptet haben, daß der Tempel für die Religion nicht das Wesentliche sei, daß Jesus gekommen war, um ihn niederzureißen und ein neues Heiligtum an seiner Stelle zu erbauen, das nicht auf Opfern, sondern auf Glauben und guten Werken gegründet sein sollte, ferner daß Jesus, wenn er dereinst zur Rechten der Herrlichkeit erscheine, die Zeremonialgebote aufheben werde, da sie ja für die Zeiten des Messias nicht gelten.« (276)

Im Unterschied zu den christlichen Exegeten, die das Todesurteil über Stephanus für nach jüdischem Recht angemessen oder gar unausweichlich halten (sogar wenn nur der Tempel oder nur die Torah als *Casus delicti* für historisch angenommen wird), wertet Klausner aber die Steinigung als einen Akt der spontanen Volksjustiz durch das anwesende Publikum (276 f.):

»Der Verfasser der Apostelgeschichte gibt an dieser Stelle des Berichtes eine lange Rede wieder, die selbstverständlich in der vorliegenden Form nach Art der Reden in den Büchern des Thukydides und Josephus Flavius künstlich zugerichtet ist, bestimmt aber einen wahren Kern enthält. […] In jener Rede fallen harte Worte gegen den Tempel, gegen Jerusalem und seine Oberhäupter; noch dazu betont darin Stephanus, daß Jesus in Wahrheit der im Buche Daniel gemeinte, bis zum ›Uralten der Tage emporgestiegene Menschensohn‹ (Bar-Enasch) sei. Solche abtrünnige Reden mußten die Volksmenge aufregen, die in der Nähe der Quadernhalle, dem Sitz des Synhedrions, versammelt / war und von fern den harten Worten des Stephanus zuhörte. Es fanden sich unter den Leuten ›Eiferer, die Hand anlegten‹ an dem Übertreter und selbst Justiz übten. Diese sahen in ihm

›einen Lästerer‹, den sie zum Tod durch Steinigen verurteilten, wiewohl nach talmudischem Recht ›der Lästerer nicht
schuldig erkannt wird, solange er nicht den Gottesnamen
ausgesprochen hat‹ – was Stephanus nicht getan hatte. Die
Eiferer hielten sich aber nicht an die strikte Gesetzesbestim-
mung, sie stießen Stephanus zur Stadt hinaus und steinigten
ihn […] (I)m Sinne der Pharisäer stellten seine Worte keine
wirkliche Lästerung, sondern nur eine Übertretung dar, auf
die eine Strafe von 39 Schlägen stand, wie sie vordem bei Petrus und Johannes, nachmals bei Paulus angewendet wurde.
Die Hinrichtung des Stephanus war ein ›Lynch-Gericht‹ ent-
gegen pharisäischem, höchstwahrscheinlich auch sadduzäi-
schem Recht.«

Dieses Urteil eines großen Gelehrten und Kenners des
antiken Judentums zeigt, dass es keineswegs geboten
ist, aus dem Schicksal des Stephanus auf einen wirklichen Religionsfrevel auf seiner Seite zu schließen. Allerdings wertet Klausner das Verbleiben des Zwölferkreises in Jerusalem (nach Apg 8,1) als ein Indiz dafür,
dass die Jünger aus der westlichen Diaspora weniger
gesetzestreu waren als die »Hebräer« und deshalb aus
Jerusalem flüchten mussten (278):

»Die ›Zwölf‹, die allesamt ›Hebräer‹ waren und gesetzestreu
lebten, während der Hellenist Stephanus als arger Gesetzes-
gegner erscheint, blieben von den Verfolgungen unbehelligt
und wohnten weiterhin in Jerusalem. Dies ist ein Zeichen
dafür, daß hier im allgemeinen kein blinder Haß und keine
Grausamkeit gegen Menschen mit anderen Ansichten
herrschte, sondern daß man nur für die Grundlagen des
Judentums eiferte, wie sie damals verstanden wurden und
bei den hellenistischen Nazarenern ins Schwanken geraten
waren.«

Dieser Schluss aus Apg 8,1 (mit dem Klausner nicht allein steht) ignoriert allerdings, dass nur zwei Verse später von Hausdurchsuchungen die Rede ist, bei denen sich Saulus hervortat – zweifellos in Jerusalem.[288] Das setzt voraus, dass die Jesusjünger nicht mehr öffentlich (zum Beispiel im Tempel) auftraten, sondern (im Unterschied zur Anfangszeit, vgl. Apg 2,46) nur noch in Hausversammlungen zusammenkamen. In anderen Worten: Die in Jerusalem verbliebenen einheimischen Glieder der Urgemeinde waren untergetaucht.

Schalom Asch, Der Apostel (1943)[289]

Schalom Asch (1880–1957) war ein vielseitiger und viel gelesener Schriftsteller, dessen Werke teils auf Jiddisch, teils auf Englisch verfasst waren und in viele Sprachen der Welt übersetzt wurden. Er verfasste sowohl Dramen als auch Erzählungen und Romane. Die Inhalte stammten aus der Lebenswelt des Ostjudentums, aber auch seiner amerikanischen Wahlheimat, aus biblischen und anderen historischen Überlieferungen. Dazu gehörten auch Gestalten, die nur aus christlicher Sicht bedeutend sind: Jesus (1939), Paulus (1943) und Maria (1949). Im Jahr 1933 gehörten seine bis dahin erschienenen Schriften zu den Büchern, die öffentlich verbrannt wurden.[290] Sein respektvoller Umgang

---

288 Nach Gal 1,22 hatten die Jesusjünger in *Judäa* (wozu Jerusalem häufig nicht hinzugerechnet wurde) den Verfolger Saulus nie zu Gesicht bekommen.

289 Aus dem Englischen übersetzt von J. Frisch, Stockholm 1946. Die englische Fassung erschien 1943; mir liegt eine 9. Aufl. o. J. vor.

290 Vgl. http://www.euchzumtrotz.de/front_content.php?idcat= 9&idart=62

mit der christlichen Überlieferung und seine Impulse zur Versöhnung zwischen Christentum und Judentum stießen in der Zeit des Entsetzens über die deutschen Verbrechen an den Juden in seinem traditionellen Publikum auf Befremden.

In dem umfangreichen, ursprünglich auf Jiddisch verfassten Paulusroman wird die Begegnung des jungen Paulus mit Stephanus (»Reb Istephan«) in dichterischer Freiheit breit ausgemalt. Das beginnt mit einer frei erfunden Vorgeschichte über seine Rolle vor dem Anschluss an die Jesusbewegung (33):

»Reb Istephan war der Prediger der griechischen Juden. Er war nicht an eine bestimmte Synagoge gebunden, sondern er war Wanderprediger, den man überall hören konnte, wo griechischsprechende Juden versammelt waren. Er hatte eine große Anhängerschaft, und wenn er in der alexandrinischen, der kyrenäischen oder der cilicischen Synagoge erschien, war das Gebäude zum Bersten voll von ausländischen Juden. Nicht nur, daß Reb Istephan ein Meister ihrer Sprache war, seine Art zu denken, seine Ideen, waren nach ihrem Geschmack [...] Er war in der jüdischen Tradition aufgewachsen. In seinen Worten und Werken offenbarte sich tiefe Sehnsucht nach Erlösung und Befreiung. Er war wohl bewandert in der Heiligen Schrift, in den Propheten und Psalmen, die er [...] in der griechischen Übersetzung studiert hatte. Desgleichen hatte er sich in die stürmischen jüdisch-hellenistischen prophetischen Bücher vertieft, in die Weisheit Salomos und in die Visionen der Sibyllen, die seine Phantasie entzündet und brennende Hoffnung in ihm erregt hatten. Aber sein Glaube an einen sittlichen, weltumspannenden Messias, der für die ganze Menschheit kommen sollte, stammt unmittelbar von den jüdischen Propheten, von Jesaias, Hesekiel und Amos.«

Auf diese allgemeine Charakterisierung folgt die Schilderung eines dramatischen Predigt-Auftritts, in dem Reb Istephan zunächst ein apokalyptisches Endzeit-Szenario ausmalt, dann aber als Retter den präexistenten Menschensohn ankündigt und diesen dann mit dem Messias Jesus identifiziert – »den wir von den Gottlosen töten ließen, und den Gott erweckt hat – als ersten! – von den Toten!« (36). Darauf folgt noch eine Deutung des Todes Jesu »zur Vergebung für unsere Sünden« mit Anspielungen auf Jes 53. Die versammelte Gemeinde ist von solchen Aussagen irritiert und reagiert mit besonderem Unwillen auf die (an Apg 6 erinnernde) Ankündigung:

»Er wird das Gesetz abschaffen, denn es wird keine Gottlosigkeit und nichts Böses mehr geben, denn Güte wird der natürliche Antrieb der Schöpfung sein, und Friede wird herrschen über der Erde, so wie der Prophet geweissagt hat: ›Der Wolf und das Lamm werden miteinander weiden, und ein Kind wird sie führen‹.« (35 f.)[291]

Als Reb Istephan schließlich den Messias zur Rechten Gottes sitzen lässt, »als Werkzeug, mit dem der Allmächtige den Menschen richten wird«, hagelt es lautstarken Protest (37 f.):

»Braucht Gott einen Gehilfen? Verflucht sei, der sagt, daß Gott einen Helfer brauche! Verschließet ihm den Mund! Schleppt ihn vor den Sanhedrin!«

Am Abend dieses Tages führen der junge Saul und Joseph bar Naba (=Barnabas) ein Gespräch über das Erlebte, in dem Saul (!) sich von Reb Istephan tief be-

---

291 Vgl. Jes 65,25.

eindruckt zeigt, besonders vom Universalismus seiner Botschaft, aber auch von der Nähe des Messias zu Gott und von seiner Mittlerrolle, während Bar Naba den Messias und das Reich Gottes exklusiv auf Israel hin ausgerichtet sehen will. Aber dass ausgerechnet der gekreuzigte Jesus von Nazareth dieser Messias sein soll, ist für Saul ein Horrorgedanke:

»Wenn er diese Worte nicht auf den Gehenkten angewandt, wenn er, der Prediger, nicht gerade Jeschua von Nazareth im Auge gehabt hätte, – er wäre mein Bruder, mein geliebtester Bruder!« (39)

Und dieses Skandalon ist – bei aller gedanklichen Nähe – so groß, dass Saul entschlossen ist, den Reb Istephan beim Sanhedrin anzuzeigen. Doch dazu bedurfte es eines günstigen Anlasses. In der Zwischenzeit war Reb Istephan zum Missionar der Jesusbewegung unter den hellenistischen Juden geworden und Bar Naba hatte sich ihm angeschlossen. Bei einem Auftritt des Reb Istephan in der Synagoge der Libertiner kommt es zu Protesten gegen die Schriftbeweise, die Istephan für die Messianität Jesu (besonders für sein Sterben wegen der Sünden der Welt) anführt. Da ergreift Saul das Wort und fordert von Istephan eine Stellungnahme zu dem Wort Jesu, dass er den Tempel zerstören und ein anderes Gotteshaus errichten wolle. Dieser relativiert zunächst die Bedeutung dieser Frage[292]:

»Ist unser Gott ein Gott aus Holz und Stein, der, wenn sein Haus zerstört wird, mit diesem Haus zugrunde geht? Was für ein Haus braucht unser Gott zu seinem Schutz? Welcher

---

292   Die folgenden drei Zitate stammen von S. 110.

Raum kann ihn einschließen? Welche Grenzen können ihn einschränken?«[293]

Als Saul sich mit dieser Antwort nicht zufriedengibt, sondern auf seiner Frage beharrt, vermeidet Istephan es immer noch, die Richtigkeit des Jesuszitates zu bestätigen, sondern beschränkt sich auf den Satz (ebd.):

»Wenn mein Herr, der König Messias, es gesagt hat, dann ist es die heilige Wahrheit, denn ihm ist die Macht gegeben.«

Doch Saul wertet das triumphierend als ein »Geständnis«:

»Ihr seid Zeugen, daß der Prediger eben jetzt […] am Sabbath sagte, daß der Tempel, der Stolz und Ruhm Israels, in dem die Göttlichkeit unter uns wohnt, zerstört werden soll!«

Es überrascht zu sehen, mit welcher Klarheit der Schriftsteller ohne exegetische Schulung den Kern des Dissenses zwischen Stephanus und seinen Anklägern erkannt hat! Den Ablauf der anschließenden Ereignisse gestaltet er jedoch mit großer dichterischer Freiheit und der deutlichen Tendenz, das gewaltsame Ende nicht dem höchsten Gericht des Judentums, sondern einer Verschwörung von Eiferern anzulasten:

Die Initiative geht ganz von dem jungen Saul aus, der zwei Zeugen zu Hilfe nimmt. Er wendet sich nicht an den amtierenden Hohenpriester, sondern an die »graue Eminenz« Chanan (den »Hannas« des Neuen Testaments). Dieser macht noch keine Anstalten, die Anklage gegen Istephan dem Hohen Rat zuzuleiten (in dem die Pharisäer durch ihren Sprecher Gamaliel

---

293   Vgl. Apg 7,48 f.!

für Toleranz gegenüber den Apostel plädiert hatte; vgl. Apg 5,34–39). Stattdessen erinnert er an das Beispiel des Phineas, der nach Num 25 einen zum Götzendienst verführten Israeliten in eigenmächtiger Selbstjustiz getötet hatte. Dann wird der Alte deutlicher: »Der Gott Israels braucht viele Phineasse, ebenso wie ihr« (114). Nur zwei Tage später wird der Wink des Alten in die Tat umgesetzt (115): Eine Gruppe von Eiferern, angeführt von Saul und den beiden Zeugen schleppen den Istephan vor den Sanhedrin.

Mit dieser biblischen Reminiszenz markiert Asch zutreffend die religiöse Tradition, aus der die Verfolgertätigkeit des jungen Saul auch nach den Selbstaussagen des späteren Apostels[294] gespeist war: das Ideal des »Eifers für den Herr« oder für das Gesetz, das z. B. in der Makkabäerzeit zum Kampf gegen die Übernahme des Zeuskultes motiviert hatte.[295] Neben dem Priester Pinhas galt auch der gewaltsame Kampf des Propheten Elias gegen den Baalskult als Vorbild für diese Haltung.[296] Im späteren Aufstand gegen die Römer gab dieses Ideal einem Teil der Widerstandsbewegung den Namen »Zeloten«.[297] Springender Punkt dieser Tradition war die Bereitschaft zu gewaltsamer *Privatinitiative* zur Verteidigung der Religion Israels in Gewaltakten gegen »Abtrünnige« und »Verführer«.

An diesem Punkt der Handlung führt Asch eine Einschränkung ein, die seine Kenntnis des Mischna-Traktats Sanhedrin verrät (115):

---

294 Vgl. Gal 1,13 f.; Phil 3,6; Apg 22,3 f. Vgl. in meinem Buch *Paulus, der Apostel. Wie er wurde, was er war*, Stuttgart 2008, 65–83 u. ö.
295 Vgl. 1 Makk 2,24–27 u. ö.
296 Vgl. 1Kön 18,40; 19,11; 1Makk 2,58.
297 Vgl. M. HENGEL, Die Zeloten (1961, 2. Aufl. 1976).

»Aber dieser Sanhedrin war nicht die große Gelehrtenversammlung, die ihre Sitzungen in der Kammer der behauenen Steine abhielt. Es war der kleine Sanhedrin, der im Hause des Hohenpriesters zusammentrat. Der kleine Sanhedrin konnte jederzeit kurzerhand einberufen werden [...] Dieser sogenannte Sanhedrin hatte nicht nur keine Gewalt, Entscheidungen über Tod und Leben auszusprechen, er hatte nicht einmal das Recht, über derartige Fälle eine formelle Untersuchung durchzuführen.«

Den Inhalt der Rede, die Istephan vor diesem Gremium hält, beschreibt der Autor nur knapp und wertet sie als unverfänglich. Auch das Prophetenzitat über die Tempelfrage wird (im Gegensatz zur Meinung vieler Exegeten!) als eigentlich unanstößig anerkannt. Aber die Zuhörer deuten es als Bestätigung einer tempelkritischen Haltung und wollen eine Lästerung gehört haben und fordern die Steinigung des Redners. Erst daraufhin (!) geht Istephan zu scharfen Anklagen über, wie sie in Apg 7,51–53 überliefert werden – aber nur an die Adresse des aufgebrachten, weil voreingenommenen Publikums!

»Das war mehr, als die Menge vertragen konnte. ›Zum Steinigungsplatz!‹ ›Die Hand der Zeugen soll die erste sein gegen ihn!‹[298] Diese Worte, die plötzlich von den Lippen Sauls von Tarschisch kamen, fielen wie ein Funken auf trockenes Werg. Die Menge brüllte Beifall [...]«

Auf der anderen Seite:

»Der Hohepriester gebot Ruhe, aber niemand kehrte sich an ihn.« (117)

---

298 Vgl. Dtn 17,7.

»Vergeblich rief der Hohepriester immer wieder: ›Wartet! Es ist gegen das Gesetz! Wartet! Wir haben noch kein Urteil gesprochen!‹« (118)

Das Bild einer Verschwörung im Geiste der Zeloten wird konsequent durchgehalten, und Saul marschiert an der Spitze der aufgebrachten Menge auf dem Weg zur Hinrichtung des »Lästerers«.

Den Vorgang der Steinigung beschreibt Asch auf der Linie der Vorschriften des Mischna-Traktats Sanhedrin: Das Opfer wird in eine Grube hinabgestürzt, so dass das Gewicht der Steine möglichst bald zu tödlichen Treffern führt. Die ersten Steinwürfe müssen von den Kronzeugen der Anklage ausgeführt werden. An diesem Punkt erlaubt sich der Schriftsteller wieder eine dichterische Freiheit: Während die von Saul herangezogenen Zeugen keine Hemmungen haben, »ihres Amtes zu walten«, lässt Schalom Asch in der Seele Sauls Zweifel aufkommen, die auf den Einfluss seines Lehrers Gamaliel zurückgehen, der nach einer (relativ späten) rabbinischen Tradition zu der milderen Schule des berühmten Hillel gehörte.[299] Von diesen Zweifeln gehemmt, versteckt sich Saul hinter den vom Gesetz vorgeschriebenen *zwei* Zeugen, die schon zur Tat schreiten, und begnügt sich damit, deren Kleider zu bewachen (vgl. Apg 7,58).

Den Eindruck, den das Ende des Stephanus auf Saul machte, hat Asch frei erfunden, aber in der Komposition seines Werkes mit hohem Gewicht versehen: Schon vor dem Ereignis lässt Asch den Saul während eines (epileptischen?) Anfalls eine Halluzination erle-

---

299   Vgl. J. Neusner, The Rabbinic Traditions about the Pharisees before 70, Leiden 1971, Bd. III, 295: »The Gamaliel I – materials … contain no hint of a relationship to Hillel.«

ben, die das Erlebnis vorwegnimmt (vgl. 111f.). Das reale Erlebnis beschreibt er dann so (119):

»Ein weißer Körper, plötzlich von Blut bedeckt ... noch ein Stein ... dann ein Hagel von Steinen ... ein weißer, blutiger Körper, kniend ... fallend ... sich wieder erhebend ... ein Körper, zur Hälfte in den Steinhaufen versunken, zur Hälfte nackt aus dem Meer von Steinen hervorragend. Die letzten Sonnenstrahlen fallen auf den weißen Körper und malen silberne Flecken zwischen die Blutflecken ... Dann zwei nackte Arme, wie Silberflügel zur Sonne erhoben, ein weißes Gesicht, zum Himmel gewandt, eine hohe Stimme, die klingende, metallische Stimme des Predigers:
›Herr, Jeschua, empfange meine Seele!‹
Wo hatte er nur dieses Bild schon zuvor gesehen? Einen Engel, halb in die Erde gesunken, den Oberkörper in weißem Feuer flackernd, die Flügelarme zum Himmel erhoben ...
Wo hatte er dies gesehen?
In Sauls Geist herrschte heiße Verwirrung. Er senkte die Augen. Er wollte nicht mehr hinschauen. Aber er konnte sich die Stimme nicht fernhalten, die immer noch klingende, aber ersterbende Stimme:
›Vater, vergib ihnen ...‹«

Von einer Mischung aus Erinnerungen an dieses Ereignis und an die vorangegangene Vision wird Saul auch bei späteren Gelegenheiten heimgesucht, zum Beispiel, als einer der in seinem Auftrag verhafteten und misshandelten Jesusjünger ihm mit Feindesliebe begegnet war und versprochen hatte, für ihn zu beten (vgl. 157).

Auch nach seiner Lebenswende, als Paulus zum Prediger des Evangeliums geworden war, das er einst bekämpft hatte, lag die Erinnerung an das Martyrium des Stephanus dem Apostel in dramatischen Situationen seines Lebens nahe. Zum Beispiel, als er selbst im kleinasiatischen Lystra von einer aufgehetzten Volksmenge gesteinigt wurde und nur durch ein Wunder überlebte (vgl. Apg 14,19–20). Was sich in seinem Inneren dabei abgespielt haben mag, malt der Dichter wie folgt aus (333):

»Bedeckt von dem Blute, das aus seinen Wunden strömte, lag Paulus auf dem Feld außerhalb Lystra. Körper, Kopf und Gesicht waren zerschunden und zerrissen. Die Augen waren geschlossen. So daliegend, halb bewußtlos, nicht wissend, ob er lebendig oder tot sei, wurde er einer aus der Nacht auftauchenden Gestalt wahr, die einer Erscheinung glich, die er in alten Zeiten zu Jerusalem gesehen, da sein Name noch Saul war und er zu den Feinden des Messias zählte. Er sah einen Engel, vom Himmel zur Erde gestürzt und bis zur Hüfte in Steine gebettet, so daß nur die obere Hälfte des Körpers sichtbar war. Und das Antlitz des Engels und seine Schwingen waren zum Himmel erhoben. Paulus erinnerte sich, daß dies das Bild war, das er gesehen, als er bei der Steinigung des Reb Istephan die Kleider der Zeugen bewachte.«

Noch später, nachdem Paulus an vielen Orten des östlichen Mittelmeerraumes Gemeinden von Jesusgläubigen gesammelt hatte, stand das Bild des sterbenden Märtyrers wieder vor seinen Augen: als ihm im Tempel von Jerusalem von jüdischen Feinden seiner Mission unter den Nichtjuden ein Sakrileg vorgeworfen wurde[300] (557):

»Im Nu war Paulus ergriffen, aufgehoben und aus dem Hof hinausgetragen. Hinter ihm fiel das Tor krachend zu. Köpfe,

---

300   Vgl. Apg 21,27–30.

Bärte, glühende Augen, geballte Fäuste begleiteten den Zug. Wilde Rufe stiegen auf.

›Zum Steinigungsfeld!‹

Wie das Flackern eines Blitzes fuhr durch Paulus' Seele das Bild des Reb Istephan, wie er unter dem wilden Geschrei davongetragen wurde: ›Zum Steinigungsfeld!‹ Wieder sah er die Grube, den halb im Steinhaufen versunkenen Engel. Man trug ihn zur selben Grube hin! War dies ein Zeichen von oben? Und mitten in dem Tumult erinnerte er sich auch der feierlichen Stimme des Rabban Gamaliel, wie er die Worte des ehrwürdigen Hillel zitierte: ›Weil du einen anderen ertränktest, sollst du selbst ertränkt werden.‹«

Dass diese Szene im Tempel auf der Linie des »Tun-Ergehen-Zusammenhangs«[301] liegt, ist den wenigsten Bibellesern und Exegeten bewusst, obwohl Lukas den Apostel bei dieser Begebenheit zu seinen Todfeinden sagen lässt (Apg 22,3 f.):

»Als ein Eiferer für Gott, wie ihr alle es heute seid, habe ich (früher) diese Richtung auf Tod oder Leben verfolgt ...«

Den Höhepunkt der Stephanus-Rezeption durch Schalom Asch bildet die vorletzte Szene des letzten Aktes – das Martyrium des Paulus selbst (771):

»Nun war er bereit. Er kniete nieder und legte sein Haupt auf den Block.

›Die Gnade unseres Herrn, des Messias Jeschua, sei mit euch allen‹, segnete er sie.

In den wenigen dunklen Momenten, die seinem Tod voraus-

---

301   Vgl. G. Freuling, »Wer eine Grube gräbt ...« Der Tun-Ergehen-Zusammenhang und sein Wandel in der alttestamentlichen Weisheitsliteratur, Neukirchen-Vluyn 2004.

gingen, sah Paulus wieder die Vision, die ihn nach dem Märtyrertod des Reb Istephan so oft heimgesucht hatte: den weißen, strahlenden Engel, den Körper in Steine versunken, die Schwingen zum Fluge ausgebreitet. Und jetzt fühlte Paulus sich selbst in einen Engel verwandelt. Er fühlte, wie die Flügel ihn emportrugen, er flog dahin, und unter ihm war die Erde.

›Höre, Israel der Ewige, unser Gott, der Ewige ist einzig.‹ Das waren die letzten Worte des Heidenapostels.«

Mit diesem Bekenntnis Israels (dem *Sch^{e}má Jisrael*) waren schon vorher andere christliche Märtyrer jüdischer Nation in den Tod gegangen, zuletzt Petrus.[302]

Die allerletzte Szene des Buches spielt in einer römischen Synagoge, in der Nachrichten vom siegreichen Beginn des jüdischen Aufstandes eingetroffen sind – gleichzeitig mit der Nachricht vom Martyrium des Petrus und Paulus. In seiner Predigt sagt der alte Rabbi der Gemeinde (772):

»Wir wissen nicht, ob die Hand Israels das Schwert Edoms zu überwinden vermag [...] Aber ich sage euch: Der Geist Gottes hat die Macht Edoms bereits überwunden – hier, in der Stadt Rom [...] Je mehr Messiasgläubige sie verbrennen, je mehr sie den reißenden Tieren vorwerfen, desto gewaltiger wächst ihre Zahl. Sehet! Rom zog aus gegen Jerusalem mit dem Schwert, und Jerusalem zog aus gegen Rom mit dem Geist. Für eine Weile siegte das Schwert, der Geist aber siegt für immer!«

---

302 Vgl. 69. Das erinnert an den Märtyrertod des Rabbi Akiba, der nach dem babylonischen Talmud (bBerachot 61b) mit dem *Sch^{e}má Jisrael* auf den Lippen gestorben sein soll. Vgl. P. Leenhardt / P. von der Osten-Sacken, Rabbi Akiva. Texte und Interpretationen zum rabbinischen Judentum im Neuen Testament, Berlin 1987, 40–65.

Dies ist der Schluss des Werkes! In einer zentriert gesetzten Nachbemerkung (773) dankt der Autor Gott dafür, dass er ihm die Kraft gegeben hat, sein Jesusbuch und dieses Paulusbuch (die er als ein einziges Werk versteht) trotz aller äußeren und inneren Hindernisse zu vollenden, »so daß ich ans Licht stellen konnte das Verdienst Israels, das du erwählt hast, zu bringen das Licht des Glaubens den Völkern der Erde, zu deinem Ruhm und aus Liebe zur Menschheit«.[303]

---

303 Vor dem Hintergrund dieses Schlussgebets ist es verwunderlich, dass nur der Jesusband in deutscher Übersetzung wiederholt nachgedruckt wurde, nicht aber der Paulusband. Er hätte es verdient!

D VERZEICHNISSE

1. LITERATUR

Gesamtdarstellungen

BIHLER, JOHANNES, Die Stephanusgeschichte im Zusammenhang der Apostelgeschichte, München 1963

BOISMARD, MARIE-ÉMILE, Le martyre d'Étienne. Actes 6,8–8,2, in: La parole de grace. Études lucaniennes à la mémoire d'Augustin George, Paris 1981, 181–194

BRAUN, HEIKE, Geschichte des Gottesvolkes und christliche Identität. Eine kanonisch-intertextuelle Auslegung der Stephanusepisode Apg 6,1–8,3, Tübingen 2010

COMBRINK, H. J. BERNARD, Structural analysis of Acts 6:8–8:3, Stellenbosch 1979

HILL, CRAIG C., Hellenists and Hebrews. Reappraising Division within the Earliest Church, Minneapolis 1992

JESKA, JOACHIM, Die Geschichte Israels in der Sicht des Lukas. Apg 7,2b–53 und 13,17–25 im Kontext antik-jüdischer Summarien der Geschichte Israels, Göttingen 2001

KILGALLEN, JOHN, The Stephen Speech. A Literary and Redactional Study of Acts 7.2–53 (AnBib 67) Rom 1976

LÉGASSE, SIMON, Stephanos. Histoire et discours d'Étienne dans les Actes des Apôtres, Paris 1992

LENZ, JOHANNES, Stephanus und Paulus. Erzmärtyrer und Völkerapostel, Stuttgart 2008

MARTINI, CARLO MARIA, Stephanus. Mit dem Leben Gott bezeugen, München/Zürich/Wien 1990

NEUDORFER, HEINZ-WERNER, Der Stephanuskreis in der Forschungsgeschichte seit F. C. Baur, Gießen 1983

PENNER, TODD, In Praise of Christian Origins. Stephen and the Hellenists in Lukan Apologetic Historiography, New York 2004

RICHARD, EARL, Acts 6:1–8:4. The Author's Method of Composition (SBLDS 41) Missoula 1978

SCHARLEMANN, MARTIN H., Stephen. A Singular Saint (AnBib 34), Rom 1968

SIMON, MARCEL, St. Stephen and the Hellenists in the Primitive Church, London 1958

STORCH, RAINER., Die Stephanusrede Apg 7,2–53. Diss. Theol. Göttingen 1967 (masch.)

THIESSEN, JACOB, Die Stephanusrede Apg 7,2–53 untersucht und ausgelegt aufgrund des alttestamentlichen und jüdischen Hintergrundes, Nürnberg 1999

WATSON, ALAN, The Trial of Stephen. The First Christian Martyr, Athens/London 1996

WIENS, DELBERT L.: Stephen's Sermon and the Structure of Luke-Acts, N. Richland Hills, TX 1995

ZUGMANN, MICHAEL: »Hellenisten« in der Apostelgeschichte : historische und exegetische Untersuchungen zu Apg 6,1; 9,29; 11,20 (WUNT 2,264), Tübingen 2009

Einzelstudien

ARAI, SASAGU, Zum ›Tempelwort‹ Jesu in Apg 6,14, NTS 34 (1988) 397–410

BACHMANN, MICHAEL, Die Stephanusepisode (Apg 6,1–8,3). Ihre Bedeutung für die lukanische Sicht des jerusalemischen Tempels und des Judentums, in: J. Verheyden (Ed.), The Unity of Acts (BETL CXLII) Leuven 1999, 545–562

BARRETT, CHARLES KINGSLEY, Stephen and the Son of Man, in: Apophoreta. Festschrift für Ernst Haenchen, hrsg. v. W. ELTESTER u. F.H. KETTLER (BZNW 30), Berlin 1964, 32–38

DERS., Old Testament History according to Stephen and Paul, in: Studien zum Text und zur Ethik des Neuen Testaments. Festschrift zum 80. Geburtstag von Heinrich Greeven, hrsg. von W. SCHRAGE (BZNW 47), Berlin / New York 1986, 57–69

BAUR, FERDINAND CHRISTIAN, De orationis habitae a Stephano Act. Cap. VII. Consilio et de Protomartyris hujus in christianae rei primordiis momento, Tübingen 1829

BECKER, JÜRGEN, Endzeitliche Völkermission und antiochenische Christologie, in: Eschatologie und Schöpfung. Festschrift für Erich Gräßer zum siebzigsten Geburtstag, hrsg. v. M. EVANG, H. MERKLEIN u. M. WOLTER (BZNW 89), Berlin / New York 1997, 1–21

BOISMARD, MARIE-ÉMILE, Le martyre d'Étienne. Actes 6:8–8:2, RSR 69 (1981) 181–194

BRUCE, FREDERICK FYVIE, Stephen's Apology, in: Meaning and Method. Essays Presented to A.T. Hanson for his seventieth birthday, ed. B. P. THOMPSON, Hull 1987, 37–50

DOBLE, PETER, Something Greater than Solomon: An Approach to Stephen's Speech, in: The Old Testament in the New Testament. Essays in Honour of J. L. North, ed. S. Moyise (JSNT.SS 189) Sheffield 2000, 181–206

DOMAGALSKI, BERNHARD, Waren die ›Sieben‹ Diakone?, BZ 26 (1982) 21–33

DONALDSON, TERENCE L., Moses Typology and the Sectarian Nature of Early Christian Anti-Judaism: A Study in Acts 7, JSNT 12 (1981), 27–52

DSCHULNIGG, PETER, Die Rede des Stephanus im Rahmen des Berichtes über sein Martyrium (Apg 6,8–8,3), Jud 44 (1988) 195–213

DUPONT, JACQUES, La Structure Oratoire du Discours d'Étienne, Bib. 66 (1985) 153–167

FOAKES-JACKSON, FREDERICK JOHN, Stephen's Speech in Acts, JBL 49 (1930) 283–286

GLOMBITZA, OTTO, Zur Charakterisierung des Stephanus in Act 6 und 7, ZNW 53 (1962) 238–244

GRUNDMANN, WALTER, Das Problem des hellenistischen Christentums innerhalb der Jerusalemer Urgemeinde, ZNW 38 (1939) 45–73

HAACKER, KLAUS, Die Stellung des Stephanus in der Geschichte des Urchristentums, in: Aufstieg und Niedergang der Römischen Welt (ANRW) Geschichte und Kultur Roms im Spiegel der neueren Forschung, Teil II: Prinzipat Bd. 26: Religion, 2. Teilband, hrsg. Von Wolfgang Haase, Berlin / New York 1995, 1515–1553

HENGEL, MARTIN, Zwischen Jesus und Paulus. Die ›Hellenisten‹, die ›Sieben‹ und Stephanus (Apg 6,1–5; 7,54–8,3), in: ZThK 72 (1975) 151–206, dazu ein Nachtrag in: DERS., Paulus und Jakobus. Kleine Schriften III, Tübingen 2002, 57–67

HOLTZ, TRAUGOTT, Beobachtungen zur Stephanusrede Acta 7, in: Kirche – Theologie – Frömmigkeit. Festgabe für Gottfried Holtz zum 65. Geburtstag, Berlin 1965, 102–114

JESKA, JOACHIM, Stephanus – zentrale Gestalt oder Randfigur der Apostelgeschichte?, BiKi 55 (2000) 68–73

KILGALLEN, JOHN J., The Function of Stephen's Speech, Bib. 70 (1989) 173–193

DERS., Rez. zu Michael Zugmann, »Hellenisten« in der Apostelgeschichte: historische und exegetische Untersuchungen zu Apg 6,1; 9,29; 11,20, Tübingen 2009, in: Bib. 91 (2010) 457–460

KLIJN, ALBERTUS FREDERIK JOHANNES, Stephen's Speech – Acts VII.2–53, NTS 4 (1957/58) 25–31

LARSSON, EDVIN, Die Hellenisten und die Urgemeinde, NTS 33 (1987) 205–225

DERS., Temple-Criticism and the Jewish Heritage: Some Reflections on Acts 6–7, NTS 39 (1993) 379–395

MUSSNER, FRANZ, Wohnung Gottes und Menschensohn nach der Stephanusperikope (Apg 6,8–8,2), in: Jesus und der Menschensohn. Für Anton Vögtle, hrsg.v. R. PESCH u. R. SCHNACKENBURG in Zusammenarbeit mit O. KAISER, Freiburg 1975, 283–299

NEUDORFER, HEINZ-WERNER, Bemerkungen zur Theologie der Stephanusrede, JETh 12 (1998) 37–75

PAO, DAVID W., Waiters or Preachers: Acts 6:1–7 and the Lukan Table Fellowship Motif, JBL 130 (2011) 127–144

PESCH, RUDOLF et al., ›Hellenisten‹ und ›Hebräer‹. Zu Apg 9,29 und 6,1, BZ 23 (1979) 87–92

DERS., Die Vision des Stephanus. Apg 7,55–56 im Rahmen der Apostelgeschichte (SBS 12), Stuttgart 1966

Räisänen, Heikki, Die ›Hellenisten‹ der Urgemeinde, in: Aufstieg und Niedergang der Römischen Welt (ANRW) Geschichte und Kultur Roms im Spiegel der neueren Forschung, Teil II: Prinzipat Bd. 26: Religion, 2. Teilband, hrsg. von Wolfgang Haase, Berlin/New York 1995, 1468–1514

Richard, Earl, Acts 7: An Investigation of the Samaritan Evidence, CBQ 39 (1977) 190–208

Ders., The Polemical Character of the Joseph Episode in Acts 7, JBL 98 (1979) 255–267

Sabbe, Mauritz, The Son of Man Saying in Acts 7,56, in: J. Kremer (Hrsg.), Les Actes des Apôtres. Tradition, rédaction, théologie (BEThL 48) Gembloux 1979, 241–279

Scharlemann, Martin H., Stephen's Speech: A Lucan Creation? ConJ 4 (1978) 52–57

Schneider, Gerhard, Stephanus, die Hellenisten und Samaria, in: J. Kremer (Hrsg.), Les Actes des Apôtres. Tradition, rédaction, théologie (BEThL 48) Gembloux 1979, 215–240, sowie in: Ders., Lukas, Theologe der Heilsgeschichte. Aufsätze zum lukanischen Doppelwerk, Königstein 1985, 227–252

Seland, Torrey, Jewish Vigilantism in the First Century C.E. A Study of Texts in Philo and Luke on Jewish Vigilante Reactions against Nonconformists to the Torah, Diss. Trondheim 1991

Ders., Establishment violence in Philo and Luke: a study of non-conformity to the Torah and Jewish vigilante reactions, Leiden 1995

deSilva, David A., The Stoning of Stephen: Purging and Consolidating an Endangered Institution, SBT 17 (1989) 165–185

Stanton, Graham, Stephen in Lucan Perspective, in: Studia Biblica 1978 III. Papers on Paul and Other N.T. Authors, Sixth International Congress on Biblical Studies Oxford 3–7 April 1978, Sheffield 1980, 345–360

Stemberger, Günter, Die Stephanusrede (Apg 7) und die jüdische Tradition, SNTU-A 1 (1976) 154–174, wieder abgedruckt in: Ders., Studien zum rabbinischen Judentum (SBA 10) Stuttgart 1990, 229–250

Strobel, August, Armenpfleger ›um des Friedens willen‹ (Zum Verständnis von Act 6 1–6), ZNW 63 (1972) 271–276

Sweeney, James P., Stephen's Speech (Acts 7:2–53): Is it as ›antitemple‹ as is Frequently Alleged?, TrinJ 23 NS (2002) 185–210

Sylva, Dennis D., The Meaning and Function of Acts 7:46–50, JBL 106 (1987) 261–275

TAYLOR, NICHOLAS, Stephen, the Temple, and Early Christian Eschatology, RB 110 (2003) 62–85

THEISSEN, GERD, Hellenisten und Hebräer (Apg 6,1–6). Gab es eine Spaltung in der Urgemeinde? In: Geschichte – Tradition – Reflexion. FS f. Martin Hengel, hrsg. v. H. CANCIK, H. LICHTENBERGER, P. SCHÄFER, Tübingen 1996 Bd. III Frühes Christentum, 323–343

THORNTON, T. C. G., Stephen's Use of Isaiah LXI.1 in: JThSt 25 (1974) 432–434

WALTER, NIKOLAUS, Apostelgeschichte 6,1 und die Anfänge der Urgemeinde in Jerusalem, NTS 29 (1983) 370–393

WECHSLER, ANDREAS, Ferdinand Christian Baur: ›Vorkritisches‹ und ›Kritisches‹ zu Weihnachten. Bemerkungen zu seinem Tübinger Programm vom 24. Dezember 1829, ungedruckte, nur handschriftlich vorliegende Arbeit mit dem Datum 23. 12. 1989, Kopie aus dem Besitz von Prof. OTTO MERK

WEINERT, FRANCIS D., Luke, Stephen, and the Temple in Luke-Acts, BTB 17 (1987) 88–90

WEISER, ALFONS, Zur Gesetzes- und Tempelkritik der »Hellenisten«, in: K. KERTELGE (Hrsg.), Das Gesetz im Neuen Testament (QD 108), Freiburg etc. 1986, 146–168

WHITENTON, MICHAEL R., Rewriting Abraham and Joseph: Stephen's Speech (Acts 7:2–16) and Jewish Exegetical Traditions, NT 54 (2012) 149–167

ZMIJEWSKI, JOSEF, Die Stephanusrede (Apg 7,2–53) – Literarisches und Theologisches, in: Ders., Das Neue Testament – Quelle christlicher Theologie und Glaubenspraxis, Aufsätze zum Neuen Testament und seiner Auslegung, Stuttgart 1986, 85–128

Sonstige Literatur mit Teilen zu Apg 6–7

BAUR, FERDINAND CHRISTIAN, Paulus, der Apostel Jesu Christi. Sein Leben und Wirken, seine Briefe und seine Lehre, 2. Aufl. Leipzig 1866

BILLERBECK, PAUL (UND STRACK, HERMANN LEBERECHT), Kommentar zum Neuen Testament aus Talmud und Midrasch, 6 Bde., München 4. Aufl. 1965

BORNHÄUSER, KARL, Studien zur Apostelgeschichte, Gütersloh 1934

DIBELIUS, MARTIN, Die Reden der Apostelgeschichte und die antike Geschichtsschreibung, SHAW.PH 1949 (vorgelegt 1944), auch in DERS., Aufsätze zur Apostelgeschichte, hrsg v. H. GREEVEN, Göttingen 4. Aufl. 1961

DIBELIUS, OTTO, Die werdende Kirche (1938), 5. Aufl. Hamburg 1951

HENGEL, MARTIN, Zur urchristlichen Geschichtsschreibung, Stuttgart 1979

KIM, HANNA, Kerygma und Situation. Eine rhetorische Untersuchung der Reden in der Apostelgeschichte, Diss. Wuppertal 2004 (masch.)

KLAUSNER, JOSEPH, Von Jesus zu Paulus, Übertragung aus dem Hebräischen unter Mitwirkung des Verfassers von Friedrich Thieberger, Jerusalem 1950

KLINGHARDT, MATTHIAS, Gesetz und Volk Gottes. Das lukanische Verständnis des Gesetzes nach Herkunft, Funktion und seinem Ort in der Geschichte des Urchristentums (WUNT I,32) Tübingen 1988, § 20

KNOPF, RUDOLF, Einführung in das Neue Testament. Bibelkunde des Neuen Testaments. Geschichte und Religion des Urchristentums, (1919), 3. Aufl. 1929

KRAUS, WOLFGANG, Zwischen Jerusalem und Antiochia. Die ›Hellenisten‹, Paulus und die Aufnahme der Heiden in das endzeitliche Gottesvolk (SBS 179) Stuttgart 1999

MEYER, HEINRICH AUGUST WILHELM, Kritisch-exegetischer Kommentar über das Neue Testament, 3. Abtheilung die Apostelgeschichte umfassend, 2. Aufl. Göttingen 1854

MUNCK, JOHANNES, Paulus und die Heilsgeschichte, Aarhus/Kopenhagen 1954

NEANDER, AUGUST, Geschichte der Pflanzung und Leitung der christlichen Kirche durch die Apostel, Gotha 1832, 5. Aufl. 1862

NEAGOE, ALEXANDRU, The Trial of the Gospel. An Apologetic Reading of Luke's Trial Narratives, Cambridge 2002

O'NEILL, JOHN C., The Theology of Acts in its Historical Setting, London 1970

PREUSCHEN, ERWIN, Die Apostelgeschichte (HNT IV,1), Tübingen 1912

Rau, Eckhard, Von Jesus zu Paulus. Entwicklung und Rezeption der antiochenischen Theologie im Urchristentum, Stuttgart/Berlin/Köln 1994

Reicke, Bo, Glaube und Leben der Urgemeinde. Bemerkungen zu Apg. 1–7, (AThANT 32) Zürich 1957

Schmithals, Walter, Paulus und Jakobus, Göttingen 1963

Schneller, Ludwig, Paulus. Das Leben des Apostels, Leipzig 1926

Wander, Bernd, Trennungsprozesse zwischen Frühem Christentum und Judentum im 1. Jh. n. Chr. Datierbare Abfolgen zwischen der Hinrichtung Jesu und der Zerstörung des Jerusalemer Tempels, Tübingen 1994

Wedderburn, Alexander J. M., A History of the First Christians, London / New York 2004

Weiss, Johannes, Das Urchristentum. Nach dem Tode des Verfassers herausgegeben und am Schlusse ergänzt von D. Rudolf Knopf, Göttingen 1917

Weizsäcker, Carl, Das Apostolische Zeitalter der christlichen Kirche, 2. neu bearbeitete Auflage, Freiburg i. B. 1892

Wilckens, Ulrich, Die Missionsreden der Apostelgeschichte. Form- und traditionsgeschichtliche Untersuchungen (WMANT 5), Neukirchen-Vluyn, 3., überarbeitete und erweiterte Auflage 1974

Ders., Theologie des Neuen Testaments. Bd. I: Geschichte der urchristlichen Theologie. Teilband 2: Jesu Tod und Auferstehung und die Entstehung der Kirche aus Juden und Heiden, Neukirchen-Vluyn 2003

Zeller, Eduard, Die Apostelgeschichte nach ihrem Inhalt und Ursprung kritisch untersucht, Stuttgart 1854

Quellen zur Wirkungsgeschichte

Asch, Schalom, Der Apostel. Aus dem Englischen übersetzt von Justinian Frisch, Stockholm 1946

Aurelius Augustinus, Vom Gottesstaat (De civitate Dei) Buch 11–22, Aus dem Lateinischen übertragen von Wilhelm Thimme. Eingel. und kommentiert von Carl Andresen, München 1978

Bekenntnisse der Kirche. Bekenntnistexte aus zwanzig Jahrhunderten, hrsg. von Hans Steubing in Zusammenarbeit mit

J. F. Gerhard Goeters, Heinrich Karpp und Erwin Mülhaupt, Wuppertal 1985

Benz, Richard, Die Legenda aurea des Jakobus de Voragine.
Aus dem Lateinischen übersetzt, Gerlingen 1955

Birnstein, Uwe / Werding, Juliane, »Sagen Sie mal, Herr Jesus ...« und andere Interviews mit Menschen der Bibel, Gütersloh 2. Aufl. 2003

von Caesarea, Eusebius, Kirchengeschichte, hrsg. und eingeleitet von Heinrich Kraft, Übersetzung von Philipp Haeuser (1932), durchgesehen von Hans Armin Gärtner, Darmstadt 1997

Evangelisches Gottesdienstbuch. Agende für die Evangelische
Kirche der Union und für die Vereinigte Evangelisch-Lutherische Kirche Deutschlands, hrsg. im Auftrag des Rates von
der Kirchenkanzlei der Evangelischen Kirche der Union, Berlin 1999

Fischer, Michael, 2005, in: Freiburger Anthologie Lyrik und
Lied. Digitale Dokumentation von lyrischen Kurztexten,
http://www.lyrik-und-lied.de

Gregorius Nyssenus, Encomium in Sanctum Stephanum Protomartyrem. Griechischer Text, eingeleitet und herausgegeben mit Apparatus Criticus und Übersetzung von Lendle,
Otto, Leiden 1968

Gruber, Reinhard H., Die Domkirche Sankt Stephan zu Wien,
Wien 1998

Hebel, Johann Peter, Biblische Geschichten. Das Alte und das
Neue Testament nacherzählt von J. P. Hebel mit Illustrationen
von Gustav Doré mit einem Nachwort von Leslie Giger, Zürich 1981

von Heiseler, Bernt, Das Stephanusspiel, Freiburg i. B. 1949

Hieronmyus und Gennadius, De viris inlustribus, hrsg. v.
Carl Albrecht Bernoulli, Freiburg i. B. / Leipzig 1895

Husmann, Bärbel, Auf den heiligen Stephanus – Märtyrer in
der Werbung, www.rpi-loccum.de/hustep.html

Katechismus der Katholischen Kirche, München/Leipzig/Frei-
burg, 1993

Kirchner, Bertram (Hrsg.), Die Bibel in den Worten der Dichter, Freiburg/Basel/Wien 2006

LÖLKES, HERBERT, Felix Mendelssohn Bartholdy, Paulus Elias, Textausgabe mit Einführung, Stuttgart 2006

MARTINI, CARLO MARIA, Stephanus. Mit dem Leben Gott bezeugen, München/Zürich/Wien 1990

SCHOTT-MESSBUCH für die Sonn- und Festtage des Lesejahres C. Originaltexte der authentischen deutschen Ausgabe des Meßbuches und des Meßlektionars. Mit Einführungen hrsg. von den Benediktinern der Erzabtei Beuron, Freiburg/Basel/Wien o. J.

VON DEN STEINEN, WOLFRAM, Notker der Dichter und seine geistige Welt. Editionsband, Notkers Hymnenbuch Erste echte Ausgabe lateinisch und deutsch Nebst den Sequenzen aus Notkers Kreise sowie den sonst erhaltenen Gedichten Notkers, Bern 1948

WERFEL, FRANZ, Paulus unter den Juden. Dramatische Legende in sechs Bildern, Berlin/Wien/Leipzig 1927

Sonstige antike Quellen

CORRENZ, DIETRICH, Die Mischna ins Deutsche übertragen, mit einer Einleitung und Anmerkungen, Wiesbaden 2005

HAMMERSHAIMB, ERLING, Das Martyrium Jesajas, in: Jüdische Schriften aus hellenistisch-römischer Zeit Bd. II Unterweisung in erzählender Form, Lieferung 1, Gütersloh 2. Aufl. 1977, 15–34

HOROWITZ, CHARLES, Der Jerusalemer Talmud in deutscher Übersetzung Bd. I Berakhot, Tübingen 1975

Exempla Iuris Romani. Römische Rechtstexte lateinisch-deutsch, herausgegeben, übersetzt und erläutert von MANFRED FUHRMANN und DETLEF LIEBS, München 1988,

JOSEPHUS, FLAVIUS, De bello judaico: Zweisprachige Ausgabe der sieben Bücher / Der jüdische Krieg, hrsg. und mit einer Einleitung sowie mit Anm. versehen von OTTO MICHEL und OTTO BAUERNFEIND, 3 Bde. München 1959–1969

Josephus with an English Translation by H. ST. J. THACKERAY, 9 Bde. London/Cambridge MA 1966

PHILO VON ALEXANDRIA, Die Werke in deutscher Übersetzung, hrsg. von L. COHN, I. HEINEMANN, M. ADLER und W. THEILER, 7 Bde. Berlin 1909–1938 und 1964

TACITUS, Historien Lateinisch und Deutsch übersetzt und hrsg. von HELMUTH VRETSKA, Stuttgart 1984

Sekundärliteratur zur Wirkungsgeschichte

ADAM, ADOLF, Das Kirchenjahr mitfeiern. Seine Geschichte und seine Bedeutung nach der Liturgieerneuerung, Freiburg/Basel/Wien 1979

BERGUNDER, MICHAEL / KÖPF, ULRICH / MÜLLER, GERHARD LUDWIG / IVANOV, VLADIMIR / BARTH, HANS MARTIN / SCHWEMER, ANNA MARIA / PAUL, JÜRGEN, Art. Heilige/Heiligenverehrung, RGG⁴ Bd. 3, Tübingen 2000, 1539–1546
BOVON, FRANCOIS, The Dossier on Stephen, the First Martyr, in: HThR 96 (2003) 279–315

VON CAMPENHAUSEN, HANS FREIHERR, Die Idee des Martyriums in der alten Kirche, 2., durchges. u. erg. Aufl. Göttingen 1964
CLARK, ELISABETH A., Claims on the Bones of Saint Stephen: The Partisans of Melania and Eudocia, Church History 51 (1982) 141–156

VON DOBSCHÜTZ, ERNST, Christusbilder. Untersuchungen zur christlichen Legende, Leipzig 1899
DÜRR, ALFRED, Johann Sebastian Bach. Die Kantaten, Kassel etc. (1971) 9. Aufl. 2009

ERBES, CARL, Das syrische Martyrologium und der Weihnachtsfestkreis, ZKG 26 (1905) 1–58

FRITSCH, ALEXANDRA, St. Lorenz: Stephanus, Laurentius, Deocarus. Kirchenpatrone und Altarheilige, Nürnberg 2001
FRITZ, MICHAEL P., Die Steinigung des heiligen Stephanus. Ein Spätwerk Raffaels von der Hand seines Schülers, Frankfurt 1996

GANDOW, THOMAS, Weihnachten. Glaube, Brauch und Entstehung des Christfestes, München 1993
GORYS, ERHARD, Lexikon der Heiligen, München, 7. Aufl. 2008

HUNT, EDWARD D., St. Stephen in Minorca. An Episode in Jewish-Christian Relations in the Early 5th Century A.D.: JThSt N.S. 33 (1982) 106–123

HUSMANN, BÄRBEL, Auf den heiligen Stephanus – Märtyrer in der Werbung, http://www.rpi-loccum.de/hustep.html

JEREMIAS, JOACHIM, Heiligengräber in Jesu Umwelt: (Mt. 23,29; Lk. 11,47); eine Untersuchung zur Volksreligion der Zeit Jesu, Göttingen 1958

KELLER, HILTGART L., Lexikon der Heiligen und biblischen Gestalten. Legende und Darstellung in der bildenden Kunst, Stuttgart, 11. Aufl. 1968

KLAHR, DETLEF, Glaubensheiterkeit: Carl Johann Philipp Spitta (1801–1859). Theologe und Dichter der Erweckung, Göttingen 2009

KLEIN, GEBHARD, Das Breisacher Sankt Stephansmünster, Breisach 3. Aufl. 2002

KOLLER, OLGA, Judentum und Christentum im Leben und Werk Franz Werfels. Dissertation, Universität Wien. Philologisch-Kulturwissenschaftliche Fakultät, 2009 s. u. http://othes.univie.ac.at/5374/

LAHRMANN, LEONHARD und ROSE, St. Stephanus. Wissenswertes und Meditiertes über den ersten Märtyrer der Kirche. (Glauben und Leben 8) Münster o. J.

LANCZKOWSKI, GÜNTER / LARSSON, GÖRAN / HAUSBERGER, KARL / HANNICK, CHRISTIAN / SCHULZ, FRIEDER, Art. Heilige/Heiligenverehrung, TRE 14 (1985) 641–672

LANSEMANN, ROBERT, **Die Heiligentage** besonders die Marien-, Apostel- und Engeltage **in der Reformationszeit** betrachtet im Zusammenhang der reformatorischen Anschauungen von den Zeremonien, von den Festen, von den Heiligen und von den Engeln, Göttingen 1939

LANZI, FERNANDO und GIOIA, Das Buch der Heiligen. Kunst, Symbole und Geschichte, Darmstadt 2003

MAYER, CORNELIUS P., »Attende Stephanum conservum tuum« (Serm. 317, 2, 3). Sinn und Wert der Märtyrerverehrung nach den Stephanuspredigten Augustins, in: Fructus centesimus. Mélanges offerts à Gerard J. M. Bartelink à l'occasion de son soixante-cinquième anniversaire, Steenbrugge, 1989, 217–237

MELCHERS, ERNA / MELCHERS, HANS / MELCHERS, CARLO (Hrsg.), Das große Buch der Heiligen. Geschichte und Legende im Jahreslauf. München 1978

NITZ, GAYNOR, Stephan, Erzmart., Lexikon der christlichen Ikonographie 8, Freiburg i. B. 1976, 395–403

OAKESHOTT, WALTER, Die Mosaiken von Rom vom dritten bis zum vierzehnten Jahrhundert, Wien/München 1967
Ökumenisches Heiligenlexikon, http://www.heiligenlexikon. de/BiographienS/Stephanus.htm

REIMER, FELIX, Vom Bibeltext zur Oratorienszene: Textbearbeitung und Textvertonung in Felix Mendenssohn Bartholdys »Paulus« und »Elias«, Köln 2002
RUHBACH, GERHARD / GRÜN, ANSELM / WILCKENS, ULRICH (Hrsg.), Meditative Zugänge zu Gottesdienst und Predigt VIII,1. Psalmen und Texte zu Gedenktagen der Kirche, Göttingen 1997

SCHILLER, GERTRUD, Ikonographie der christlichen Kunst Bd. 4,1 Die Kirche, Gütersloh 1976
SICARI, ANTONIO, Atlas der Heiligen, München 2007
Songs of Praise, Enlarged Edition, Oxford University Press o. J.

HINKEL, HELMUT (Hrsg.), 1000 Jahre St. Stephan in Mainz, Festschrift Mainz 1990

STEUBING, HANS, in Zusammenarbeit mit J. F. GERHARD GOETERS, HEINRICH KARPP und ERWIN MÜLHAUPT (Hrsg.), Bekenntnisse der Kirche. Bekenntnistexte aus zwanzig Jahrhunderten, Wuppertal 1985

Sonstiges

ADORNO, THEODOR W., Studien zum autoritären Charakter, Frankfurt 1973

BACHMANN MICHAEL (Hrsg.), unter Mitarbeit von JOHANNES WOYKE, Lutherische und Neue Paulusperspektive. Beiträge zu einem Schlüsselproblem der gegenwärtigen exegetischen Diskussion (WUNT 182), Tübingen 2005
BAECK, LEO, Paulus, die Pharisäer und das Neue Testament, Frankfurt a. M. 1961

BECKER, JÜRGEN, Das Evangelium des Johannes Kap. 1–10, Gütersloh 1979

BETZ, OTTO, Das Problem des Wunders bei Flavius Josephus im Vergleich zum Wunderproblem bei den Rabbinen und im Johannesevangelium: Josephus-Studien. Festschrift für Otto Michel zum 70. Geburtstag, Göttingen 1974, 23–44; auch in DERS., Jesus. Der Messias Israels. Aufsätze zur biblischen Theologie, Tübingen 1987, 398–419

BOTTE, BERNARD, Das Leben Moses bei Philo, in: Moses in Schrift und Überlieferung, Düsseldorf 1963, 173–181

BRAND, ITZHAK, Can Wondrous Signs Determine Law? A Comparison of the Talmudic Traditions, REJ 172 (2013) 1–2, 1–22

DEINES, ROLAND / LEPPIN, VOLKER / NIEBUHR, KARL-WILHELM (Hrsg.), Walter Grundmann. Ein Neutestamentler im Dritten Reich, Leipzig 2007

DOLLARD, JOHN et al., Frustration und Aggression. Deutsche Bearbeitung von W. DAMMSCHNEIDER und E. MADER, Weinheim / Basel (1970), 5. Auflage 1973 nach der 14. Aufl. des amerikanischen Originals »Frustration and Agression« (1939)

FREULING, GEORG, »Wer eine Grube gräbt ...« Der Tun-Ergehen-Zusammenhang und sein Wandel in der alttestamentlichen Weisheitsliteratur, Neukirchen-Vluyn 2004

GOMME, ARNOLD WYCOMBE, A Historical Commentary on Thucydides vol. I, Introduction and Commentary on Book I, Oxford 1945, repr. 1950

HAACKER, KLAUS, Verwendung und Vermeidung des Apostelbegriffs im lukanischen Werk: NT 30 (1988) 9–38

DERS., »Sein Blut über uns«. Erwägungen zu Matthäus 27,25: Kirche und Israel 1 (1986) 47–50; auch in: DERS. Versöhnung mit Israel. Exegetische Beiträge, Wuppertal / Neukirchen-Vluyn 2002, 29–32

DERS., Paulus, der Apostel. Wie er wurde, was er war, Stuttgart 2008

HENGEL, MARTIN, Die Zeloten. Untersuchungen zur jüdischen Freiheitsbewegung in der Zeit von Herodes I. bis 70 n. Chr., Leiden 1961, 2. verb. u. erw. Aufl. 1976

KREUZER, SIEGFRIED, »Der den Gottlosen rechtfertigt« (Röm 4,5). Die frühjüdische Einordnung von Gen 15 als Hintergrund für das Abrahambild und die Rechtfertigungslehre des Paulus, ThBeitr 33 (2002) 208–219

Leenhardt, Pierre / von der Osten-Sacken, Peter, Rabbi Akiva. Texte und Interpretationen zum rabbinischen Judentum im Neuen Testament, Berlin 1987

Luschnat, Otto, Art. Thukydides der Historiker: PRE Suppl XII (1970) 1085–1354

Miller, Neal E. with the collaboration of R. R. Sears, O. H. Mowrer, L. W. Doob, H. Dollard, The frustration-aggression-hypothesis: Psychol. Review 48 (1941) 337–342, deutsch in: Kornadt, H.-J. (Hrsg.), Aggression und Frustration als psychologisches Problem. Zwei Bde. (WdF 274) Erster Band, Darmstadt 1981, 63–69

Neusner, Jacob, The Rabbinic Traditions about the Pharisees before 70, 3 Bände, Leiden 1971

Rohde, Joachim, Die redaktionsgeschichtliche Methode. Einführung und Sichtung des Forschungsstandes, Hamburg 1966

Rosenzweig, Franz, Das Formgeheimnis der biblischen Erzählungen, in: Ders., Die Schrift. Aufsätze, Übertragungen und Briefe, hrsg. v. Karl Thieme, Frankfurt o. J., 13–27

Schäfer, Peter, Die Vorstellung vom heiligen Geist in der rabbinischen Literatur, München 1972

Ders., Die Geburt des Judentums aus dem Geist des Christentums, Tübingen 2010

Schleiermacher, Friedrich, Über die Religion. Reden an die Gebildeten unter ihren Verächtern. In der Ausgabe von Rudolf Otto, 8. Aufl. Göttingen 2002

Ders., Über die Glaubenslehre. Zwei Sendschreiben an Lücke, in: Ders., Theologische Abhandlungen und Gelegenheitsschriften, hrsg. v. Hans-Friedrich Traulsen unter Mitwirkung von Martin Ohst, Berlin / New York 1990, 307–394

Schnabel, Eckhard J., Urchristliche Mission, Wuppertal 2001

Schoeps, Hans-Joachim, Die jüdischen Prophetenmorde, Uppsala 1943

Steck, Odil Hannes, Israel und das gewaltsame Geschick der Propheten. Untersuchungen zur Überlieferung des deuteronomistischen Geschichtsbildes im Alten Testament, Spätjudentum und Urchristentum (WMANT 23), Neukirchen-Vluyn 1967

TEEPLE, HOWARD, The Mosaic Eschatological Prophet, Philadelphia 1957

THEISSEN, GERD / MERZ, ANNETTE, Der historische Jesus. Ein Lehrbuch, Göttingen, 2. Aufl. 1997

VERMES, GEZA, Die Gestalt des Moses an der Wende der beiden Testamente: Moses in Schrift und Überlieferung, Düsseldorf 1963, 61–93

WESTERMANN, CLAUS, Das Buch Jesaja Kapitel 40–66. Übersetzt und erklärt, Göttingen 1966

2. ABBILDUNGEN

Abb. 1: Fra Angelico († 18. Februar 1455), Die Weihe des Stephanus, Fresco in der Nikolaus-Kapelle des Vatikan, 1447–1449, aus: LENZ, JOHANNES, Stephanus und Paulus. Erzmärtyrer und Völkerapostel, Verlag Urachhaus Stuttgart 2008

Abb. 2: Vittore Carpaccio (1450–1525), Der hl. Petrus weiht den hl. Stephanus und seine sechs Begleiter zu Diakonen. Aus dem Bilderzyklus für die Scuola di San Stefano (Venedig) 1511, aus: LAUTS, JAN, Carpaccio. Gemälde und Zeichnungen. Gesamtausgabe. Phaidon-Verlag, Köln 1962

Abb. 3: Fra Angelico, Die Predigt des Stephanus. Fresco in der Nikolaus-Kapelle des Vatikan 1447–1449 (s. o. zu Abb. 1)

Abb. 4: Vittore Carpaccio (1450–1525), Die Disputation des hl. Stephanus, Scuola di San Stefano (Venedig) 1514 (s. o. zu Abb. 2)

Abb. 5: Rembrandt (1606–1669), Die Steinigung des heiligen Stephanus (1635), Staatliche Museen zu Berlin – Kupferstichkabinett, aus: KREUTZER, MARIA, Rembrandt und die Bibel. Radierungen, Zeichnungen, Kommentare, Philipp Reclam jun. Stuttgart 2003

Abb. 6: Josef de Ponte, aus: Josef de Ponte (Maler) / Jakob Eichinger (Vorwort), Die Heilsbotschaft in Bild und Wort, Verlag »Junge Gemeinde« Stuttgart o. J. (1967 oder 68)

Abb. 7: Mattheus Merian, Kupferstich, 1627, aus: MERIAN, MATTHEUS, Bilderbibel. Icones Biblicae Neues Testament. Originalgetreuer Faksimiledruck der Erstausgabe mit einem Nachwort herausgegeben von Lucas Heinrich Wüthrich, Bärenreiter-Verlag Kassel und Basel 1965 (Original: Des Newen Testaments unsers Herren Jesu Christi Fürnembste Historien und Offenbarungen in fleissigen und Geschichtmesigen Figuren Abgebildet aufs Kupfer gebracht, und beides zu Nutz und belustigung der Kunstliebenden für Augen gestellet, Frankfurt 1627)

Abb. 8: Julius Schnorr von Carolsfeld, Die Steinigung des Stephanus (1869), aus: Die Bibel in Bildern. 240 Darstellungen erfunden und auf Holz gezeichnet von JULIUS SCHNORR VON CAROLSFELD. Mit Bibeltexten nach Martin Luthers deutscher Übersetzung (1869), Häussler Verlag Neuhausen/Stuttgart 1990, 4. Aufl. 1999

Abb. 9: Juan de Juraez (1523–1579), Saulus bei der Steinigung des Stephanus, Madrid (Prado), aus: Ernst von Dobschütz, Der Apostel Paulus I. Seine weltgeschichtliche Bedeutung. Mit 21 Abbildungen, Halle (Saale) 1926: Abb. 1

Abb. 10: William James Lynton (gest. 1898) in: La bible populaire (1873), nach: Paulus Apostel der Völker in Buchillustrationen aus sechs Jahrhunderten, unter Mitarbeit von Thomas Fürchtenkamp und Marius Reiser hrsg. von BARBARA NICHTWEISS, Martinus-Bibliothek und Publikationen Bistum Mainz 2009

Abb. 11: Bert Bouman aus: Meine Bilderbibel Das große Buch von Gott und den Menschen. Erzählt von SIPKE VAN DER LAND / Illustriert von BERT BOUMAN / Deutsche Bearbeitung von Eleonore Beck, Friedrich Bahn Verlag Konstanz / Verlag Butzon & Bercker Kevelaer 1976

Abb. 12: Schedelsche Weltchronik (1493) (s. o. zu Abb. 10)

Abb. 13: Stephanus-Hymnus des Notker Balbulus (»der Stammler«) von 1883 (vermutlich von dessen eigener Hand), Cod. Sang. 242, 3, aus: Cimelia Sangallensia. Hundert Kostbarkeiten aus der Stiftsbibliothek St. Gallen, beschrieben von KARL SCHMUKI, PETER OCHSENBEIN, CORNEL DORA, Verlag im Klosterhof St. Gallen 2000, 117, vermutlich Autograph des Verfassers

Abb. 14: Vittore Carpaccio, Stephanus, vor den Toren Jerusalems predigend, © akg-images / Erich Lessing

Abb. 15: Jacques le Scanff, aus: Patmos Bibel Altes und Neues Testament. Für die Jugend erzählt von A.-M. COCAGNAC und HANS HOFFMANN. Die Bilder malte JACQUES LE SCANFF, Patmos Verlag Düsseldorf, 3. Aufl. 1976

Abb. 16: Paula Jordan, aus: ERB, JÖRG, Schild des Glaubens. Geschichten der Bibel, Alten und Neuen Testaments samt einem Auszug aus dem Psalter und den Briefen der Apostel dargeboten von Johannes Stauda Verlag Kassel / Evangelische Verlagsanstalt Berlin 1950
(alle Zeichnungen darin von PAULA JORDAN).

Abb. 17: Frère Eric de Saussure, aus: Bilderbibel, Text von FRIEDRICH HOFFMANN. Bilder von FRÈRE ERIC DE SAUSSURE von der Communité de Taizé, Verlag Ernst Kaufmann, Lahr 1968, 5. Aufl. 1975

Abb. 18: Bert Bouman, aus: DAS WORT. Erzählungen aus der Heiligen Schrift / Zeichnungen von BERT BOUMAN, Arbeitsgemeinschaft Wort im Bild, Eckernförde / Vereeniging tot Verspreiding der Heilige Schrift, Amsterdam o. J.

Matthias Albani
Daniel
Traumdeuter und
Endzeitprophet
Biblische Gestalten (BG) | 21

320 Seiten | 12 x 19 cm
mit Abb. | Paperback
ISBN 978-3-374-02717-0
EUR 19,80 [D]

Daniel: Standhafter Märtyrer, begnadeter Traumdeuter, aber auch Endzeitprophet. Das Buch bietet einen Überblick über die Besonderheiten des
biblischen Danielbuches und entführt den Leser
zugleich in die Religionsgeschichte Israels.

EVANGELISCHE VERLAGSANSTALT
Leipzig www.eva-leipzig.de

Tel +49 (0) 341/ 7 11 41 -16   vertrieb@eva-leipzig.de

Christoph Dohmen

Mose

Der Mann,
der zum Buch wurde

Biblische Gestalten (BG) | 24

288 Seiten | 12 x 19 cm
mit Abb. | Paperback
ISBN 978-3-374-02847-4
EUR 18,80 [D]

Die Gestalt des Mose ist eng mit dem Glauben
an den einen und einzigen Gott verbunden, weshalb ihm eine besondere Stellung in Judentum,
Christentum und Islam zukommt. Von Mose, dessen Bedeutung nicht auf die Religion beschränkt
werden kann, sondern auch für Recht und Ethik
kaum zu überschätzen ist, wissen wir aber nur
aus den Büchern der Bibel.
Die »Mose-Bücher« geben sich selbst als Mitteilung Gottes zu verstehen, die Mose empfangen
und weitergegeben hat.

EVANGELISCHE VERLAGSANSTALT
Leipzig   www.eva-leipzig.de

Tel +49 (0) 341/ 7 11 41 -16   vertrieb@eva-leipzig.de